· 中国物流与采购联合会系列报告 ·

中国公路货运发展报告

2018
—
2019

中国物流与采购联合会
China Federation of Logistics & Purchasing

中国物流学会
China Society of Logistics

China Road Freight Development Report(2018−2019)

中国财富出版社

图书在版编目（CIP）数据

中国公路货运发展报告. 2018—2019 / 中国物流与采购联合会，中国物流学会编. —北京：中国财富出版社，2019. 11

ISBN 978 - 7 - 5047 - 7055 - 4

Ⅰ. ①中… Ⅱ. ①中… ②中… Ⅲ. ①公路运输—货物运输—研究报告—中国—2018—2019 Ⅳ. ①U492. 3

中国版本图书馆 CIP 数据核字（2019）第 230376 号

| 策划编辑 | 王　靖 | 责任编辑 | 邢有涛　王　靖 | | |
| 责任印制 | 尚立业 | 责任校对 | 孙会香　许　诺 | 责任发行 | 敬　东 |

出版发行	中国财富出版社		
社　　址	北京市丰台区南四环西路 188 号 5 区 20 楼	邮政编码	100070
电　　话	010 - 52227588 转 2098（发行部）	010 - 52227588 转 321（总编室）	
	010 - 52227588 转 100（读者服务部）	010 - 52227588 转 305（质检部）	
网　　址	http：//www. cfpress. com. cn		
经　　销	新华书店		
印　　刷	北京京都六环印刷厂		
书　　号	ISBN 978 - 7 - 5047 - 7055 - 4/U · 0117		
开　　本	787mm×1092mm　1/16	版　　次	2019 年 11 月第 1 版
印　　张	18. 75	印　　次	2019 年 11 月第 1 次印刷
字　　数	317 千字	定　　价	160. 00 元

《中国公路货运发展报告》
（2018—2019）

编 委 会

《中国公路货运发展报告》
（2018—2019）

编　辑　人　员

主　　编：贺登才　中国物流与采购联合会副会长
　　　　　　　　　中国物流学会执行副会长
副 主 编：周志成　中国物流与采购联合会研究室主任
　　　　　姜　旭　北京物资学院物流学院院长
编辑人员：陈　征　刘若阳　唐香香　樊　容　申　威　贾瑞敏
联系方式：
　　　中国物流与采购联合会公路货运分会
　　　地　　　址：北京市丰台区莱户营南路 139 号院 1 号楼亿达丽泽中心
　　　　　　　　　三层 316 室
　　　电　　话：010 - 83775695
　　　传　　真：010 - 83775691
　　　邮　　箱：glhyfh@ 163. com

2018 数说货运物流

（代前言）

——在"2018 年全国货运行业年会"上的讲话

党的十九大开启了中国特色社会主义建设的新时代，踏上了全面建成社会主义现代化强国的新征程。我们要把建设"物流强国"作为新时代新物流的新目标、新任务。把"高质量"发展作为新途径，全面建成现代物流服务新体系。

下面谈谈我对物流强国和货运物流的一些想法。

一、物流强国的重要标志

对于什么是"物流强国"的标志，我认为可以从八个"度"来分析：第一是物流网络的覆盖度；第二是物流业与相关产业的融合度；第三是物流保障能力的精准度；第四是服务质量的满意度；第五是经济发展的支撑度；第六是对全球供应链体系的贡献度；第七是物流人才的匹配度；第八是营商环境的适应度。除了这八度是必须的之外，可能还有十度、二十度。

下一步，怎样落实"物流强国"建设，物流强国有哪些标准，还应该有一个具体的指标体系，以便更好地指导我们建设物流强国。

二、物流高质量发展的主要方面

当前，我国物流业正转向高质量的新阶段，我认为"高质量发展"有三个主要方面：第一是基础设施的高质量，要求布局合理、技术先进、互联互通、无缝衔接；第二是运营管理的高质量，要求数字化转型、智能化升级、生态化协同、平台化共享；第三是营商环境的高质量，要求以人为本、企业为尊、变堵为疏、化繁为简。当然，高质量发展还不止这些，还有绿色发展、共享发展等。这三个方面的高质量发展可以作为重点。

三、数说货运物流

回顾 2018 年货运物流的热点问题，我想采用数字归类的方法把它们串起来。

"127" 个城市将作为国家物流枢纽布局城市。

2018 年 11 月 21 日国务院总理李克强召开国务院常务会议，部署推进物流枢纽布局建设，多措并举发展"通道＋枢纽＋网络"的现代物流体系。经国务院同意，国家发展改革委和交通运输部两部门即将发布这个规划，拟选择 127 个具备一定基础条件的城市作为国家物流枢纽承载城市。从大的意义来讲顺应了党的十九大提出来的要加强物流基础设施网络建设的要求。国家物流枢纽将从汇集单一运输方式转变成多种运输方式或者多式联运转运节点，从这个角度考虑可能会对公路货运行业产生重要的影响。

排名第一的星级车队单车月均行驶里程超过 "2 万" 公里。

中国物流与采购联合会公路货运分会通过两批评选，产生 121 家中国公路货运星级车队，共计 3 万多辆自有车辆。报告显示排名前十的星级车队单车月均行驶里程达到 1.4 万公里，排名第一的星级车队达到 20728 公里。从月均行驶时长看，星级车队平均是 150 小时，每天行驶 5 小时，排名前十的星级车队平均是 7.4 小时，排名第一的星级车队是 9.9 小时。当然这并不是提倡行驶时间越长越好，也要克服疲劳驾驶问题。近年来顺应高质量发展的要求，我们提出要打造"品质运力"，把星级车队作为抓手，第一要安全，第二要实效，第三要均衡，第四还要价廉。我们发展星级车队的目的在于打造品质运力，树立品牌企业，也特别需要有品质的货主，大家共同进行行业品牌建设。

货车年审、年检和尾气排放检验 "三检合一" 稳步推进。

目前大部分省市年审、年检"两检合并"已经落实，货车异地年检已经实现。近年来，我国货运行业"放管服"改革确实推出了很多政策措施，有些已经见到实效，落实的有十多项。一些政策措施是由分会提出来，得到政府认可和推动，最终要让货运企业有一定的获得感。

货运物流行业的巨大贡献 "四个三"。

一个是三千万的货车司机，包括相关的附属人员，创造了三万亿元的公路货运市场效益，完成了全国四分之三的货运量，更重要的是供养着十三分之一的人口，每13个人里就有一个人是靠这个行当生活的。所以公路货运行业不仅仅涉及企业效益的问题，还涉及行业发展的问题，实际上更关乎民生的繁荣、社会的稳定。特别是过去的一年，我们政府部门和在座各位为社会稳定做了大量的工作。

挂车购置税实施减半征收政策落地。

挂车购置税减半征收政策是去年出台的减税降费政策的其中一条，实际上过去一年中减税降费力度还是很大的，挂车购置税减半、交通运输业增值税率降了一个百分点，以及仓储设施用地土地使用税减半征收，还有许多具体政策落实。前一段时间有幸和财政部、税务总局的同志进行座谈，提出要降低税负、统一税率、简化征管三点诉求，希望帮助行业尽快实现。

预计2018年全年社会物流总额增长"6.5%"左右。

目前整个经济形势趋稳放缓，"车多货少"的矛盾依然存在，车辆的增长要快于货物增长，市场竞争可能会更加激烈。预计2018年全年社会物流总额增长6.5%左右。

多式联运示范工程项目达到"70"个。

交通运输部和国家发展改革委开展多式联运示范工程，第一批16个，第二批30个，第三批24个，已经有了70个示范工程。这项工作实际上也是物流降本增效的"大餐"。这是总理向我们提出来的"大餐"，大家不要小看多式联运这个工作，这是国家的重大战略。神华货车带来了驮背运输多式联运新的解决方案，还有东方驿站带来了挂车共享租赁。目前，多式联运对我们影响不是特别大，但是大家一定要关注这一块，因为它将会对公路货运行业产生重大影响。

"八"部门联合发布开展供应链创新与应用试点。

这个试点是去年国务院84号文件后，今年4月份商务部等有关部门开展的试点。55个城市成为试点城市，269家企业纳入试点企业，现代供应链已经写入党的十九大报告，要求形成新的增长点，形成新动能，希望引起大家的重视。

"9·21"之后的治超工作不能半途而废。

目前，车辆运输车治超工作已经取得显著成效，下一步行业关心的是对超长超宽车辆的治理。行业希望要有一个明确预期，要提出时间表和路线图。这项工作涉及很多方面、很多因素，特别是涉及稳定问题。最近我们也给政府提了一些建议，一个目标就是车型标准化，我们要下决心实现车型标准化，如果没有车型标准化，我们"物流强国"就是一句空话。下一步治理的是两种车型，一是 17.5 米的半挂车，二是 16.5 米的集装箱半挂车。我们提的三个阶段：一是摸清底数、治理套牌；二是规范装载、有序退出；三是全面禁止上路通行。同时昨天的理事会上大家也提出来，现有的标准还有许多需要改进的地方，希望政府有关部门根据实际情况尽快修订。比如说大家纷纷表示有关车辆限高 4 米，是不是可以加一点，等等。我们提出来一个目标、两种车型、三个阶段，争取用一年半左右的时间把这项治理工作真正完成，这也是我们行业协会集中大家的意见所提出来的政策建议。

"十大最美货车司机"受表彰。

在司机群体中有很多感人事迹，交通运输部、公安部、全国总工会首次开展"最美货车司机"推选宣传活动，通过这种方式来树立正气，弘扬精神。"司机之家"建设也是政府推动的一个重点工作，对于行业很有必要。但是，光有这些是不够的，我们司机群体还是比较辛苦的，而且承担了大量风险，他们的生活环境和工作环境还需要得到进一步的改善。理事会上提出来要给司机解决保险问题，解决遇到车祸或突发事件的问题，逐步帮助他们解决实际问题，逐步提高司机的社会地位，让他们获得更多的尊严，我想这些都是全行业和在座各位的期盼。

到 2020 年全国铁路货运量增加"11 亿"吨。

这主要是源于生态文明建设，生态文明是国家战略，而且是打赢三大攻坚战的重要内容，生态环境部、交通运输部先后提出打赢蓝天保卫战三年行动计划、推动运输结构调整三年计划。其中重要内容是要求全国铁路货运量增加 11 亿吨，这个力度相当大。铁路货运量增加以后会怎么样？是不是会直接影响到公路货运转型升级的问题？这些问题可能去年没有引起大家特别关注。大家对"公转铁"应该更加关注，包括我们的标准如何修订、体制如何改革、技术如何进步，都是我们这次会议需要讨论的问题。

"百驿网"构建全国物流园区网络图谱。

我会物流园区专委会发起的"百驿网"是顺应物流园区互联互通的重要成果。"百驿网"已经在推进全国物流网络建设，工作第一步是要构建全国物流园区网络图谱，推动园区实现互联互通，这个和公路货运企业也密切相关，希望得到大家的大力支持。

四、未来几年的总趋势、大概率

总体来说，未来物流行业的总体趋势或大概率事件有四个方面。

第一，需求增速持续放缓，结构调整步伐加快。连续几年，物流增长速度都在 GDP 上下，甚至低于 GDP 增长速度。未来不可能有高速度的增长了。结构调整在加快，比如，现在的消费对 GDP 增长的贡献率已经超过 50%，城市化率也超过 50%，第三产业占比也超过 50%，这样的结构调整考验我们怎样适应它。

第二，市场主体由小变大，经营模式变中求进。从公路货运行业就能看出来，实际上大车队模式、星级车队模式每年都在扩大，反倒是单打独斗的单车司机规模在缩小。各种模式，包括共享模式、互联网模式、供应链模式加快涌现，实现了变中求进。

第三，数字物流创新驱动，智慧生态共享协同，这可能也是大概率事件。今年"双十一"为什么没有出现大的爆仓事件？当天快递处理量达 14 亿件，如果没有数字物流技术应用是不可想象的。

第四，市场竞争更加激烈，政策环境趋于宽松。行业总体矛盾还是"车多货少"，市场竞争可能更加激烈。所以我们需要品牌企业、品质运力。我们需要有好的品行，好的品格，还要有好的品位，才能在市场竞争中站得住脚。"放管服"是一体的，既要放权，也要服务，政府在某些方面还应该加强监管，这种监管不是准入性监管而是事中事后监管，应该加强。

以上是我对 2018 年形势的大体判断，抛砖引玉，提出来供大家讨论。总体来看，国际形势风云变幻，国内深化改革进入深水区，所以我们这几年一直说 2018 年是更困难的一年、最困难的一年。三千年未有之大变局，年年难过，年年过。冬天来了，春天还会远吗？

2019 年 3 月

（作者为中国物流与采购联合会副会长、中国物流学会执行副会长）

目　录

第一章 2018 年中国公路货运发展综述

2018 年，受国内外形势变化影响，我国经济下行压力加大，公路货运业发展面临严峻挑战，传统的粗放式发展模式难以为继，倒逼行业加快转型升级，公路货运业正迈入高质量发展的关键转型期。

第一节 2018 年中国公路货运发展环境

一、国内经济环境

2018 年，我国国民经济总体平稳、稳中有进，实体经济运行在合理区间，奠定了公路货运行业发展的需求基础。

（一）经济运行增速稳中趋缓

2018 年，我国国内生产总值首次突破 90 万亿元，同比增长 6.6%，增速较 2017 年回落 0.3 个百分点。2016—2018 年，我国 GDP 持续突破 70 万亿元、80 万亿元、90 万亿元关口（见图 1-1-1）。按季度分析，2018 年第一季度至第四季度均出现了不同程度增长，同比增长率分别为 6.8%、6.7%、6.5%、6.4%。我国经济增速有所放缓，经济下行压力依然存在，但仍保持持续稳定增长趋势，为公路货运业奠定了需求基础。

（二）产业结构持续优化升级

2018 年，第一产业增加值 6.5 万亿元，同比增长 3.5%；第二产业增加值 36.6 万亿元，同比增长 5.8%；第三产业增加值 47 万亿元，同比增长 7.6%。其中，第一产业、第二产业、第三产业占国内生产总值比重分别为 7.2%、40.7%、52.2%，三产结构持续优化升级（见图 1-1-2）。

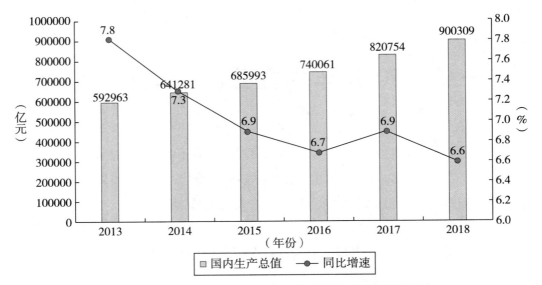

图1-1-1 2013—2018年国内生产总值及同比增速

资料来源：国家统计局官网。

注：同比增速按可比口径计算。

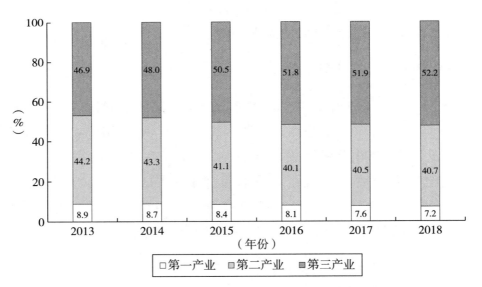

图1-1-2 2013—2018年三次产业增加值占国内生产总值比重

资料来源：国家统计局官网。

以服务业为主的第三产业占比持续增长，截至2018年已实现连续4年占比过半，呈现稳中有进的增长趋势。2018年，第一产业对国内生产总值增长贡献率为4.2%，比上年降低0.6个百分点；第二产业贡献率为

36.1%，比上年提高 0.4 个百分点；第三产业贡献率为 59.7%，与上年基本持平。三次产业分别拉动经济增长 0.4 个、6.1 个、4.2 个百分点。第三产业增长态势明显，对经济增长的贡献率突出（见图 1-1-3）。

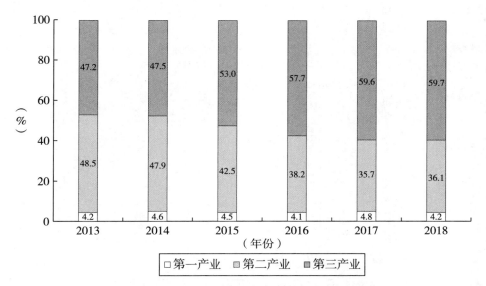

图 1-1-3　2013—2018 年三次产业对经济增长的贡献率
资料来源：国家统计局官网。

随着经济结构调整，对物流实物量需求带来一定冲击，突出表现在第一、第二产业带来的实物货源增速放缓。同时也对作为实物运输主渠道的公路货运业适应市场竞争，加快服务升级，做强第三产业，迈向价值链中高端提出了新要求。

从内需结构看，消费基础性作用进一步增强。2018 年，最终消费支出对经济增长的贡献率为 76.2%，比上年提高 18.6 个百分点，比资本形成总额高 43.8 个百分点。消费拉动经济增长作用进一步增强，带动消费相关的电商物流、快递物流、城市配送等社会物流需求持续快速增长，进一步促进了公路货运需求的增长。

投资结构持续优化。2018 年全年民间投资和制造业投资增速分别比上年加快 2.7 个和 4.7 个百分点，装备制造业和高技术制造业投资继续保持两位数增长。但是投资增速有所放缓，导致相关工程物流、大宗商品物流、工业物流等社会物流需求增速放缓，进而影响到公路货运需求的增长。

（三）社会消费品零售总额稳步增长

2018 年，全国社会消费品零售总额达 38.1 万亿元，同比增长 4%，较上年放缓 6.2 个百分点，市场总量稳步增长（见图 1 - 1 - 4）。

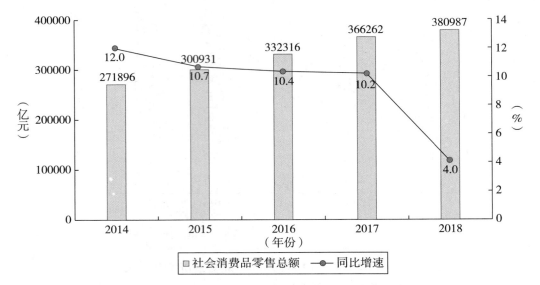

图 1 - 1 - 4   2014—2018 年社会消费品零售总额及同比增速

资料来源：国家统计局官网。

按经营单位所在地区统计，城镇消费品零售额 32.6 万亿元，同比增长 8.8%；乡村消费品零售额 5.5 万亿元，同比增长 10.1%。受乡村振兴战略等相关政策影响，农村地区消费环境持续改善，零售占比稳步提高。按消费类型统计，商品零售额 33.8 万亿元，同比增长 8.9%；餐饮收入 4.2 万亿元，同比增长 9.5%。

全国居民人均消费支出中，服务性消费占比 44.2%，比上年提高 1.6 个百分点。实物性消费占比相对减少。居民消费保持较快增长，消费升级趋势日趋明显，影响物流实物需求增长，也带动物流服务质量加快升级。

全国网上零售额 9 万亿元，同比增长 23.9%，增速回落 8.3 个百分点（见图 1 - 1 - 5）。其中，实物商品网上零售额 7 万亿元，占社会消费品零售总额的比重为 18.4%，同比增长 25.4%，对社会消费品零售总额增长贡献率超过 45%。电子商务成为消费升级的重要力量，带动电商物流、快递快运等相关公路货运市场保持高速增长态势。

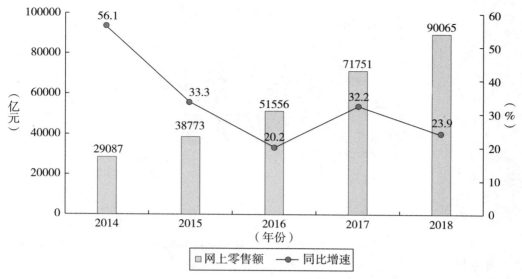

图 1 - 1 - 5　2014—2018 年网上零售额及同比增速

资料来源：2014—2018 年国民经济和社会发展统计公报。

注：同比增速按可比口径计算。

分区域统计，华东、华南、华北地区网络零售额占全国网络零售额的比重分别为 49.5%、26.5%、13.8%。形成稳中有进、优势依然明显的态势（见图 1 - 1 - 6）。中西部及东北地区网络零售额虽然相对落后，但网络零售增速快，市场的消费潜力仍待激发。新兴业态和传统业态融合成为当前消费方式多样化的重要体现，线上线下融合发展态势突显，限额以上单位通过互联网实现商品零售额占比为 10.2%，比上年提升 2.3 个百分点。其中，超市、专卖店、专业店等在内的限额以上单位实体零售业态零售额比上年增长 4.6%，百货店、专卖店等业态继续保持增长态势，这对满足城市配送需求提出了更高的要求。

（四）对外贸易总额创历史新高

2018 年，全年货物进出口总额 30.5 万亿元，首次突破 30 万亿元，比上年增长 9.7%，出口总额、进口总额均创历史新纪录。其中，出口总额为 16.4 万亿元，同比增长 7.1%；进口总额为 14.09 万亿元，同比增长 12.9%，顺差为 2.3 万亿元，比上年收窄 18.3%（见图 1 - 1 - 7）。

贸易结构持续优化，带动进出口规模再创新高，基本实现进出口稳中

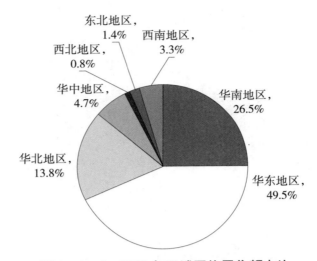

图 1 - 1 - 6　2018 年区域网络零售额占比

资料来源：《2018 年中国网络零售市场分析报告》。

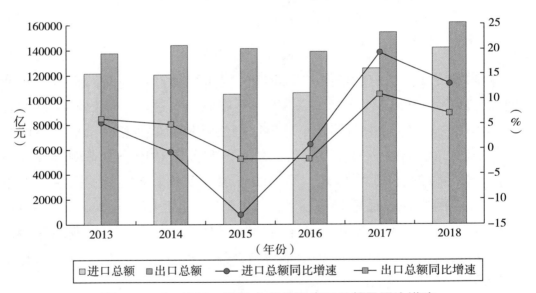

图 1 - 1 - 7　2013—2018 年货物进出口总额及同比增速

资料来源：国家统计局官网。

向好的目标。2018 年全年一般贸易进出口额占进出口总额的 57.8%，比上年提高 1.4 个百分点。服务贸易快速增长，全年服务进出口总额 5.2 万亿元，比上年增长 11.5%。

与"一带一路"沿线国家进出口增势良好，对"一带一路"沿线国家进出口总额 8.4 万亿元，比上年增长 13.3%。其中，出口总额为 4.65 万亿元，增长 7.9%。进口总额为 3.72 万亿元，增长 20.9%。除美国外，我国对欧盟、东盟、日本等主要贸易伙伴的进出口额均实现增长（见表 1 - 1 - 1），这给跨境公路货运带来良好机遇。

表 1 - 1 - 1 2018 年对主要国家和地区货物的进出口额、增长速度及所占比重

国家和地区	出口额（亿元）	比上年增长（%）	占全部出口比重（%）	进口额（亿元）	比上年增长（%）	占全部进口比重（%）
欧盟	26974	7.0	16.4	18067	9.2	12.8
美国	31603	8.6	19.2	10195	−2.3	7.2
东盟	21066	11.3	12.8	17722	11.0	12.6
日本	9709	4.4	5.9	11906	6.2	8.5
韩国	7174	3.1	4.4	13495	12.3	9.6
中国香港	19966	5.7	12.2	564	13.8	0.4
中国台湾	3212	7.9	2.0	11714	11.0	8.3
巴西	2214	12.9	1.3	5119	28.2	3.6
俄罗斯	3167	9.1	1.9	3909	39.4	2.8
印度	5054	9.5	3.1	1242	12.2	0.9

资料来源：2018 年国民经济和社会发展统计公报。

（五）固定资产投资缓中趋稳

2018 年，全社会固定资产投资 64.6 万亿元，比上年增长 5.9%（见图 1 - 1 - 8）。其中，固定资产投资（不含农户）63.6 万亿元，同比增长 5.9%，增速较上年回落 1.3 个百分点，整体呈现平稳增长态势，投资带动的公路货运需求增速放缓。

分区域统计，中西部地区投资力度加大。其中，东部地区投资比上年增长 5.7%，中部地区投资增长 10%，西部地区投资增长 4.7%，东北地区投资增长 1%。

分产业领域统计，第三产业投资力度较大。其中，第一产业投资 2.2 万亿元，比上年增长 12.9%；第二产业投资 23.8 万亿元，同比增长 6.2%；第三产业投资 37.5 万亿元，同比增长 5.5%。民间固定资产投资（不含农

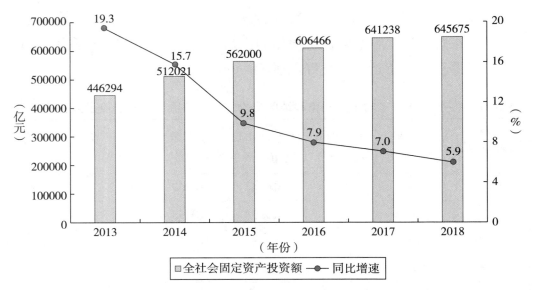

图 1 - 1 - 8 2013—2018 年全社会固定资产投资额及同比增速

资料来源：国家统计局官网。

注：同比增速按可比口径计算。

户）39.4 万亿元，同比增长 8.7%，占固定资产投资（不含农户）比重为 62%，受激励性政策影响，民间投资仍具有较大增长潜力。

交通运输、仓储和邮政业固定资产投资增长 3.9%，较上年下滑 9.9 个百分点，投资增速明显放缓。其中，交通运输基础设施投资力度持续加大。2018 年，交通运输基础设施投资增长 3.8%。固定资产新增主要生产与运营能力指标中，与物流相关各项指标均保持较高增长水平，除高速公路里程和新增民用运输机场两项指标有所下降，其余指标均有较大增幅，新改建公路里程数相比 2017 年增长 13.5%（见表 1 - 1 - 2）。

表 1 - 1 - 2　　2018 年固定资产投资新增主要生产与运营能力

指标	2017 年	2018 年	同比增长（%）
新建铁路投产里程（公里）	3038	4683	54.1
其中：高速铁路里程（公里）	2182	4100	87.9
新增、新建铁路复线投产里程（公里）	3223	4711	46.2
电气化铁路投产里程（公里）	4583	6474	41.3
新改建公路里程（公里）	313607	356045	13.5
其中：高速公路里程（公里）	6796	6063	-10.8

指标	2017 年	2018 年	同比增长（%）
港口万吨级码头泊位新增通过能力（万吨/年）	24858	26428	6.3
新增民用运输机场（个）	11	6	−45.5

资料来源：2017—2018 年国民经济和社会发展统计公报。

二、物流业发展环境

2018 年，物流业总体保持平稳增长态势，社会物流费用起底回升，行业下行压力有所显现。

（一）社会物流需求稳中趋缓

2018 年，全国社会物流总额 283.1 万亿元，同比增长 6.4%，增速较上年同期回落 0.3 个百分点（见图 1 - 1 - 9）。分季度看，第一季度 62.4 万亿元，增长 7.2%；上半年 131.1 万亿元，增长 6.9%；前三个季度 204.1 万亿元，增长 6.7%，季度增速持续下滑，全年社会物流总需求呈趋缓趋稳的增长态势。

图 1 - 1 - 9　2013—2018 年社会物流总额及同比增速

资料来源：中国物流信息中心官网。

注：同比增速按可比口径计算。

第一，工业品物流向价值链上游延伸。

2018 年，全年工业品物流总额 256.8 万亿元，占社会物流总额 90.7%。按可比价格计算，同比增长 6.2%，增速与上年同期持平。其中，高新技术和装备制造业物流需求保持较快增长，汽车、IT 和家电等物流领域处于领先水平。2018 年，交通运输制造业、电气机械制造业、电子通信技术制造业物流需求分别同比增长 13.8%、10.1%、10.5%，高于工业品物流平均增速。

第二，消费品物流成为市场重要驱动力。

2018 年，单位与居民物品物流总额 7 万亿元，同比增长 22.8%，远高于社会物流总额平均增速，成为社会物流需求的动力源。电商物流继续保持高速增长，电商物流指数中总业务量指数全年均值为 132.4，电商物流业务规模较上年增长超过 33%。受消费物流带动，快递快运、大车队、仓储配送、冷链物流、即时物流等与消费相关的物流领域保持较快的增长趋势。

第三，随着贸易顺差大幅收窄，进口货物物流需求增速放缓。

2018 年，全年进口货物物流总额 14.1 万亿元，同比增长 3.7%，增速比上年同期回落 5 个百分点。

农产品物流总额 3.9 万亿元，增长 3.5%，增速比上年同期回落 0.4 个百分点；再生资源物流总额 1.3 万亿元，增长 15.1%。2018 年社会物流总额构成及增长情况如图 1-1-10 所示。

（二）社会物流总费用略有回升

2018 年，社会物流总费用 13.3 万亿元，同比增长 9.8%，增速比上年同期提高 0.7 个百分点（见图 1-1-11）。

2018 年，全年社会物流总费用与 GDP 比率为 14.8%，比上年同期上升 0.2 个百分点，结束了连续 5 年持续下滑的态势，但总体仍处于较低水平，社会物流运行效率保持平稳（见图 1-1-12）。

2018 年，运输费用增速呈现明显回落，全年运输费用 6.9 万亿元，同比增长 6.5%，增速比上年同期下降 4.3 个百分点，运输费用与 GDP 的比率为 7.7%，比上年同期下降 0.3 个百分点。

2018 年，保管费用和管理费用有所上涨，全年保管费用 4.6 万亿元，同比增长 13.8%，增速比上年同期提高 7.1 个百分点，保管费用与 GDP 的

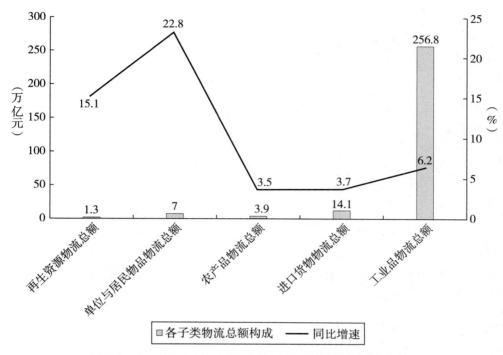

图 1 - 1 - 10　2018 年社会物流总额构成及同比增速

资料来源：中国物流信息中心官网。

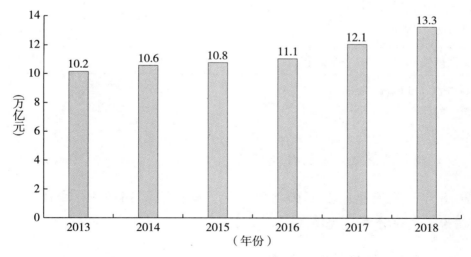

图 1 - 1 - 11　2013—2018 年社会物流总费用

资料来源：中国物流信息中心官网。

比率为 5.1%，比上年同期提高 0.4 个百分点。管理费用 1.8 万亿元，同比增长 13.5%，增速比上年同期提高 5.1 个百分点，管理费用与 GDP 的比率

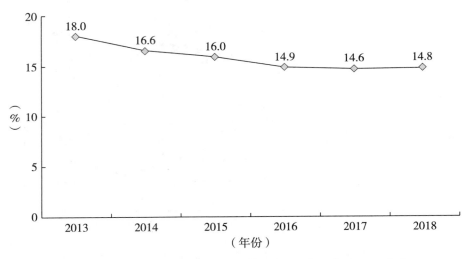

图 1 – 1 – 12　2013—2018 年社会物流总费用与 GDP 比率

资料来源：中国物流信息中心官网。

为 2%，比上年同期提高 0.1 个百分点（见表 1 – 1 – 3）。

表 1 – 1 – 3　　2017—2018 年各物流费用情况及同比增速　（单位：万亿元）

费用	2017 年	2018 年	同比增速（%）
运输费用	6.6	6.9	6.5
保管费用	3.9	4.6	13.8
管理费用	1.6	1.8	13.5

资料来源：中国物流信息中心官网。

注：同比增速按可比口径计算。

（三）物流业总收入保持较快增长

2018 年，物流业总收入 10.1 万亿元，同比增长 14.5%，增速比上年同期提高 3.1 个百分点（见图 1 – 1 – 13）。

（四）货物运输规模增速放缓

2018 年，全国货运总量 514.6 亿吨，较上年增长 7.1%，增速下滑 2.4 个百分点（见图 1 – 1 – 14）。货物周转量 205452 亿吨公里，较上年增长 4.1%，增速下滑 1 个百分点（见图 1 – 1 – 15）。

图 1 - 1 - 13　2013—2018 年物流业总收入及增长率

资料来源：中国物流信息中心官网。

图 1 - 1 - 14　2013—2018 年全国货运总量及增长率

资料来源：2013—2018 年交通运输行业发展统计公报。

2018 年，各种运输方式货物运输量整体增长。其中，铁路货物运输量 40.3 亿吨，占比 7.8%；公路运输量 395.9 亿吨，占比 76.9%；水运运输量 69.9 亿吨，占比 13.6%；民航运输量 0.07 亿吨，占比 0.01%；管道运输量 8.5 亿吨，占比 1.7%（见表 1 - 1 - 4）。公路运输仍然是货物运输主渠道。

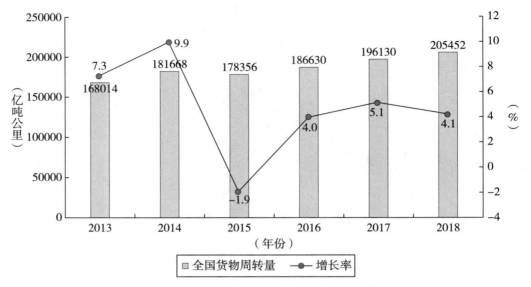

图 1 - 1 - 15　2013—2018 年全国货物周转量及增长率

资料来源：2013—2018 年交通运输行业发展统计公报。

表 1 - 1 - 4　2018 年各种运输方式完成货物运输量及其增长速度

指标		单位	绝对数	比上年增长（%）
货物运输量	总量	亿吨	514.6	7.1
	铁路	亿吨	40.3	9.2
	公路	亿吨	395.9	7.4
	水运	亿吨	69.9	4.7
	民航	万吨	738.5	4.6
	管道	亿吨	8.5	5.4
货物周转量	总量	亿吨公里	205451.6	4.1
	铁路	亿吨公里	28821	6.9
	公路	亿吨公里	71202.5	6.6
	水运	亿吨公里	99303.6	0.7
	民航	亿吨公里	262.4	7.7
	管道	亿吨公里	5862	22.5

资料来源：2018 年国民经济和社会发展统计公报。

2018 年，全年规模以上港口完成货物吞吐量 133 亿吨，比上年增长 2.7%。其中，外贸货物吞吐量 42 亿吨，增长 2%。规模以上港口集装箱吞吐量 24955 万标准箱，增长 5.2%。

（五）物流业景气指数维持较高水平

2018 年，我国社会物流业景气指数全年均值为 53.6%，比 2017 年均值低 1.7 个百分点，全年社会物流业景气指数等于或超过 50%，维持较高水平（见图 1－1－16）。2019 年前三个月，我国社会物流业景气指数分别为 53.7%、49.6% 和 52.6%。2019 年 3 月，随着供应链上下游经营活动的复苏，物流业景气重回 50% 以上扩张区间，显示生产建设步入常态运行轨道，物流业务活动趋于活跃。

2018 年 5 月，出现全年指数峰值，达到 56.1%，物流活动较活跃，物流行业向好发展；全年指数谷值出现在 2 月份，物流业景气指数有较大回落，反映出物流行业较易受节日因素影响，呈现出明显季节性变化，指数仍位于 50% 荣枯线水平，显示出物流运行保持稳定态势。

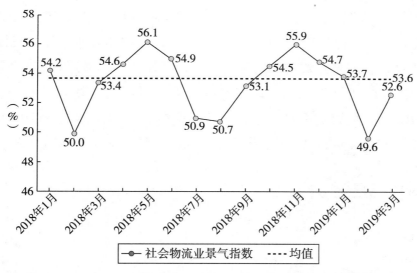

图 1－1－16　2018 年 1 月—2019 年 3 月社会物流业景气指数
资料来源：中国物流信息中心官网。

第二节　2018 年中国公路货运发展回顾

2018 年，我国公路货运市场总体延续平稳增长趋势，受外部发展环境总体向好的趋势影响，特别是受多项行业优惠政策、治超工作成效显著、货车司机从业环境明显改善及运输结构调整等因素影响，公路货运市场的行业规模、运价及效率等指标呈上升趋势，市场竞争主体更加规范。

一、2018 年公路货运行业总体发展概况

（一）公路货运市场规模进一步扩大，货运量增速有所放缓

2018 年，公路货运市场规模稳步扩大，但受货源增速减缓及运输结构调整等因素影响，货运增速较上年有所放缓。

2018 年，全社会公路运输费用达 3.9 万亿元，比上年增长 2.6%，增速较上年有所下降，延续平稳增长态势。公路运输费用占运输费用的比重为 56.5%，与上年的 57.6% 基本持平，超过了其他运输方式运输费用的总和，公路货运市场仍然是我国规模最大、最主要的货运市场。

2018 年，公路货运总量累计完成 395.9 亿吨，同比增长 7.4%。公路货运量和全社会货运量与上年相比均有一定幅度增长，但增速有所下降（见图 1-2-1）。2018 年，我国公路货物周转量 71249.2 亿吨公里，增长 6.7%，较上年下滑 2.6 个百分点（见图 1-2-2）。总体来看，我国公路货运进入运量增速放缓期。2018 年，公路货运量占全社会货运量的比重由上年的 76.7% 小幅增长至 76.9%（见表 1-2-1），公路运输仍为我国货物的主要运输方式。

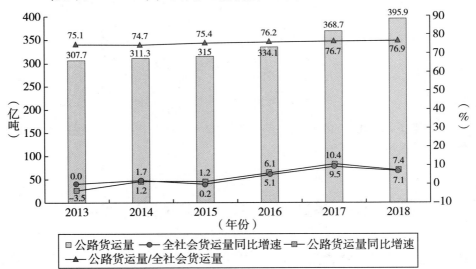

图 1-2-1　2013—2018 年全社会货运量及公路货运量增长情况

资料来源：国家统计局官网。

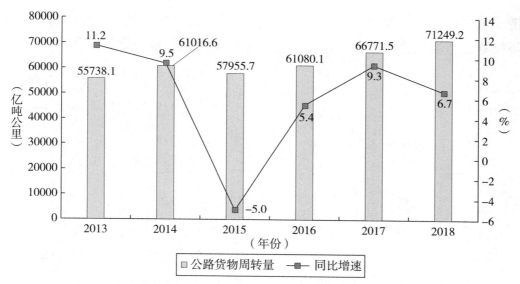

图 1 - 2 - 2　2013—2018 年公路货物周转量及增长率

资料来源：2013—2018 年交通运输行业发展统计公报。

表 1 - 2 - 1　　2013—2018 年全社会货运量与公路货运量及增速

年份	2013	2014	2015	2016	2017	2018
全社会货运量（亿吨）	409.9	416.7	417.6	438.7	480.5	514.6
同比增长（%）	0	1.7	0.2	5.1	9.5	7.1
公路货运量（亿吨）	307.7	311.3	315	334.1	368.7	395.9
同比增长（%）	−3.5	1.2	1.2	6.1	10.4	7.4
公路货运量/全社会货运量（%）	75.1	74.7	75.4	76.2	76.7	76.9

资料来源：国家统计局官网。

（二）公路货运市场运力呈现过剩态势，新能源成重要增长点

2018 年，我国拥有载货汽车 1355.8 万辆，比上年下降 0.9%，总运力吨位数 12873 万吨，比上年增长 9.3%（见图 1 - 2 - 3）。虽然载货汽车保有量出现轻微下降，但总运力出现较高增长，总体出现大型化趋势。2018 年，我国货车销量达 388.6 万辆，比 2017 年净增 25.2 万辆。其中，重型载货车产量、销量分别达到 111.2 万辆、114.8 万辆，再创历史新高。电商物流、快递快运的干线运输和工程基建运输成为重要驱动力。轻卡市场全年总销量达 189.5 万辆，累计增长 10.2%，同样创下历史纪录。电子商务的快速兴起带动城市配送市场发展，推动了全年轻卡销量的增长。同时，随着路权进一步放宽，新能源物流车备受重视，这也是轻卡市场的重要增长点所在。

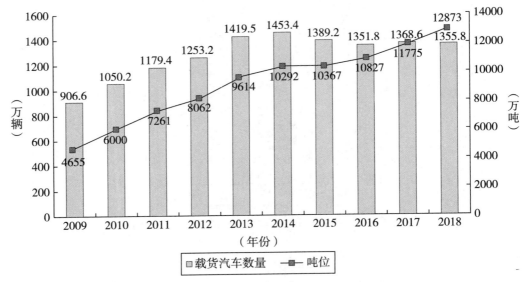

图 1 - 2 - 3　2009—2018 年载货汽车数量及吨位情况

资料来源：2009—2018 年交通运输行业发展统计公报。

从活跃运力分布情况来看，运力主要分布在珠三角、长三角、环渤海和成渝 4 大经济圈的核心城市中，运力数据占比分别为 18.4%、11.5%、8.1%、6.8%，合计占比超过 44%。这些区域经济发展程度高、消费水平较高，道路建设状况比较完善，催生了大量的货运物流需求。

从注册车辆区域分布来看，华东、华北、华南、华中、西北、西南 6 大区域均形成以一、二线城市为中心的货运枢纽网络，且各区域呈现多中心协同发展趋势。华东地区以上海、临沂、徐州、苏州、杭州等典型物流枢纽城市为核心；华南地区则不再以深圳、广东为双中心，东莞、佛山等周边城市物流需求逐渐增多；随着京津冀协同发展战略不断推进，华北地区以石家庄、北京、天津为核心枢纽，带动其他地市联动发展；华中、西南、西北地区由于各城市经济发展差异程度较大，主要货运需求集中在经济发展程度较高的郑州、武汉、成都、重庆、西安等一、二线城市。

公路新增运力持续增加，而应该退出市场的不合规运力没有及时淘汰，运力过剩现象有所加剧。同时，受产业结构调整和生产力布局调整以及生态环境治理压力的影响，公路货源难以维持过去的高速增长态势，整个公路货运市场呈现"车多货少"的局面。

（三）公路运输设施日益完善，物流大通道建设加快推进

2018 年，完成公路建设投资 21335 亿元，比上年增长 0.4%（见图 1－2－4）。其中，高速公路建设完成投资 9972 亿元，增长 7.7%；普通国省道建设完成投资 6378 亿元，下降 12.2%；农村公路建设完成投资 4986 亿元，增长 5.4%。

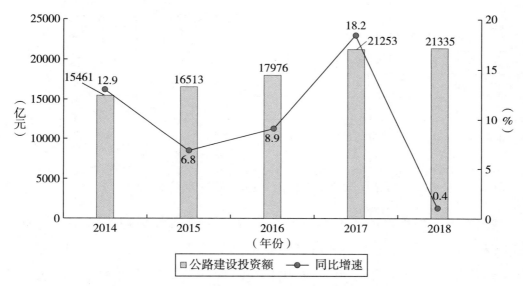

图 1－2－4　2014—2018 年公路建设投资额及同比增速

资料来源：2014—2018 年交通运输行业发展统计公报。

全国公路总里程达到 484.65 万公里，比上年增加 7.31 万公里。公路密度 50.48 公里/百平方公里，增加 0.76 公里/百平方公里。全国四级及以上等级公路里程 446.59 万公里，比上年增加 12.73 万公里，占公路总里程 92.1%，提高 1.3 个百分点。二级及以上等级公路里程 64.78 万公里，增加 2.56 万公里。高速公路里程 14.26 万公里，增加 0.61 万公里。高速公路车道里程 63.33 万公里，增加 2.9 万公里。

根据《推进物流大通道建设行动计划（2016—2020 年)》，重点推进的 11 条物流大通道（见表 1－2－2）中，南北沿海物流大通道、京港澳（台）物流大通道、沿长江物流大通道和京沪物流大通道为主要货运通道。4 条主要通道高速公路平均时速达到 71 公里/小时，与全国高速平均行驶时速基本持平。

表 1 - 2 - 2 　　　　　　　　　　　　　　**11 条物流大通道名称**

编号	名称
1	东北物流大通道
2	南北沿海物流大通道
3	京沪物流大通道
4	京港澳（台）物流大通道
5	二连浩特至北部湾物流大通道
6	西南出海物流大通道
7	西北能源外运及出海物流大通道
8	青银物流大通道
9	陆桥物流大通道
10	沿长江物流大通道
11	沪昆物流大通道

资料来源：《基于大数据的中国公路货运行业运行分析报告（2018）》。

（四）公路运价指数呈下行趋势，公路货运市场竞争加剧

2018 年，公路物流运价指数持续低迷，全年指数平均值为 97.7，比上年下降 8.2%，全年运价呈现持续下降态势（见图 1 - 2 - 5）。2018 年上半年，运价指数仍处于 2017 年年初以来"回落"的下台阶过程，指数波动较大；2018 年下半年，运价指数呈现"波动较小、稳中趋缓"的运行态势。2018 年全年来看，1 月运价指数为 102.5，为该年最高峰值，此后运价指数持续下跌，4 月、5 月公路物流运价指数出现了短期的反弹回升，运价指数回升 5%，但随后不久继续波动下行，9 月运价指数低至 95.3，达到全年最低水平。随着春节假期临近，我国公路物流运价指数波动较频繁，环比前期呈现稳中趋缓的态势。中美贸易摩擦、制造业需求低迷、运输结构调整等多种因素叠加传导至公路货运市场，公路物流需求的降低使得运力过剩矛盾更加凸显，公路货运市场的竞争加剧。

（五）公路货运效率呈小幅下滑，公路货运行业处于弱景气区间

2018 年，公路货运效率指数平均 93.34，低于基准数（100）6.66 个指数单位，比上年降低 2.5 个指数单位，同比下降 2.6%。2018 年，中国公路

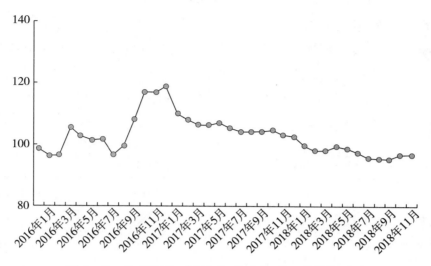

图 1 - 2 - 5 2016—2018 年公路物流运价指数走势

资料来源：中国物流信息中心官网。

货运效率指数已连续 3 年出现下降，显示公路货运行业处于弱景气区间（见图 1 - 2 - 6）。究其原因主要是受国民经济增速放缓，各地环保治理政策、"公转铁"政策、治超后新增运力过快、不合规运力未及时淘汰等多重因素影响，货运市场需求增速持续下滑，市场整体呈现"车多货少"局面，部分车辆出现空驶、停驶现象，竞争力较弱的个体运力逐步退出市场，拉低了整个行业的运力利用率。

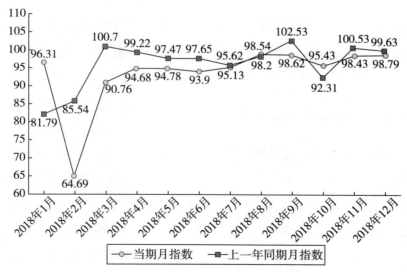

图 1 - 2 - 6 2018 年 1—12 月中国公路货运效率指数

资料来源：中国物流信息中心官网。

2018 年，公路货运效率指数超过基准数（100）的月数为 0 个，比 2017 年减少 3 个月。按季度划分来看，第一季度为淡季，平均指数水平为 83.92；第二、第三、第四季度指数均值相近，分别为 94.45、97.43、97.55。相比于 2017 年同期指数，前三季度下降态势较为明显，但全年呈季度回暖趋势（见表 1 - 2 - 3）。

表 1 - 2 - 3　　2017—2018 年各季度公路货运效率指数比较

	2017 年	2018 年	同比变化
效率指数 100 以上月数	3	0	- 3
全年指数平均	95.85	93.34	- 2.51
第一季度指数均值	89.01	83.92	- 5.09
第二季度指数均值	98.11	94.45	- 3.66
第三季度指数均值	98.78	97.43	- 1.35
第四季度指数均值	97.49	97.55	0.06

资料来源：中国物流信息中心官网。

二、2018 年公路货运细分市场情况

从公路货运细分市场来看，2018 年零担快运市场竞争加剧，整车运输市场日益集中，零担专线市场加快抱团取暖，城配运输市场成为行业增长热点。

（一）零担快运市场竞争加剧

零担快运市场作为公路货运市场中的高门槛细分市场，规模化、集中化、网络化日益显现，这吸引了手握资本的快递企业加入。目前，主要快递企业基本全面进入零担快运市场，凭借服务品质、产品定位和网络基础，成为企业新的增长点和利润源，也加剧了市场竞争的激烈程度。

2018 年，顺丰推出重货新产品，分为 20～100 千克的重货包裹和 100～500 公斤的小票零担，通过推出产品互补，基本实现快运市场的产品全覆盖。同时，顺丰控股收购了广东新邦物流，建立独立品牌顺心捷达。通过

轻资产的加盟模式，发力重货快运业务，到 2020 年将建成全国性网络，实现 12000 家网点。得益于不断完善的重货服务网络和领先行业的时效质量水平，2018 年上半年，顺丰控股重货产品不含税营业收入 35 亿元，同比增长 96%，整体市场占有率持续提升。

作为零担快运市场领军企业，德邦物流加快发展战略调整，2015 年 7 月，正式更名为"德邦快递"，宣告公司战略转型，推出了 3 ~ 60 千克段的大件快递产品，从零担快运向快递领域延伸，依托自身产品优势，全面发力大件快递业务。安能物流、壹米滴答等轻资产零担快运企业加大网络布局和产品开发力度，日均货量持续提升。安能物流已经拥有了 mini 小包、普惠达、定时达、标准快运等多维产品，全网日均货量超过 3 万吨。2018 年，壹米滴答拥有 12000 家网点、1500 条干线、2255 台车辆。其中，一、二线城市覆盖率达 100%，区县级覆盖率达 90%。2018 年 4 月，获得完成 5 亿元的 C 轮投资。

（二）零担专线联盟抱团取暖

零担专线与零担快运相比，规模效应不明显，主要以中小专线企业为主。随着信息化技术和运输管理模式的发展，产业联盟和平台化发展趋势明显。

德坤物流以省区合作异地控股子公司拓网，子公司由德坤控股，德坤统一 IT 系统、品牌和财务管理，其他由当地资源方管理，发挥其自身优势。2018 年，新推出私人定制服务，简化传统专线复杂多级的定价模式，以"你点我供"的菜单形式进行个性化需求搭配，打造基于全国直达网络的菜单式个性化服务。三志物流引入平台思维，通过合伙人模式构建物流专线网络公司集群，通过线上整合、线下集约，加盟化经营，直营化管理，提高车、货、场、人的效率。2017 年 12 月成立的聚盟，通过一级平台起网、一级平台专线合伙联合运营、二级平台迅速扩张的方式，从无到有，经过 2 个月实现全国 43 大核心城市业务基础盘。"靠谱网"依托货源和运力优势，一方面，通过与货主企业联合成立三方平台整合货源；另一方面，通过投资控股专线加强对线路资源的掌控、构建全国大票零担网络。2018 年 6 月成立的传化物流联盟，已有苏州、青岛、成都等城市起网，依托传化集团，拥有传化集团在公路港、传化金融、系统、资本等全方位的支持，致力于打造包容、开放、共创、共赢、共享的物流生态圈服务平台。

（三）整车运输市场加速整合

相比快递、快运市场，整车运输市场仍没有形成明显的梯队格局，市场集中度不高，发展空间较大。

2018 年 7 月，狮桥集团完成一轮由百度、阳光融汇资本联合领投的 10 亿元战略融资。目前，狮桥集团旗下的狮桥运力聚焦整车干线市场，自有车辆已超过 2000 台。2018 年 6 月，浙江汤氏供应链管理有限公司正式宣布完成 A 轮融资，打造"专属整车物流"品牌。目前，自有车辆 1000 台、长期合作外协车辆 3000 台。2018 年 5 月，满帮集团宣布收购志鸿物流，将满帮的信息平台优势与志鸿线下车队资源结合，扩展大车队业务布局。

2018 年，中国物流与采购联合会公路货运分会，评选出第二批"星级车队"64 家。其中，五星级车队 5 家、四星级车队 16 家、三星级车队 27 家、二星级车队 8 家、一星级车队 8 家。目前，自有车辆超过 800 辆的五星级车队已达到 14 家。

（四）城市配送市场成为行业增长热点

随着消费市场启动和产业布局调整，越来越多的发车需求发生在 400 公里以内，占比 70%。其中，城配运输需求占到 50%，400 公里以上的干线运输不到 30%。城配运输市场日益成为行业增长热点。

三、公路货运市场资本投资情况

2018 年，物流与供应链领域一共获得融资 147 笔。单笔交易金额超过 1 亿元人民币或等值美元的投资事件共 70 起，交易金额共计 122 亿美元。物流供应链领域超大额投资交易众多，2018 年交易金额超过 1 亿美元或等值人民币的投资事件共 25 起。头部项目包括：京东物流（A 轮，25 亿美元）、满帮集团（F 轮，19 亿美元）、新宜中国（战略投资，8 亿美元）、达达（战略投资，5 亿美元）、丰巢科技（战略投资，20.73 亿人民币）、易商红木（D 轮，3.06 亿美元）、快狗速运（战略投资，2.5 亿美元）等。从投资细分领域来看，运输和仓储占总数比例最高，为 34.3%；平台类占总数

32.9％；装备设施占总数 25.7％；金融服务占总数 7.1％（见图 1－2－7）。

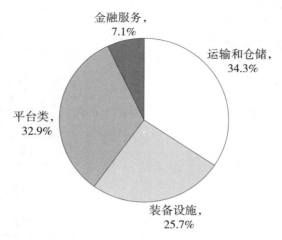

图 1－2－7　2018 年物流与供应链细分领域投融资事件数量占比
资料来源：相关资料整理。

（一）公路货运物流获资本的高度关注

2018 年，公路货运领域整体交易金额高达 41.6 亿美元，是 2017 年交易金额的 9 倍（见图 1－2－8）。从交易金额看，与 2017 年主要集中于综合物流细分领域不同，2018 年其他细分领域亦得到资本市场充分关注，前 4 大细分领域包括公路货运、综合物流、同城配送和品牌快递，共占全年总金额的 97％。以满帮、G7 等新兴独角兽公司为首的公路货运领域交易金额位居第一，综合物流、同城配送和品牌快递位居其后（见表 1－2－4）。从交易数量看，2018 年公路货运仍然为最活跃领域。其中，同城配送和物流信息化领域融资活跃度大幅提升，前 4 大细分领域占全年总数量 82％。2018 年，公路货运领域共计 20 起私募股权交易（包括满帮、G7、狮桥等），同城配送、物流信息化和综合物流紧随其后（见图 1－2－9）。

表 1－2－4　　　　　2018 年公路货运领域活跃投资机构

活跃投资机构	机构类型	公路货运物流领域代表性投资案例
普洛斯	产业投资	福佑卡车（C＋轮），壹米滴答（C 轮），G7 汇通天下（战略投资）

续　表

活跃投资机构	机构类型	公路货运物流领域代表性投资案例
红杉资本中国	财务投资	满帮集团（F 轮），中通快运（A 轮），凯京集团（C 轮）
钟鼎创投	财务投资	福佑卡车（C＋轮），满帮集团（F 轮）
蚂蚁金服	互联网巨头	凯京集团（C 轮），中交兴路（战略投资）
腾讯	互联网巨头	满帮集团（F 轮），G7 汇通天下（战略投资）
厚朴基金	财务投资	壹米滴答（C 轮），G7 汇通天下（战略投资）
启创资本	财务投资	天地汇（C 轮），商桥物流（A＋轮）
前海母基金	财务投资	远孚物流（B 轮），商桥物流（A＋轮）

资料来源：汉能《2018 年物流行业投融资趋势和策略》。

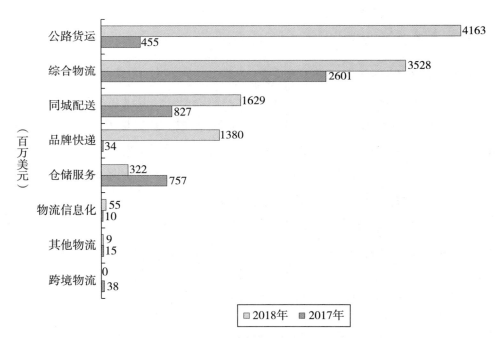

图 1 - 2 - 8　2017—2018 年物流私募股权交易金额分领域统计

资料来源：汉能《2018 年物流行业投融资趋势和策略》。

（二）公路货运物流行业发展较为成熟

2018 年相比于 2017 年主要集中于 B 轮投资。2018 年，公路货运物流领

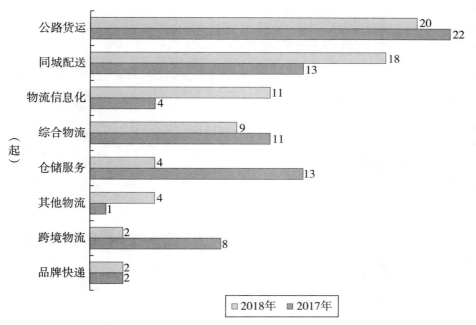

图 1 - 2 - 9　2017—2018 年物流私募股权交易数量分领域统计

资料来源：汉能《2018 年物流行业投融资趋势和策略》。

域交易多集中于战略投资和中后期投资（见图 1 - 2 - 10）。2018 年 2 月，独立运营 10 个月后的京东物流首次正式对外公布融资消息，本次融资总额为 25 亿美元，是中国物流行业最大的一次单笔融资。2018 年 10 月，京东物流宣布在北、上、广 3 地开启个人快递业务，针对重量不超过 30 公斤的包裹，提供"特惠送""特快送""同城即日""京尊达"服务。2018 年 11 月，京东快运业务上马，正式命名为"京东速运"。目前，揽收范围在全国 36 个城市，派送范围前期限定在中国大陆。2018 年，虽是资本寒冬，但这些企业依然能获得巨额融资，背后逻辑是资本看好其商业模式和未来的发展前景。

（三）行业细分领域资本支持力度加大

泛车货匹配、智能管理平台和综合服务等多个细分领域，2018 年获得的融资金额远高于 2017 年。2018 年，满帮、G7、狮桥、凯京、中交兴路等企业单笔融资额均达 1 亿美元及以上，更多公路货运企业已经或有望跻身独角兽行列。同时，在末端配送领域市场的资本投入和并购力度加大，激活

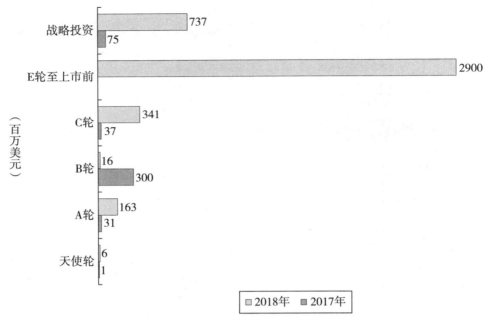

图 1-2-10　2017—2018 年公路货运物流私募股权交易分轮次统计

资料来源：汉能《2018 年物流行业投融资趋势和策略》。

了物流配送市场活力。2018 年，物流配送市场合计融资金额 42 亿元。诸多企业也开始布局物流配送市场。其中，2018 年 3 月 12 日，菜鸟网络深度整合万象、昇邦、东骏、芝麻开门和黄马甲 5 家落地配公司，组成"杭州喵递宅配科技有限公司"。2018 年 3 月，顺丰斥资 17 亿元收购新邦 71% 的股份，加快配送市场布局。2018 年部分物流配送企业融资规模如表 1-2-5 所示。

表 1-2-5　　　　　**2018 年部分物流配送企业融资规模**　　　　单位：亿元

时间	物流企业	轮次	投资方	融资金额
2018 年 1 月 25 日	凯东源	战略投资	普洛斯	1.1
2018 年 2 月 11 日	驹马物流	B+轮	远洋资本	2
2018 年 4 月 23 日	壹米滴答	C 轮	远洋资本等	5
2018 年 5 月 18 日	闪电狗	A 轮	东旭和东鼎	1
2018 年 6 月 12 日	唯捷城配	B 轮	创新工场等	1.16
2018 年 11 月 26 日	驹马物流	C 轮	普洛斯远洋资本等	15

随着以大数据、云计算、区块链、人工智能、物联网等技术为代表的

金融科技蓬勃发展，以科技为导向的新经济逐渐替代传统经济，物流与供应链将迎来新的机遇。同时，公路货运行业资本市场也将迎来新的发展。智慧物流逐渐向仓储、运输、配送全面加速渗透；快递快运领域开始进行跨界融合；物流生态圈、平台化加速资源整合。

四、公路货运市场技术应用情况

2018 年，随着新一轮科技革命在全球掀起的创新热潮，催化了一系列先进公路货运技术的发展与成熟，无人驾驶技术、新能源物流车技术、轻量化技术、装卸搬运技术和车联网技术，持续推动公路货运行业向智能化、绿色化、供应链化等方向发展，成为公路货运行业迈向"升级版"的关键词。

（一）无人驾驶技术加快商用

伴随着无人驾驶技术的不断发展，自动驾驶货车开始在公路货运领域崭露头角，各大物流公司纷纷布局无人货车领域。2017 年 9 月 28 日，京东与上汽大通合作的 EV80 无人轻型货车，通过搭载雷达、传感器、高精地图和定位系统，在行进过程中可以提前探知 150 米外障碍物。2018 年 5 月 24 日，苏宁在上海路测"行龙一号"重型无人驾驶卡车，其最高时速可达 80 千米/小时，载重 40 吨，在 300 米外精确识别障碍物并轻松躲避，由此迈出货运物流干线运输进化的决定性一步。

（二）新能源物流车得到支持

2018 年，新能源载货车辆实现增速 37.2%的增长。物流行业出现一大批新能源物流车运营企业，新能源载货车辆增长明显。目前，新能源物流车保有量达到 24 万辆，比 2016 年增长 155%，主要以轻型微型车为主。我国城市物流配送车辆有 600 万辆，新能源物流车占比仅 4%。随着柴油车污染治理工作的深入推进，各地陆续出台具体措施，新能源物流车更新替换需求将日益增长。

（三）汽车轻量化技术应用深化

2018 年，燃油消耗量限制法规、汽车排放法规及环保政策力度继续加大，汽车轻量化技术逐渐成为未来汽车设计的核心技术。目前，汽车每减重 100 千克，百公里油耗可降低 0.4 升、二氧化碳排放可减少 1 千克。随着我国节能减排总体要求的提出，交通运输部表示今后将重点推动营业性货车车型标准化政策的出台，以及推动货运车辆的标准化、专业化、轻量化、清洁化，我国货运与物流企业，特别是专业性强的货运企业正向轻量化方向发展。

（四）智能载运装备得到推广

随着技术不断发展，智能软硬件、智能机器人、智能运载工具开始频频应用于公路货运领域。AGV（自动引导运输车）及机器人技术快速应用于装卸领域，菜鸟网络、京东物流和苏宁物流等企业投入大量智能搬运机器人代替人工装卸作业。2018 年，中国叉车年产销量达到 58 万台，叉车市场保有量达到 200 万台以上。伴随着国家政策导向和工业技术升级，装卸搬运技术正朝着绿色化、智能化、多样化的方向发展。

（五）车联网技术取得突破

车联网系统分为 3 大部分：车载终端、云计算处理平台、数据分析平台。公路货运车联网技术应用场景主要包括数据应用、货运平台、货运交易等方面。我国在物联网技术研发和标准研制方面取得了一定的突破。在芯片、通信协议、网络管理、协同处理、智能计算等领域开展了多年技术攻关，已取得许多成果。在传感器网络接口、标识、安全，传感器网络与通信网融合，物联网体系架构等方面相关技术标准的研究取得进展，这些物联网方面的技术成果将成为车联网技术发展的重要基础。

第三节　中国公路货运发展趋势

2019 年，受经济增速放缓和货运需求减弱影响，公路货运量增速将持续放缓，市场竞争将日益激烈，倒逼行业加快调整转型。

一、公路货运量增速放缓

2019 年，国内生产总值增长预期目标是 6% ～6.5%，低于上年预期目标。特别是工业增加值预期目标在 6% 左右，总体与上年持平。预计 2019 年我国物流业仍将运行在合理区间，社会物流总额能够实现 6.2% 以上的平稳增长。随着社会物流需求从中高速增长转入中速增长阶段，原来高速增长的货运需求持续放缓，再加上产业布局调整和运营模式优化影响，传统的大范围、大批量、规模化调拨改为区域性、小批量、多频次配送，公路货运需求增速在未来一个阶段将出现持续放缓。

二、市场主体加快集中

受货运市场"车多货少"格局影响，市场竞争将日益激烈。一批规模偏小、管理水平较低、市场扩张过快的企业将被淘汰出局，一批规模型、集约化、扩张稳健的货运企业市场份额将进一步扩张，市场集中度将稳步提高。以狮桥运力、则一物流、赤湾东方物流等为代表的大车队进一步扩大市场份额。公路货运市场主体由传统的"小、散、乱"逐步整合扩大，单打独斗的单车司机比例将逐步缩小。

三、公路运价长期平稳

近年来，网络货运平台的出现，在一定程度上打破了货运市场的信息不对称，公路货运价格将长期维持在较低水平，这对传统货运企业成本管控和效率提升提出了更高的要求。由于近年来人工、资金、能源等要素持续上涨，降低成本难度加大，提质增效成为企业下一步竞争的焦点，甩挂运输、多式联运、共同配送等高效运营模式将得到推广应用，规模企业竞争优势日益明显。

四、跨界融合日益深化

当前，快递企业全面进入零担快运市场，传统货运企业也在加快向上下游延伸服务，逐步进入仓储、配送领域，"仓干配一体化"发展成为趋势，增值服务成为企业新的利润增长点。一批货运物流企业利用自身行业优势，加强专业技能积累、加大专业装备投入，积极进入合同物流、供应链管理等高端物流领域，抢占物流服务新高地。

五、数字货运创新驱动

随着物联网、大数据、云计算、人工智能等信息技术在货运物流领域的应用日益广泛，传统货运企业加快拥抱互联网，"互联网＋"货运物流模式再造新业态，产业数字化转型日益明显，将深刻改变传统货运物流的运作方式和商业模式。一批领先企业加快布局货运数字生态领域，为传统货运企业转型赋能，加快构建"数字驱动、协同共享"的智慧货运物流生态圈。

六、基础设施短板凸显

党的十九大报告首次将物流基础设施建设等同于水利、铁路、公路、电网等网络建设，进一步提升了物流产业地位。近年来，国家持续支持货运物流枢纽建设，继全国物流园区规划之后，政府有关部门首次出台《国家物流枢纽布局和建设规划》，要求规划建设一批国家级物流枢纽。但是，传统公路货运型货运枢纽和园区普遍存在功能单一、设施落后、效益不足的问题，不适应产业转型升级的要求，也不符合城市产业布局的需要，许多地方加大对公路货运场站和园区的清理力度，但是没有合理规划承载园区的设施，导致城市缺乏干支衔接设施，增加了城市物流运行成本。

第二章 2018 年中国公路货运政策环境

2018 年，国务院及有关部门重视公路货运行业发展，运输结构调整、环保治理、降本增效等与公路货运行业发展息息相关的若干重大政策陆续出台，对行业未来发展产生深远影响。

第一节 2018 年中国公路货运政策回顾

2018 年，国务院及有关部门出台的货运物流相关政策文件主要涉及以下 10 个方面。

一、治理超限超载稳步推进

2018 年 4 月，交通运输部印发《2018 年全国治理车辆超限超载工作要点》（以下简称《要点》），除 2017 年开始推广的治超联合执法常态化外，重点推动信用治超、科技治超、高速公路入口治超等创新监管模式和监管手段，为下一步重点车型超限治理提供支撑。《要点》要求，深入推进重点车型治理工作。从 2018 年 7 月 1 日起，全面禁止不合规车辆运输车上路行驶。加强超长平板半挂车和超长集装箱半挂车监管，重点整治低平板半挂车车货总质量超过限载标准和假牌套牌等行为。尽快出台《危险货物道路运输安全管理办法》，部署开展常压液体危险货物罐车专项治理工作。目前，干线运输使用平板半挂车和超长集装箱半挂车较为普遍。由于缺乏明确的后续治理方案，各地治理标准不统一，导致行业预期不明朗，车辆超限治理问题无从下手。随着车辆超重治理取得实效，特别是车辆运输车治理的行业示范效应逐步显现，治超主要矛盾已经从治理超重转向治理超限，"全国一盘棋"的车辆合规运输和车型标准化已经形成行业共识和迫切诉求。

1. 车辆运输车治理取得实效

2016 年，交通运输部、公安部、工业和信息化部等五部委联合开展车辆运输车治理工作。按照 2016 年联合印发的《车辆运输车治理工作方案》（交办运〔2016〕107 号）的部署，2018 年 6 月 30 日，完成所有不合规车辆运输车的更新退出；2018 年 7 月 1 日，全面禁止不合规车辆运输车通行。为确保全面完成车辆运输车治理工作任务目标，2018 年 5 月，交通运输部办公厅、公安部办公厅及工业和信息化部办公厅联合印发《关于深入推进车辆运输车治理工作的通知》，就深入推进车辆运输车治理工作进行安排部署。2018 年 6 月，整车物流行业 3.2 万辆车辆运输车安全隐患大、非法改装的不合规车辆运输车全部退出市场，安全环保、合规合法、技术先进的车型已成为市场的主导，车辆运输车治理取得圆满成功。

2. 模块化中置轴汽车列车示范启动

2018 年 4 月，交通运输部办公厅印发《关于开展模块化中置轴汽车列车示范运行工作的通知》（以下简称《通知》）提出，2018 年 5 月至 11 月，在全国开展模块化中置轴汽车列车示范运行，逐步替换非标准化货运车辆，提升道路货运车型标准化水平。《通知》发布后，模块化中置轴汽车列车示范运行工作全面开展，盛辉物流集团有限公司等 7 家企业参与示范运行，福建省福州市至厦门市等 10 条线路为示范运行线路。

二、货车城市通行有所改善

2018 年 10 月，公安部出台《关于进一步规范和优化城市配送车辆通行管理的通知》（公交管〔2018〕552 号），明确表示各地公安交管部门要优化配送车辆通行管控措施，科学合理设定禁限行时段、路段，为货车通行预留时间窗口，原则上除城市核心区、政治敏感区部分道路外，禁止 24 小时限制货车通行（高污染排放车辆除外）。要根据城市配送规律特点，探索设置城市配送专用通道，实行货车分种类、分时段、分路段、分区域通行管控措施，完善相关交通标志标线，提高车辆通行管控精细化水平。多项举措从需求端入手，解决了城市配送业务中存在的"三难"问题，通过出台差异化的政策，为城市配送车辆带来更大的通行便利。

各地公安交管部门做好政策落实。一是创新配送模式，促进车辆转型升级。江苏、福建、新疆等地配合行业主管部门出台城市配送车辆标识管理办法和配送车型标准；南京、成都、贵阳等地研发城市配送监管服务平台，提高信息发布、车辆调度、动态监管能力；上海提高龙头物流企业的通行证发放比例；天津配合商务委、交通委做好城市配送车辆"四统一"工作，并推广应用轻型、微型封闭或厢式纯电动车。二是简化审批手续，便利配送车辆进城通行。江苏、山东、贵州等地科学设定配送车辆禁限行时段、路段，为货车通行预留时间窗口；浙江、安徽、广东等地研发通行证管理系统，网上办理货车通行证业务；南京、苏州、深圳等城市实现网上受理、网上审批、网上下载通行证件；天津、上海等地对纯电动货车不限行；杭州按企业拥有自备货车数发放一定比例的高峰通行证；重庆根据配送车辆的车型和运输物品种类，核发四类通行证，细化通行权限、路段、区域和时间。三是改善停靠条件，便利配送车辆停靠作业。内蒙古、山东、四川等地因地制宜设置配送车辆专用停车位；吉林、福建、陕西等地在非高峰时段且不影响交通安全畅通的情况下，允许配送车辆在一般禁停路段临时停车；天津、安徽、海南设置限时停车泊位，或将部分点段黄色禁停线调整为可以临时停靠的黄虚线。

三、无车承运人试点继续推进

2016年8月，交通运输部印发《关于推进改革试点加快无车承运物流创新发展的意见》（交办运〔2016〕115号），在全国开展无车承运试点工作。两年来，无车承运物流新业态得到快速发展，涌现了一批代表性企业，实现了零散车辆资源的规模化集聚和运输业务的集约化运作，有效提升了货运物流的组织效率和规模效应。2018年4月，交通运输部办公厅印发《关于深入推进无车承运人试点工作的通知》，明确从加强试点运行监测评估、优化试点企业发展的外部环境、推动完善相关税收保险政策、强化运输安全管理、加强技术创新和经验推广5个方面，推动无车承运人健康规范发展，确保试点工作取得实效。

据交通运输部监测统计，截至2018年11月，229家试点企业共整合社会运力142万辆，完成货运量3.2亿吨，提高车辆利用效率约50%，降低交易成本6%~8%，创新改革效果初步显现。目前，结合《中华人民共和国道路运输条例》修订，无车承运人相关的管理办法正在研究制定中。

四、物流降本增效得到落实

2016 年和 2017 年国务院先后两次发文推进物流降本增效，提出 48 项具体政策措施，一批政策陆续出台并得到落实。

2018 年 5 月 16 日，国务院总理李克强主持召开国务院常务会议，确定进一步降低实体经济物流成本的措施，提出 3 个方面 9 项具体政策（见表 2 - 1 - 1）。随着各项政策措施陆续出台，降低物流领域制度性交易成本成为供给侧结构性改革的重要内容。

表 2 - 1 - 1　　　　　　进一步降低实体经济物流成本的措施

降低税负	1. 从 2018 年 5 月 1 日至 2019 年 12 月 31 日，对物流企业承租的大宗商品仓储设施用地减半征收城镇土地使用税 2. 从 2019 年 7 月 1 日至 2021 年 6 月 30 日，对挂车减半征收车辆购置税
简化许可	3. 2019 年年底前，实现货车年审、年检和尾气排放检验"三检合一" 4. 简化货运车辆认证许可，对未改变关键结构参数的车型实行备案管理 5. 取消 4.5 吨及以下普通货运从业资格证和车辆营运证 6. 对货运车辆推行跨省异地检验 7. 制定货车加装尾板国家标准，完善管理
便利经营	8. 推动取消高速公路省界收费站 9. 简化物流企业分支机构设立手续

2018 年，降低物流成本成为国务院大力督查重点内容，一批政策措施加大落实力度。交通运输部、公安部等有关部门就"两检合一"、大件运输并联许可等问题出台具体落实文件，物流企业获得感得到增强。

1. 年检和年审"两检合一"

2017 年 8 月，国务院办公厅下发的《关于进一步推进物流降本增效，促进实体经济发展的意见》（国办发〔2017〕73 号），要求交通运输部、公安部会同质检总局负责，2017 年年内将货运车辆年检（安全技术检验）和年审（综合性能检测）依据法律法规进行合并，并允许普通道路货运车辆异地办理。全国营运货车在 1300 万辆左右，每次检验检测费用为 300～500 元，加上每次检验检测所需的差旅、工资等支出，初步测算能降低成本 100 亿元左右。

2017 年 12 月，交通运输部、公安部、质检总局联合下发《关于加快推进道路货运车辆检验检测改革工作的通知》（交运发〔2017〕207 号），安排部署推进政策落实。为贯彻落实三部门文件，2018 年 2 月，交通运输部出台《关于做好推进道路货运车辆检验检测改革工作的通知》（交办运〔2018〕21 号），要求各省抓紧研究制定本省推进道路货运车辆检验检测工作实施细则。

"两检合一"政策有效推进。2018 年 9 月 30 日，交通运输部办公厅、公安部办公厅、国家市场监督管理总局办公厅联合下发《关于进一步落实道路货运车辆检验检测改革政策有关工作的通知》（交办运〔2018〕125 号），对"两检合一"作了进一步具体要求，明确了各项任务的完成时间和具体目标。12 月 21 日，国家市场监督管理总局公布了首批道路货运车辆"三检合一"检验检测机构名单，共计 3267 家，将尾气排放检验也纳入"一次检验"范围（见表 2-1-2）。

表 2-1-2　《关于进一步落实道路货运车辆检验检测改革政策有关工作的通知》任务要求和具体安排

任务要求	具体安排
限时推进"两检合一"式检验检测机构实现"一次上线、一次检测、一次收费"	2018 年 10 月 15 日前，具备安检、综检"两检合一"资质条件的检验检测机构必须全面实现"一次上线、一次检测、一次收费"
公开货运车辆"两检合一"检验检测机构名单	2018 年 10 月 10 日前，省级交通运输、公安、质监主管部门要通过政府部门网站、微信公众账号、新闻报刊等途径向社会公布本省具备安检、综检"两检合一"资质的货运车辆检验检测机构名录、联系电话及经营地址
逐站签署"两检合一"改革政策落地承诺书	2018 年 10 月 10 日前，各直辖市及地市级交通运输、公安、质监部门联合与辖区内货运车辆检验检测机构逐站签订《贯彻落实道路货运车辆"两检合一"改革政策承诺书》
全面实施货车车主"交钥匙工程"	2018 年 10 月 15 日前，对同时具备安检、综检"两检合一"资质的检验检测机构全面实施货车车主"交钥匙工程"，优化货车检验检测服务流程，全面实现"一次上线、一次检测、一次收费"

异地检测工作逐步落实。货车年检已经实现。2018 年 7 月，公安部部署进一步深化改革，提升交通管理服务便利化工作，公布了 20 项交通管理"放管服"改革新措施。其中明确提出实行车辆全国"通检"。全面推行小型汽车、货车和中型客车跨省异地检验。包括货运车辆在内的申请人可以直接在机动车登记地以外的省份检验，申领检验合格标志，无须办理委托检验手续。

货车年审仍有待落实。2018 年 10 月 25 日，交通运输部办公厅印发《加快推进道路运输车辆综合性能检测联网 实现普通货运车辆全国异地检测工作方案》（交办运〔2018〕132 号），提出到 2018 年年底实现普通货运车辆全国范围异地检测。通知要求，2019 年 1 月 1 日起，车籍地交通运输主管部门在办理普通货运车辆年度审验时，应当在线获取车辆检测报告等信息，原则上不需要车辆审验申请人另行提供纸质检测报告单。加快推进普通货运车辆省内异地审验，2019 年年底前实现普通货运车辆全国异地审验。目前，湖北、陕西等部分省份已经实现省内异地年审。跨省异地年审还有待进一步推进落实，行业普遍期待相关政策尽快落实，真正实现货运车辆"两检合一"和异地检验。

2. 取消总质量 4.5 吨及以下普通货运从业资格证和车辆营运证

2018 年 12 月 24 日，交通运输部办公厅发布《交通运输部办公厅关于取消总质量 4.5 吨及以下普通货运车辆道路运输证和驾驶员从业资格证的通知》（交办运函〔2018〕2052 号），决定在《中华人民共和国道路运输条例》及相关部门规章修订前，自 2019 年 1 月 1 日起，各地交通运输管理部门不再为总质量 4.5 吨及以下普通货运车辆配发道路运输证。对于总质量 4.5 吨及以下普通货运车辆从事普通货物运输活动的，各地交通运输管理部门不得对该类车辆、驾驶员以"无证经营"和"未取得相应从业资格证件，驾驶道路客货运输车辆"为由实施行政处罚。2019 年 3 月，《国务院关于修改部分行政法规的决定》（国务院令第 709 号），对《中华人民共和国道路运输条例》部分条款进行修订，提出，使用总质量 4.5 吨及以下普通货运车辆从事普通货运经营的，无须按照本条规定申请取得道路运输经营许可证及车辆营运证。

3. 推动取消高速公路省界收费站

目前，我国高速公路通车总里程超过了 13.1 万公里，而我国高速公路主线收费站约有 700 个，包括货运车辆在内的大量车辆往往由于收费等待时间过长而积压堵塞，特别是货运车辆需要在收费站口排队计重收费，更增加了公路拥堵和尾气排放，大大降低了高速公路整体通行效率。2018年5月，国务院常务会议作出推动取消高速公路省界收费站的决策部署。12月28日，江苏、山东、重庆和四川四地作为第一批试点省市，率先在全国取消15个高速公路省界收费站。

交通运输部表示，下一步将认真总结试点工作经验，进一步优化完善相关方案，扩大试点范围，并总结形成适用于全国的运营管理政策和技术方案，在全国逐步推广。

4. 推进大件运输并联许可全国联网

2017年8月，国办发〔2017〕73号文，要求跨省大件运输并联许可全国联网。交通运输部等十四部门出台《关于印发促进道路货运行业健康稳定发展行动计划（2017—2020年）的通知》，将推进跨省大件运输并联许可全国联网作为2017年年底前完成的促进道路货运行业降本减负10件实事之一。2017年9月30日跨省大件运输并联许可系统全国联网运行，实现了"起运地省份统一受理，沿线省份限时并联审批，一地办证、全线通行"。但据2018年国务院督查组通报，部分地区还存在着政策执行不统一、材料要求不一致、省际协调配合差、许可效率低等问题。

为进一步提高大件运输许可效率，2018年9月，交通运输部办公厅下发《交通运输部办公厅关于进一步优化跨省大件运输并联许可服务工作的通知》（交办公路明电〔2018〕65号），要求各部门要落实强化"一扇门"办理，2018年9月底前要求各省明确一个专门机构统一负责本省（区、市）大件运输许可网上申请受理和协调审批工作。推行"首站式"服务，起运地省份受理大件运输申请后，即为该申请的总协调人。同时要采取加强"手把手"培训、鼓励提前办理申请、完善公路"数据库"、推进"主通道"建设、完善许可实施细则、加快系统升级改造、完善技术监测设施、建设高速公路服务点、强化监督检查等11项举措。大件运输跨省并联许可得到重大突破。

大件运输并联许可的前提是全行业合规运行。由于大件运输车辆通常由牵引车和承载车（主要是轴线车和改装车）组成，而特种承载车辆很难拿到合法牌照，且尚未形成大件运输的临时通行政策，导致全行业违规运行，增加了行业经营风险，也使得要求合规经营的跨省并联许可难以有效落实。

5. 交通运输业增值税税率调整

国务院总理李克强在 2018 年政府工作报告中提出，进一步减轻企业税负，改革完善增值税，按照三档并两档方向调整税率水平，重点降低制造业、交通运输等行业税率，提高小规模纳税人年销售额标准。

2018 年 3 月底，国务院常务会议确定，5 月 1 日起制造业等增值税税率从 17% 降至 16%。交通运输、基础电信等增值税税率从 11% 降至 10%。将纳税人年销售额标准由 50 万元和 80 万元上调至 500 万元；预计全年减税 2400 亿元。4 月 4 日，财政部、税务总局出台《关于调整增值税税率的通知》，正式明确税率调整标准。

由于交通运输业上游的成品油、车辆制造、轮胎制造以及修理费等相关税目的税率下调 1 个百分点，物流企业特别是道路运输企业降税幅度没有想象的大。行业期待结合增值税立法，进一步降低交通运输服务税率，按照三档并两档方向调整，统一物流各环节增值税税率，全面降低物流企业负担，进一步推进物流业降本增效。

6. 挂车购置税减半征收

财政部、税务总局、工业和信息化部，2018 年 5 月 25 日联合发布挂车减征车辆购置税公告。从 2018 年 7 月 1 日至 2021 年 6 月 30 日，对挂车减半征收车辆购置税。2017 年，我国的半挂车产量为 747946 辆，如果全部享受挂车购置税减半政策，对全行业来说将是巨大的政策福利。

7. 高速公路差异化收费

高速公路差异化收费是以价格为杠杆，来调节车辆出行的选择，提升运行效率的一种收费政策。从 2017 年开始，山西、河南、浙江、湖南 4 省便在全国率先开展了高速公路分时段差异化收费试点工作，并取得了明显成效。2018 年，又有陕西、青海、江西等多个省份加入差异化收费行列，差异化收费类型更加多样，一些省份调低了收费标准（见表 2 - 1 - 3）。

表 2 - 1 - 3　　　　　　2018 年部分省份差异化收费情况

时间	内容
8 月 1 日起	河南省再次调整分时段差异化收费政策，即从每天 20 时至次日 6 时期间，对驶离河南省高速公路收费站口的所有货车实施 9.5 折优惠，对持有河南省 ETC 卡的货车实施 9 折优惠

续 表

时间	内容
9 月 1 日起	陕西、青海两省也加入其中。陕西省 7 条高速的部分路段下调收费标准；青海省对 5 条高速的部分路段和时段通行的 ETC 货车给予 7~8 折优惠
11 月 15 日	江西省也开始试行高速公路差异化收费政策。其中，南昌至上栗高速给予货车通行费 8.5 折优惠；若使用赣通卡走 ETC 车道，最高可给予通行费 8.6 折的优惠

8. 规范道路交通事故处理收费

为进一步规范道路交通事故处理工作，保护当事人合法权益，公安部修订发布了《道路交通事故处理程序规定》（公安部令第 146 号），对交通事故处理的多项制度进行调整完善，出台了四个方面 15 项新措施，于 2018 年 5 月 1 日起施行。

在规范事故处理收费、减轻群众负担方面，出台了四项制度措施。一是对因扣留事故车辆产生的停车费用，明确由作出扣留决定的公安交管部门承担，不得向当事人收取；但公安交管部门通知当事人领取，当事人逾期未领取产生的费用除外。二是对需要进行事故检验、鉴定的，规定检验、鉴定费用由公安交管部门承担，不得向当事人收取。三是严禁公安交管部门指定停车场停放扣留的事故车辆，防止违规收费和勾连牟利等问题。四是除依法扣留车辆的情形外，赋予事故当事人自行联系施救单位拖移车辆的选择权，只有在当事人无法及时移动车辆且影响通行和安全的情况下，交通警察方可通知具有资质的施救单位将车辆移至不妨碍交通的地点。这些措施的出台将有效减轻物流企业事故处理负担。

五、运输结构加快调整

2017 年 12 月，中央经济工作会议提出要调整运输结构，减少公路货运量，增加铁路货运量。2018 年 4 月，中央财经委员会第一次会议特别强调，调整运输结构，减少公路运输量，增加铁路运输量。2018 年 7 月，国务院印发《打赢蓝天保卫战三年行动计划》（国发〔2018〕22 号），目标是经过

3 年努力，大幅减少主要大气污染物排放总量。行动计划提出优化调整货物运输结构、加快车船结构升级、加快油品质量升级、强化移动源污染防治等多项任务措施，并提出了具体量化指标和完成时限等 6 方面任务措施。其中，要求积极调整运输结构，发展绿色交通体系。

2018 年 10 月，国务院办公厅印发《国务院办公厅关于推进运输结构调整三年行动计划（2018—2020 年）的通知》（国办发〔2018〕91 号）。行动计划要求，以京津冀及周边地区、长三角地区、汾渭平原等区域为主战场，以推进大宗货物运输"公转铁、公转水"为主攻方向，通过 3 年集中攻坚，实现全国铁路货运量较 2017 年增加 11 亿吨、水路货运量较 2017 年增加 5 亿吨、沿海港口大宗货物公路运输量减少 4.4 亿吨的目标。为实现工作目标，《行动计划》提出实施铁路运能提升行动、水运系统升级行动、公路货运治理行动、多式联运提速行动、城市绿色配送行动、信息资源整合行动 6 大行动。

2018 年 7 月，中国铁路总公司制定并开始实施《2018—2020 年货运增量行动方案》，计划到 2020 年，全国铁路货运量将达到 47.9 亿吨，较 2017 年增长 30%。对此，中国铁路总公司制定了详细的时间表、路线图和配套措施，确保货运增量和运输结构调整目标如期实现。

2018 年 11 月，交通运输部办公厅、国家发展改革委办公厅公布第三批多式联运示范工程项目名单，24 个项目入选。自 2017 年交通运输部等 18 个部门联合部署进一步鼓励开展多式联运以来，共公布了 3 批 70 个多式联运示范工程项目，多式联运成为调整运输结构重要抓手。

六、车辆污染防治行动启动

2018 年政府工作报告提出"开展柴油货车超标排放专项治理"，中央财经委员会第一次会议提出打好柴油货车污染治理攻坚战。2018 年 7 月 21 日，生态环境部常务会议原则通过柴油货车污染治理攻坚战行动计划。2018 年 12 月 30 日，生态环境部等 11 个部门联合发布了《柴油货车污染治理攻坚战行动计划》（以下简称《计划》）。《计划》要求，加快老旧车辆淘汰和深度治理。到 2020 年，京津冀及周边地区、汾渭平原加快淘汰国三及以下排放标准营运柴油货车 100 万辆以上。2019 年 7 月 1 日，重点区域、珠三角地区、成渝地区提前实施机动车国六排放标准。

1. 推广使用达到国六排放标准的燃气车辆

《计划》提出，将加大监督执法力度，推行生态环境部门检测取证、公安交管部门实施处罚、交通运输部门监督维修的联合监管执法模式。此外，《计划》对路检路查、入户抽测、重污染天气期间柴油货车管控以及抽测频次方面也给出了具体办法。这些环保政策的出台将对行业发展产生深远影响。近年，随着国家车辆排放标准的不断升级，车辆淘汰进度加快，增加了企业经营负担。一些城市出台车辆更新替换方案，按照车型和车龄不同给予一定补贴，但地方补贴有限，车辆淘汰更新范围和速度还有一定差距。

2. 新能源物流车替换得到政府支持

《国务院办公厅关于推进运输结构调整三年行动计划（2018—2020 年）的通知》，提出加大新能源城市配送车辆推广应用力度。要求到 2020 年，城市建成区新增和更新轻型物流配送车辆中，新能源车辆和达到国六排放标准的清洁能源车辆的比例超过 50%，重点区域达到 80%。2017 年，交通运输部联合公安部、商务部发布《关于组织开展城市绿色货运配送示范工程的通知》（交办运〔2017〕191 号），启动城市绿色货运配送示范工程。2018 年 6 月 15 日，交通运输部、公安部、商务部联合发布通知，确定天津、石家庄等 22 个城市为绿色货运配送示范工程创建城市。其中，将新增新能源城市配送车辆、新增新能源城市配送车辆占新增（更新）城市配送车辆的比例作为具体考核指标。2017 年，财政部发布公告，自 2018 年 1 月 1 日至 2020 年 12 月 31 日，对购置的新能源汽车免征车辆购置税。各地将新能源物流车替换作为支持重点，新能源物流车便利通行成为政策亮点。

七、货运物流枢纽建设得到支持

党的十九大报告提出，要加强物流等基础设施网络建设。2018 年 12 月，国家发展改革委、交通运输部联合印发《国家发展改革委　交通运输部关于印发〈国家物流枢纽布局和建设规划〉的通知》（发改经贸〔2018〕1886 号）（以下简称规划），首次在国家层面提出"物流枢纽"专项规划。通过打造"通道＋枢纽＋网络"物流运行体系，优化国家经济空间布局，构建现代化经济体系，将对下一阶段物流布局产生重大而深远的影响。规划提出国家枢纽建设的阶段目标，给出了清晰的"时间表"。规划规定了国家物流枢纽的6种类型，包括陆港型、港口型、空港型、生产服务型、商贸服务型和陆上边境口岸型。结合"十纵十横"交通运输通道和国内物流大通道基本格局，选择127个具备一定基础条件的城市作为国家物流枢纽承载城市，规划建设212个国家物流枢纽。

2018年，按照《交通运输部货运枢纽（物流园区）投资补助项目管理办法（暂行）》要求，对拟安排车购税资金支持的项目予以公示。公示项目类型分为通用集散和多式联运，安排车购税资金予以支持。

按照《商务部公安部交通运输部国家邮政局供销合作总社关于印发〈城乡高效配送专项行动计划（2017—2020年）〉的通知》（商办流通函〔2017〕917号）要求，商务部、公安部、国家邮政局、供销合作总社联合发布《组织实施城乡高效配送重点工程的通知》（商办流通函〔2018〕115号），提出了完善3级配送网络、推动网络共享共用、加强技术标准应用、推动配送模式创新等具体任务。农村物流网络节点体系加快完善。2018年1月，交通运输部发布《交通运输部办公厅关于推进乡镇运输服务站建设加快完善农村物流网络节点体系的意见》（以下简称《意见》），要求加快完善县、乡、村3级农村物流网络节点体系。《意见》要求以乡镇运输服务站建设为重点，从5个方面统筹推进县、乡、村3级农村物流网络节点体系建设。

八、交通运输安全加强管理

2018年6月，交通运输部、公安部、应急管理部联合部署"道路运输安全生产工作计划（2018—2020年）"，统筹谋划今后三年道路运输安全重点工作，以提升道路运输安全现代化治理能力，有效遏制和减少道路运输安全事故的发生，切实保障人民群众生命财产安全。

其中，关于货物运输具体工作计划如下。

（1）依法从严查处客货运输车辆"三超一疲劳"交通违法行为。深入推进治超联合执法常态化、制度化，严格落实"一超四罚"措施，并开展隧道交通违法行为集中整治，加大对交通流量较大、通行危化品车辆较多的重点隧道交通秩序管控力度。

（2）加强"两客一危"、重点营运货车及农村地区驾驶员交通安全宣传教育。充分利用"12350""122""12328"等服务监督电话和社会公共管理平台举报投诉渠道，完善投诉受理机制，发挥社会监督作用。组织开展"人人都是安全员"活动，积极拓展微信、微博、手机 App 等举报渠道，建立旅客和社会力量参与运输安全监督的制度和激励机制。

（3）严格营运车辆安全技术管理。严格执行《机动车运行安全技术条件》（GB 7258—2017）、《汽车、挂车及列车外廓尺寸、轴荷及质量限值》（GB 1589—2016）、《营运客车安全技术条件》（JT/T 1094—2016）、《营运货车安全技术条件 第 1 部分：载货汽车》（JT/T 1178.1—2018）等相关标准和文件要求，严把新进入道路运输市场车辆的安全技术管理关口，不得为不符合标准的车辆办理营运手续。

深入推进货运车型标准化工作。持续做好车辆运输车治理工作，督促不合规的车辆运输车按要求退出市场。加强超长平板半挂车和超长集装箱半挂车监管，重点整治低平板半挂车车货总质量超过限载标准和假牌套牌行为。开展常压罐体危险货物罐车专项治理工作。

同时，严格落实《中华人民共和国反恐怖主义法》《危险货物道路运输规则》及《危险货物道路运输安全管理办法》规定，提升危险货物道路运输企业和危化品生产、经营、使用、储存企业的安全管理水平。严格落实危险货物道路运输驾驶员从业资格培训大纲和考试大纲，强化实际操作培训考试把关。

加快推进危险货物道路运输安全监管系统建设，并与部级危险货物道路运输安全监管系统对接，加快实现危险货物电子运单、罐体检测报告、监督检查等监管信息全国联网。加强危险化学品生产、储存、经营企业的安全管理，严格执行托运及充装查验、登记制度，严禁向个人或不具备危险货物道路运输资质的企业和车辆托运、充装危险货物。

九、守信激励和失信惩戒机制建设

2017 年，交通运输部下发《关于界定严重违法失信超限超载运输行为和相关责任主体有关事项的通知》。2018 年 12 月，交通运输部发布《交通运输守信联合激励和失信联合惩戒对象名单管理办法（试行）》（以下简称办法）。

办法中提到，超载将被列入"黑名单"，一旦被列入"红名单（守信名单）"和"黑名单（失信名单）"，将通过"信用交通"网站或认定部门（单位）门户网站予以公示，公示期一般为 10 个工作日。

失信联合惩戒对象包括：货运源头单位、道路运输企业及其法定代表人、主要负责人和有直接责任的人员、货运车辆和货运车辆驾驶人。被列入"失信联合惩戒对象名单"的影响包括以下几个方面。

（1）限制进入道路运输市场，取消相关经营资质。

（2）会成为重点监管对象，各运输通道、桥梁，以及高速入口都会严加监测。

（3）监管货源单位，限制生产，影响货源。

（4）影响驾驶证审验和换发。

（5）提高保险费率，买保险费用增加。

（6）限制银行和其他金融机构贷款。

（7）限制高消费，限制坐飞机、列车软卧和 G 字开头的动车。

（8）不能享受绿通优惠。

（9）限制获取政府补贴性资金和社会保障资金的支持。

这些影响增加了企业失信违法成本，强化了监管的威慑力。

十、政府机构改革和职能调整

2018 年 3 月，第十三届全国人大一次会议审议通过国务院机构改革方案，对交通运输部职责予以调整。2018 年 9 月，中共中央办公厅、国务院办公厅下发《关于调整交通运输部职责编制的通知》，明确交通运输部负责指导交通运输综合执法和队伍建设有关工作。2018 年 12 月，中共中央办公厅、国务院办公厅印发《关于深化交通运输综合行政执法改革的指导意见》。交通运输部召开了全国交通运输综合行政执法改革工作推进视频会议，全面部署和推进交通运输综合行政执法改革工作。组建综合执法队伍，以交通运输部名义实行统一执法。2018 年公路货运行业相关规划及政策文件要目如表 2-1-4 所示。

表 2-1-4　　2018 年公路货运行业相关规划及政策文件要目

序号	发文单位	发文题目	文号	发文时间
1	国家发展改革委、国土资源部、住房城乡建设部	公布第二批示范物流园区工作的通知	发改经贸〔2018〕249 号	2 月 12 日

续 表

序号	发文单位	发文题目	文号	发文时间
2	财政部、工信部、科技部、国家发展改革委	关于调整完善新能源汽车推广应用财政补贴政策的通知	财建〔2018〕18 号	2 月 12 日
3	商务部等 10 部门	关于推广标准托盘发展单元化物流的意见	商办流通函〔2017〕968 号	1 月 18 日
4	财政部	关于调整增值税税率的通知	财税〔2018〕32 号	4 月 4 日
5	商务部、公安部、国家邮政局、供销合作总社	组织实施城乡高效配送重点工程的通知	商办流通函〔2018〕115 号	——
6	交通运输部办公厅	关于开展模块化中置轴汽车列车示范运行工作的通知	交办运〔2018〕46 号	4 月 17 日
7	公安部	新《道路交通事故处理程序规定》实施	公安部令 146 号	5 月 1 日
8	交通运输部办公厅	关于深入推进无车承运人试点工作的通知	交办运函〔2018〕539 号	4 月 8 日
9	工业和信息化部、公安部、交通运输部	智能网联汽车道路测试管理规范（试行）	工信部联装〔2018〕66 号	4 月 3 日
10	公安部	关于警企共治创新外卖行业电动自行车交通违法治理工作的通知	——	4 月 23 日
11	国家发展改革委等四部门	关于做好 2018 年降成本重点工作的通知	发改运行〔2018〕634 号	4 月 28 日
12	交通运输部	关于印发 2018 年全国治理车辆超限超载工作要点的通知	交公路〔2018〕4 号	4 月 18 日

序号	发文单位	发文题目	文号	发文时间
13	交通运输部办公厅	关于开展道路货运驾驶员免费网络继续教育试点工作的通知	交办运〔2018〕63 号	5 月 24 日
14	交通运输部办公厅、公安部办公厅、工业和信息化部办公厅	关于深入推进车辆运输车治理工作的通知	交办运函〔2018〕702 号	5 月 9 日
15	财政部、税务总局、工业和信息化部	关于对挂车减征车辆购置税的公告	财政部公告2018 年第 69 号	5 月 25 日
16	国务院	打赢蓝天保卫战三年行动计划	国发〔2018〕22 号	6 月 27 日
17	交通运输部办公厅、公安部办公厅、应急管理部办公厅	道路运输安全生产工作计划（2018—2020 年）	交办运〔2018〕74 号	6 月 14 日
18	交通运输部办公厅、中华全国总工会办公厅	关于开展"司机之家"建设试点工作的通知	交办运〔2018〕71 号	6 月 11 日
19	交通运输部办公厅、公安部办公厅、商务部办公厅	关于公布城市绿色货运配送示范工程创建城市的通知	交办运〔2018〕75 号	6 月 15 日
20	交通运输部办公厅	关于组织开展交通运输信息资源整合共享应用试点工作的通知	交办科技函〔2018〕797 号	6 月 12 日
21	财政部、税务总局	关于物流企业承租用于大宗商品仓储设施的土地城镇土地使用税优惠政策的通知	财税〔2018〕62 号	6 月 1 日
22	生态环境部	重型柴油车污染物排放限值及测量方法（中国第六阶段）	生态环境部公告2018 年第 14 号	6 月 28 日

续 表

序号	发文单位	发文题目	文号	发文时间
23	交通运输部	关于全面加强生态环境保护坚决打好污染防治攻坚战的实施意见	交规划发〔2018〕81 号	7 月
24	财政部、国家税务总局等四部门	关于节能新能源车船享受车船税优惠政策的通知	财税〔2018〕74 号	7 月
25	交通运输部办公厅	交通运输部办公厅关于印发平安交通三年攻坚行动方案（2018—2020 年）的通知	交办安监〔2018〕86 号	7 月
26	财政部税务总局	财政部 税务总局关于进一步扩大小型微利企业所得税优惠政策范围的通知	财税〔2018〕77 号	7 月
27	国务院	国务院关于取消一批行政许可等事项的决定	国发〔2018〕28 号	8 月
28	交通运输部办公厅	交通运输部办公厅关于印发深入推进长江经济带多式联运发展三年行动计划的通知	交办水〔2018〕104 号	8 月
29	国务院办公厅	国务院办公厅关于推进运输结构调整三年行动计划（2018—2020 年）的通知	国办发〔2018〕91 号	10 月
30	交通运输部办公厅	交通运输部办公厅关于无车承运人试点综合监测评估情况的通报	交办运函〔2018〕1398 号	10 月
31	交通运输部办公厅	交通运输部办公厅关于对 2019 年拟投资补助的货运枢纽（物流园区）项目进行公示的公告	—	9 月

序号	发文单位	发文题目	文号	发文时间
32	交通运输部办公厅	交通运输部办公厅关于推广应用智能视频监控报警技术的通知	交办运〔2018〕115号	9月
33	交通运输部办公厅、公安部办公厅、国家市场监督管理总局办公厅	关于进一步落实道路货运车辆检验检测改革政策有关工作的通知	交办运〔2018〕125号	9月
34	交通运输部办公厅	交通运输部办公厅关于严格执行全国超限超载认定标准的通知	交办公路明电〔2018〕66号	9月
35	交通运输部办公厅	交通运输部办公厅关于进一步优化跨省大件运输并联许可服务工作的通知	交办公路明电〔2018〕65号	9月
36	公安部	关于进一步规范和优化城市配送车辆通行管理的通知	公交管〔2018〕552号	10月
37	交通运输部办公厅	加快推进道路运输车辆综合性能检测联网 实现普通货运车辆全国异地检测工作方案	交办运〔2018〕132号	10月
38	交通运输部等九部门	贯彻落实国务院办公厅《推进运输结构调整三年行动计划（2018—2020年)》的通知	交运发〔2018〕142号	11月
39	交通运输部办公厅、国家发展改革委办公厅	关于公布第三批多式联运示范工程项目名单的通知	交办运〔2018〕146号	11月
40	交通运输部办公厅	交通运输部办公厅关于发布交通运输物流标准体系（2018年）的通知	交办科技〔2018〕154号	11月

序号	发文单位	发文题目	文号	发文时间
41	交通运输部办公厅	交通运输部办公厅关于做好交通运输行业标准《危险货物道路运输规则》（JT/T 617—2018）贯彻实施工作的通知	交办运函〔2018〕1850 号	11 月
42	交通运输部办公厅	交通运输部办公厅关于印发深化道路运输驾驶员从业管理改革实施方案的通知	交办运〔2018〕143 号	11 月
43	交通运输部	交通运输部关于交通运输行业"证照分离"改革具体措施的公告	交通运输部公告2018 年第 76 号	11 月
44	国家发展改革委、交通运输部	国家发展改革委 交通运输部关于印发《国家物流枢纽布局和建设规划》的通知	发改经贸〔2018〕1886 号	12 月
45	交通运输部办公厅	交通运输部办公厅关于取消总质量 4.5 吨及以下普通货运车辆道路运输证和驾驶员从业资格证的通知	交办运函〔2018〕2052 号	12 月
46	交通运输部办公厅	交通运输部办公厅关于推进乡镇运输服务站建设加快完善农村物流网络节点体系的意见	交办运〔2018〕181 号	12 月
47	交通运输部	交通运输部关于印发《交通运输守信联合激励和失信联合惩戒对象名单管理办法（试行)》的通知	交政研发〔2018〕181 号	12 月

序号	发文单位	发文题目	文号	发文时间
48	工业和信息化部	工业和信息化部关于印发《车联网（智能网联汽车）产业发展行动计划》的通知	工信部科〔2018〕283号	12月
49	国家发展改革委等四部门	关于《提升新能源汽车充电保障能力行动计划》的通知	发改能源〔2018〕1698号	11月

资料来源：相关资料整理。

第二节　中国公路货运政策展望

2019 年，面对国内外形势和各种因素叠加，我国货运物流业下行压力较大。党中央、国务院高度重视货运物流业发展，有利于行业发展政策环境的持续改善。

一、减税降费力度将进一步加大

（一）加大减税力度

《2019 年政府工作报告》中提出，深化增值税改革，将交通运输业等行业现行 10% 的税率降至 9%，确保主要行业税负明显降低；保持 6% 一档的税率不变。但是，通过采取对生产、生活性服务业增加税收抵扣等配套措施，确保所有行业税负只减不增。税率三档并两档、税制简化方向迈进方面又进一步。物流业存在大量的小微企业，2019 年年初，财政部、税务总局出台了小微企业普惠性税收减免政策，将使行业内部分小微企业受益。

（二）降低涉企收费

2018 年，《收费公路管理条例（修订草案）》向社会公开征求意见。《2019 年政府工作报告》提出，深化收费公路制度改革，推动降低过路过桥费用，治理对客货运车辆不合理审批和乱收费、乱罚款。两年内基本取消全国高速公路省界收费站。各地高速公路差异化收费的普及化、常态化，以及货车使用 ETC 非现金支付等优惠政策，将一定程度上降低企业通行费用。2018年，取消高速公路省界收费站试点取得成效，到 2020 年将有望在全国全面推广。这将大幅提升公路长途运输运行效率，巩固高速公路作为货运主渠道的地位。

（三）降低社保负担

随着 2018 年国税地税机构合并，2019 年 1 月 1 日，由税务机关统一征收各项社会保险费，这对劳动密集型的物流业将产生重要影响。《2019 年政府工作报告》中提出，明显降低企业社保缴费负担。同时要求，下调城镇职工基本养老保险单位缴费比例，各地可降至 16%。稳定现行征缴方式，各地在征收体制改革过程中不得采取增加小微企业实际缴费负担的做法，不得自行对历史欠费进行集中清缴。这在一定程度上减轻了企业缴费负担。

二、简政放权将进一步深化落实

《2019 年政府工作报告》提出，以简审批优服务便利投资兴业。政府要坚决把不该管的事项交给市场，最大限度减少对资源的直接配置，审批事项应减尽减，确需审批的要简化流程和环节，让企业多用时间跑市场、少费工夫跑审批。2018 年，交通运输部出台《关于交通运输行业"证照分离"改革具体措施的公告》（以下简称公告）。公告明确提出，将国际船舶管理业务经营审批（外资）取消，道路运输站（场）经营许可证核发改为实行告知承诺，道路货运经营许可证核发等事项优化准入服务，建立网上许可审批服务平台，鼓励申请人通过网上平台申请许可证。2019 年，将全面实现普通货运车辆全国跨省异地审验。行业期待相关政策得到有效落实，增强行业企业的获得感。

三、运输结构调整持续推进

2018 年年底前沿海主要港口和唐山港、黄骅港的煤炭集港改由铁路或水路运输；到 2020 年采暖季前，沿海主要港口和唐山港、黄骅港的矿石、焦炭等大宗货物原则上主要改由铁路或水路运输，"公转铁"任务依然较大。按照《铁路货运增量行动方案（2018—2020 年）》要求，2019 年要"实现增量2.5亿吨"的任务目标。随着煤炭、矿石等大宗商品运输基本"公转铁"，下一步集装箱多式联运将持续发力，多式联运体系将逐步完善，支撑提升多式联运货量。

"公转铁"的加快推进，对于进一步放开铁路货运市场提出了新的要求。2018 年，进一步开放了专用线代运营代维护、自备车检修、铁路运输两端短驳等市场，降低了铁路物流成本。支持铁路运输企业开展载运工具共管共用试点，降低企业自备载运工具运用成本。将铁路价格改革提上日程。铁路运输企业开展铁路运输设备代维护，维修及运用环节相关服务收费、铁路货运经营服务性收费将得到清理和规范，有效提升了铁路运输的竞争力，推动货物运输由公路向铁路转移。2019 年，国家铁路货物发送量将达到 33.68 亿吨。此外，物流融资难、融资贵的问题也将引起重视，物流金融逐步发育，并成为解决企业融资难的重要抓手。

四、污染防治进入攻坚阶段

2019 年，持续推进污染防治工作。《2019 年政府工作报告》提出，持续开展京津冀及周边地区、长三角地区、汾渭平原大气污染治理攻坚，加强工业、燃煤、机动车 3 大污染源治理。柴油车污染防治攻坚战进入实施阶段，京津冀及周边地区、汾渭平原各省将陆续出台工作方案，加快淘汰国三及以下排放标准营运柴油货车。各地国三柴油车限行措施将成为重要引导手段。机动车排放检测与强制维护制度（I/M 制度）开始落地，建立排放检测和维修治理信息共享机制。对于 1 年内超标排放车辆占其总车辆数 10% 以上的运输企业，交通运输和生态环境部门将其列入黑名单或重点监管对象。

五、新能源物流车加快推广

新能源物流车替换受到各地鼓励支持，新增或更新的城市配送车辆将陆续向新能源和国六排放标准清洁能源汽车倾斜，便利物流新能源和国六排放标准清洁能源汽车通行的政策将陆续推广。各地新能源车补贴，加快向充电桩等充电设施建设转移，但是电动物流车续航里程仍然难以满足行业需求。随着沿海港口禁止柴油货车集疏港运输，LNG（液化天然气）货车成为重要替换对象。

六、加强基础设施短板建设

2018 年，国家发展改革委、交通运输部出台《国家物流枢纽布局和建设规划》（以下简称《规划》）。《规划》指出，在国家物流骨干网络的关键节点，选择部分基础条件成熟的承载城市，启动第一批国家物流枢纽布局建设，培育形成一批资源整合能力强、运营模式先进的枢纽运营企业。为支持国家物流枢纽的物流基础设施建设，研究设立国家物流枢纽中央预算内投资专项。同时，鼓励符合条件的金融机构或大型物流企业集团等发起物流产业发展投资基金，按照市场化原则运作，加强重要节点物流设施建设。

为加强联运转运衔接设施短板建设，大力发展多式联运。下一步有关部门将引导各类社会资本加大对公铁、铁水、空陆等不同运输方式的转运场站和"不落地"装卸设施等的投入力度，提高一体化转运衔接能力和货物快速换装便捷性。在铁路入港、入企的基础上，推动具备条件的物流园区引入铁路专用线。加强入港铁路专用线等基础设施短板建设，支持铁路专用线进码头，打通公铁水联运衔接"最后一公里"，实现铁路货运场站与港口码头、前方堆场等的无缝衔接。

七、大力培育产业发展新动能

随着"互联网＋"物流走向深入，物流智能化改造行动将加快启动。其中包括加强物流数字基础设施建设，支持物流园区和大型仓储设施等应用物联网技术，鼓励货运车辆加装智能设备。发展机械化、智能化立体仓库，为传统物流产业转型升级赋能。

2019 年，网络货运平台（无车承运人）管理办法将有望出台，指导和规范无车承运人准入和监管。利用互联网手段，实现"政府监管平台、平台管理企业"的两级监管模式创新。同时，针对无车承运人试点过程中出现的安全、质量问题，有关部门将加大规范引导力度，强化无车承运人的安全主体责任，保证既要包容审慎又要坚持安全质量底线。

随着强大国内市场的发展，城乡配送专项行动将加快启动。完善城乡配送网络，加强公用型城市配送节点和社区配送设施建设，将末端配送设施纳入社区统一管理，推进设施共享共用，支持试点城市和企业加快构建城乡双向流通的物流配送网络，努力满足消费最终需求。

八、科技监管和信用监管日益加强

《2019 年政府工作报告》提出，以公正监管促进公平竞争。公平竞争是市场经济的核心要义，公正监管是公平竞争的保障。在简政放权的同时，事中事后监管将加快推进。

随着技术条件和管理模式的逐步完善，公路治超非现场执法将加快推进。通过实施科技治超，公路货车超限超载特别是严重超限超载情况将得到有效遏制，执法效率、执法规范化水平、车辆通行效率将得到有效提升。此外，高速公路入口治超将全面推广，这将有效支撑取消全国高速公路省界收费站的工作推进，也将强化规范执法、巩固治超成果、提高通行效率，对实现公平运输环境将带来深远影响。

以"全随机、一公开"监管为基本手段、以重点监管为补充、以信用监管为基础的新型监管机制的建立，对规范市场执法行为，减少监管中的重复、烦琐和自有裁量权具有重要作用。其中，信用监管是下一步规范市场秩序的"金钥匙"。随着《交通运输守信联合激励和失信联合惩戒对象名单管理办法（试行）》的出台，实现涉企信息归集共享，将让市场主体"一处违法、处处受限"，大大增加企业的失信违法成本。下一步，要充分发挥行业协会作用，推进诚信体制建设，加强社会统筹协调，形成协同治理机制，营造统一、开放、规范、有序的物流营商环境。

2019 年，我国货运物流业发展面临的环境更复杂更严峻，一些制约行业发展的长期性、结构性矛盾将集中显现。我国货运物流业相关政府部门将按照稳中求进工作总基调，坚持新发展理念，坚持高质量发展，坚持以供给侧结构性改革为主线，加大改革开放力度，围绕"物流强国"的目标，努力营造优良营商环境。2020 年即将到来，物流业下一个五年规划也提上了议事日程，有关前期工作将陆续启动，以规划引领、任务分工和政策保障支持物流高质量发展。

第三章 2018 年中国公路货运细分市场发展情况

目前，随着市场竞争日益激烈，我国公路货运市场加快细分，业态分化日益加剧，呈现出一些新的特点和趋势。

第一节 2018 年中国公路货运细分市场概况

一、细分市场结构与特征

（一）根据车辆装载货物形态分类

按照车辆装载的货物形态不同，可以将公路货运分为整车运输和零担运输。

1. 整车运输

一批货物按照重量或体积需要单独使用 30 吨以上的一辆或超过一辆的货车装运，或者虽然不能装满一辆货车，但是由于货物的性质、形状或运送条件等的原因，必须单独使用一辆货车装运时，都应该以整车的方式运输。

2. 零担运输

当货主需运送的货不足一车时，作为零星货物交运，承运部门将不同货主的货物按同一到站凑整一车后再发运的服务形式。零担运输一件的体积最小不能小于 0.02 立方米（一件重量在 10 千克以上的除外），每批不得超过 300 件。

但实际中，判断一批货物是零担货还是整车货的依据不完全取决于货物数量、体积或形状的大小，还应考虑货物的性质、货物价值对运费的负担能力等因素。对于特种货物（包括集装箱货物），无论数量、体积、形状如何，承运人通常均不按零担货承运。

无论是零担运输还是整车运输，其业务运作过程均由发送管理、在运管理、中转管理、交付管理4个方面构成。但是，之间仍存在许多不同之处（见表3-1-1）。

表3-1-1　　　　　　　　　　整车运输与零担运输之间的区别

对比项目	整车运输	零担运输
承运人责任期间	装车—卸车	货运站—货运站
是否进站存储	否	是
货源特点	货物品种单一、数量大、货价低，装卸地点一般比较固定，运输组织相对简单	货源不确定，货物批量小、品种繁多、站点分散、质高价贵，运输组织相对复杂
营运方式	直达、不定期运输	定线定班期发运
运输时间长短	相对较短	相对较长
运输合同形式	通常预先签订书面运输合同	通常托运单、运单作为合同证明
运输费用	单位运费一般较低，仓储、装卸等费用另计，需要在合同中约定	单位运费一般较高，运费中往往包含仓储、装卸等费用

资料来源：相关资料整理。

（二）根据运输线路分类

按照公路货运运输线路，可以分为专线运输、干线运输和支线运输。

1. 专线运输

2个城市的整车点到点运输（见图3-1-1）。物流公司的专业线路，发货地到接货地都是自己的公司，自己的货运部。例如，在广州物流园区的长沙专线运输，就是专门跑广州至长沙的专线运输，另外辐射湖南省。

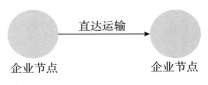

直达运输

企业节点　　　　　　企业节点

图3-1-1　专线运输模式

2. 干线运输

把货物分到二级城市去，是专线的一种延伸，通常运输里程在400公里以上（见图 3 - 1 - 2）。采用干线运输的物流公司，其发货地或接货地一般都会合作另外一家货运站，不是主要线路。例如，到娄底的货物，需要先走专线运输到长沙，再走干线运输中转到娄底。

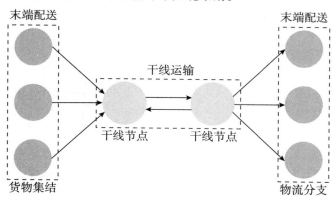

图 3 - 1 - 2　干线运输模式

3. 支线运输

相对于干线运输，将剩余线路的货物按照干线运输线路就近原则，从最近的地方卸货，然后换其他车辆单独处理。例如，货物到达娄底之后，还需要下派到县、区甚至村镇，就需要继续按照支线运输进行转运。支线运输里程通常在 200 ~ 400 公里，城配运输通常在 200 公里以内。

（三）细分市场融合与现有结构

根据车辆装载货物形态和运输线路分类，可以衍生出整车专线、零担专线等 8 种市场细分结构（见图 3 - 1 - 3）。

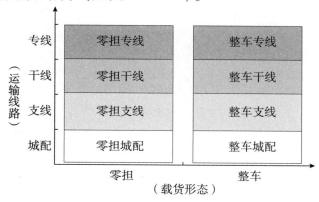

图 3 - 1 - 3　公路货运细分市场理论结构

资料来源：相关资料整理。

通常，结合公路货运企业实际管理运营模式及市场融合趋势，借鉴美国（快递、零担、整车）及日本（干线、城配）等国家经验，主要从零担运输、整车运输、城市配送3种模式进行市场细分（见图3-1-4、表3-1-2）。

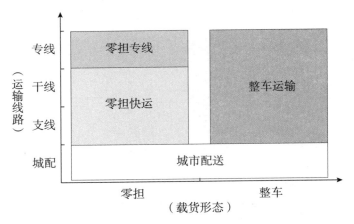

图3-1-4 公路货运细分市场实际结构

资料来源：相关资料整理。

表3-1-2   我国公路货运细分市场特点与结构

类型		单票重量（千克）	运输线路	平均价格（元/千克）	服务对象	经营主体	货源结构	运输方式	代表企业
零担运输	零担快运	30以下、30～300	干线、支线	1.5	工商企业、个体经营户、个人	网络型和区域型货运企业	小批量产成品	中转或直达运输	德邦物流、安能物流、佳吉快运等网络型企业
	零担专线	300～3000	专线	0.5	工商企业、合同物流企业	中小货运企业、货运经纪人	大批量产成品	直达运输	专线市场中的物流企业
整车运输		30000以上	专线、干线、支线	0.5～1.5	商贸企业、合同物流、零担物流	中小货运企业、车队、个体司机	大批量原材料、产成品	直达运输	合同物流企业
城市配送		30以下为主	支线、末端	5～10	个人、企业、电商企业	快递企业、合同物流企业、货运企业	消费品	中心分拨	顺丰速运、EMS、城配物流企业

资料来源：相关资料整理。

二、细分市场运价和效率

（一）各车型运价指数均不同程度回落，零担快运回落幅度最大

2018 年，从分车型看公路物流运价指数，各车型指数相比上年均有不同程度回落。其中，以大宗商品及区域运输为主的整车指数全年均值为 97.6，比上年回落 5.5%。零担指数中，零担重货指数回落幅度低于零担轻货指数。（见表 3 - 1 - 3、图 3 - 1 - 5）

表 3 - 1 - 3　　中国公路物流运价指数（2017 年、2018 年）

指数	2018 年 1 月	2018 年 12 月	2018 年平均	2017 年平均
中国公路物流运价指数	102.5	96.6	97.1	106.4
整车指数	102.3	97.1	97.6	103.3
零担轻货指数	103.4	94.6	98.2	116.9
零担重货指数	102.1	97.1	97.5	105.6

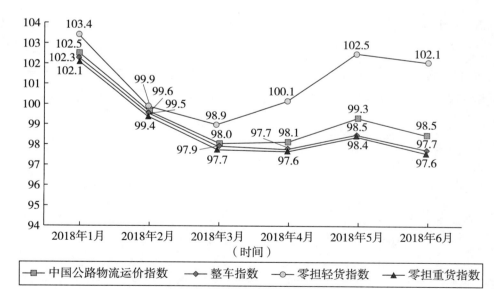

图 3 - 1 - 5　2018 年 1—6 月中国公路物流运价指数

资料来源：中国物流信息中心官网。

（二）细分市场运输效率均有所下滑

分运输方式看，2018 年城配运输月平均行驶里程为 3671.98 公里，支线运输月平均行驶里程为 8381.34 公里，干线运输月平均行驶里程为 13578.16 公里，干线运输分别是城配运输、支线运输的 3.7 倍和 1.6 倍。与上年相比，各运输方式月平均行驶里程均小幅下降，同比降幅分别为 1.45%、0.63% 和 0.29%（见图 3 - 1 - 6）。

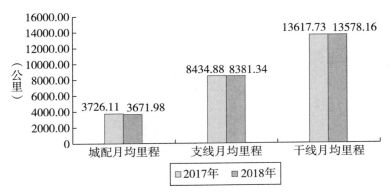

图 3 - 1 - 6　2018 年与 2017 年的月平均行驶里程对比

2018 年城配运输月平均行驶时长为 99.54 小时，支线运输月平均行驶时长为 159.94 小时，干线运输月平均行驶时长为 211.12 小时，干线运输分别是城配运输、支线运输的 2.1 倍和 1.3 倍。与上年相比，各运输方式月均行驶时长同比降幅分别为 1.90%、1.47% 和 1.38%（见图 3 - 1 - 7）。

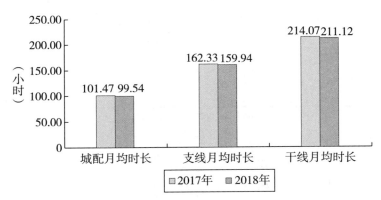

图 3 - 1 - 7　2018 年与 2017 年的月平均行驶时长对比

从车辆平均行驶时速看，城配运输为 36.9 公里/小时，支线运输为 52.4 公里/小时，干线运输为 64.3 公里/小时，干线运输分别是城配运输、支线运输的 1.7 倍和 1.2 倍。

第二节 2018 年中国公路零担运输及运营状况分析

一、2018 年零担运输市场发展回顾

（一）零担快运市场竞争加剧

零担快运市场作为公路货运市场中的高门槛细分市场，规模化、集中化、网络化日益显现，这吸引了手握资本的快递企业加入。目前，主要快递企业基本全面进入零担快运市场，凭借服务品质、产品定位和网络基础，成为企业新的增长点和利润源，也加剧了市场竞争的激烈程度。2018 年，零担快运市场主要呈现以下趋势。

1. 线路直发的起网模式逐步兴起

目前，按照轴辐中转的网络运作仍是零担物流的主流运营模式，轴辐模式下，整个链条仍要经过多次中转，对企业时效优化形成较大局限。2018 年，零担快运企业加快进行网络的改造，欲从轴辐式模式中摸索出拉直线路的机会，线路直发模式逐步兴起。以三志物流为代表，通过线路密度不断细化中转和送货辐射范围，减少中转和送货的环节，从时效和货损上取得极大优势。壹米滴答以直发线路开展促销，2018 年 3 月推出次日达、次晨达两款时效产品。目前，已覆盖全国 19 个省区，区县覆盖率达 39%。其中，次晨达线路共 1312 条，次日达线路共 320 条。

2. 方式变革，单元化甩箱模式探索

运输影响物流效率和运营成本，企业可根据自身的运营模式、网络模式对其进行改进，打造量身定做的单元化物流运输模式。目前，国内以商桥、宇鑫、宇佳为代表的多家企业已开启单元化革命。商桥在省际的固定线路上选取数个分拨节点，始发站装上单元化快件箱，到达一个目的地分拨后卸下本目的地快件箱，并装上本站发往下游的快件箱，到达末端分拨后卸下所有快件箱，以此循环完成固定线路上的甩箱。目前，商桥已投入

了1000个单元化的小箱，主打的"公交货巴"快件箱业务占其总业务量的40%。宇鑫将货箱直接前置到末端网点，货箱放置在网点门前可代替仓库，运营中以同向货为装载准则，采用同点落货并发货的模式，这就减少了单条线路上货物进行分拨的量，在降低分拨压力的同时极大地提高了运输时效，大幅加速省际业务的时效，提高中转效率，并降低运输成本。

3. 快递重量升级，快运产品细化

在传统快递、快运市场增速放缓的背景下，德邦、优速快递等企业主攻大件快递，壹米滴答、远成快运、天地华宇等快运企业细分优化产品，推出当日达、次晨达、次日达、限时达等时效产品。2018年3月18日，优速快递宣布推出"330限时达"，即单票3~30千克的大包裹限时达产品，承诺时效的稳定性，限时未达，延迟运费最高全免，树立大包裹领域时效标杆。2018年7月，德邦物流正式宣布更名为德邦快递，并宣布进入大件快递市场，推出了3~60千克段的大件快递产品。2018年，大家电和家居物流市场规模为5125亿元，接近整个快递市场。大件快递将成为主流快递企业新的战略方向。

4. 物流巨头跨界快运市场，行业新入实力选手

根据国家邮政局预测，尽管未来几年快递行业业务量仍将保持20%增速，但增速放缓难以避免。而零担市场规模大且行业壁垒较低，使得快递企业纷纷进入快运市场。2018年3月14日，顺丰与新邦物流合作成立广东顺心快运有限公司，5月12日，发布"顺心捷达"快运品牌。顺心捷达的物流服务包括公路运输的普运、快运、小票零担、整车运输，普通空运和空运配送，以及保价运输、包装、代收货款等增值服务。2018年5月29日，阿里巴巴集团、菜鸟网络和中通快递宣布达成战略投资协议，阿里巴巴、菜鸟等向中通快递投资13.8亿美元，持股10%，双方将围绕面向新零售的快递、末端、仓配、跨境等物流服务展开全方位合作。2018年8月，上汽物流板块全资收购天地华宇，天地华宇加入上汽物流板块以后，将获得业务规模、专业能力和资金实力等方面的有力支持，得到进一步发展的助力，上汽安吉物流通过天地华宇的网络和经验，在快运方面的实力得到了提升。

（二）零担专线联盟抱团取暖

零担专线与零担快运相比，规模效应不明显，主要以中小专线企业为主。随着信息化技术和运输管理模式的发展，产业联盟和平台化发展趋势明显。

1. 专线整合是趋势，专线联盟成热点

德坤供应链是由原好友汇的 9 家联盟成员合并而成的新大票零担网络公司，通过"省际干线控股自营 + 省内区域网络加盟 + 园区枢纽场站控股自营"的模式构建了德坤"合伙人 +"大平台，并持续推出"一票通""德坤快线"等运输产品，获得了海尔资本数亿元 A 轮融资。聚盟专线整合平台由上海霄邦、河南黑豹、江苏达利园等 15 家专线联合成立，通过合伙联合的方式组成全国一级平台，并构建省级区域枢纽及线路加盟平台，整合区域内专线和门店，构建全国性网络。2018 年 7 月，发布"精准直达"和"直达无忧"两款产品；8 月 19 日获 IDG 资本超过一亿元人民币的战略投资。三志物流则采用"省际干线整合入股自营 + 省内支线加盟 + 收货网点加盟"的模式，与多家物流企业合作在各地成立子公司。目前，全国设有子公司 100 多家，扩张速度很快，年货量 420 万吨，营业收入达 25 亿元。

2. 平台自建专线出现

自从 2017 年 11 月 27 日，运满满、货车帮宣布合并，"满帮"集团诞生之后，该平台业务不再局限于车货匹配市场，而将业务覆盖到物流的各个细分领域，并尝试国际化。2018 年 5 月，满帮收购广州志鸿物流，自营业务的条件基本成熟。2018 年 9 月，满帮正式开始推行平台自建专线，试运行"广州—上海"专线业务。此次业务满帮只负责专线，不负责配送，凭借自身充足货源，通过甩挂运输进一步控制成本。同时，企业采用轻资产模型模式，由司机自带车辆，满帮提供货源，按照"吨位 + 方数"进行计价的收费模式，进一步降低专线物流费用。

二、2018 年零担运输 30 强企业运营状况

（一）2018 年零担运输 30 强公司榜单

2018 年零担公司 30 强榜单发布（见表 3 - 2 - 1），从进入榜单的各家企业营收来看，德邦快递再一次位列榜首。2018 年，其收入继续增长但增速趋于平缓下降，顺丰速运的收入再次实现翻一番，一举夺得亚军；安能物流、

百世快运持续保持高增长；而"黑马"跨越速运则强势杀入了榜单前5名。

表 3 - 2 - 1   **2018 年零担收入 30 强排行榜**

排名	企业名称	零担营业收入（亿元）
1	德邦快递	125.7
2	顺丰速运	82.2
3	安能物流	67
4	跨越速运	51.5
5	百世快运	41
6	壹米滴答	39
7	三志物流	29.8
8	盛丰物流	24.5
9	盛辉物流	22.6
10	天地华宇	19
11	德坤物流	16.3
12	中通快运	16.1
13	佳吉快运	14
14	河南宇鑫	13.8
15	河南长通	11.3
16	远成快运	10.5
17	商桥物流	9.2
18	河南黑豹	7.9
19	宁波中通	7.6
20	山东宇佳	7.1
21	温州东风	7
22	顺心捷达	6.4
23	霄邦物流	6.2
24	上海巴蜀	6.1
25	河南鸿泰	5.8
26	韵达快运	5.7
27	长吉物流	5.6
28	城市之心	4.8

排名	企业名称	零担营业收入（亿元）
29	郑州豪祥	4.7
30	重庆联达	4.6

资料来源：相关资料整理。

（二）30强榜单企业业务概况

从进入榜单的各家企业零担货量来看，壹米滴答以900万吨的AB网总零担货量一跃拿下货量榜头名，安能排至第二，百世快运货量大涨超越德邦快递排至第三。总的来看，2018年零担货量10强总货量较2017年更上一层，接近5000万吨（见表3-2-2）。

表3-2-2　　　　　　　　　**2018年零担货量10强**

排名	企业名称	零担货量（万吨）
1	壹米滴答	900
2	安能物流	733
3	百世快运	543
4	德邦快递	496
5	三志物流	485
6	河南长通	405
7	盛辉物流	390
8	河南黑豹	370
9	盛丰物流	360
10	山东宇佳	315

资料来源：相关资料整理。

随着快递企业跨界起网做快运、区域兼并扩张，全网零担快运企业逐渐增多，整体规模也逐渐扩大。根据综合货量、收入、网络等多项参数，排出全网快运12强企业。其中，安能物流、百世快运、德邦快递位列前三，壹米滴答、顺丰速运、中通快运、跨越速运紧随其后，商桥物流、顺心捷达、韵达快运快速崛起进入12强（见表3-2-3）。

表 3－2－3　　　　　　　2018 年全网零担市场占有率 12 强

排名	企业名称
1	安能物流
2	百世快运
3	德邦快递
4	壹米滴答
5	顺丰速运
6	中通快运
7	跨越速运
8	天地华宇
9	佳吉快运
10	商桥物流
11	顺心捷达
12	韵达快运

资料来源：相关资料整理。

　　30 强的榜单中有 8 家企业名次较 2017 年有所提升，整体来看名次上升幅度都不大，且主要集中在中游。其中，顺丰速运超过安能物流排在第二，虽然名次只上升 1 位，但意义重大；德坤、宇鑫、商桥通过并购、联营或开点覆盖的方式实现持续增长，而长通、宁波中通、黑豹、宇佳和霄邦继续整合存量维稳求增（见表 3－2－4）。

表 3－2－4　　　　　　2018 年零担收入 30 强名次晋升企业

排名	企业名称	零担营业收入（亿元）	上升名次
2	顺丰速运	82.2	1
11	德坤物流	16.3	2
14	河南宇鑫	13.8	1
15	河南长通	11.3	1
17	商桥物流	9.2	5
18	河南黑豹	7.9	6
19	宁波中通	7.6	2
20	山东宇佳	7.1	3
23	霄邦物流	6.2	2

资料来源：相关资料整理。

（三）零担运输企业现有模式

零担 30 强企业从网络模式角度可以分为全国网、区域网和专线 3 种类型，从运营模式角度可以分为直营和加盟 2 类（见图 3 - 2 - 1）。从企业类型以及各企业分布的区域来看，珠三角、长三角、京津冀地区等经济发达区域，没有相对较大的区域网企业，原有的部分量级企业正逐渐萎缩，三方和大专线企业继续保持份额。相反，对于经济发展欠发达的区域，区域网企业发展较快，甚至单个省份存在多家发展不错的区域网企业，形成聚集效应。在河南省，有宇鑫、长通、鸿泰、豪翔、黑豹等多家区域网企业聚集在郑州。总体来看，发达区域全网企业实力深厚，压缩了区域网的生长空间，留下了三方和专线生存的大票市场，而经济发展稍微滞后的区域则成就了区域网企业的发展。

图 3 - 2 - 1　零担企业分类模式下的代表企业

资料来源：运联网官网。

1. 全国网——网点加盟模式

全国网中网点加盟模式的代表企业有安能物流、壹米滴答、百世快运、中通快运等。以安能物流为例，2010 年，安能物流就以网点加盟的模式快速拓展全国网络。目前，已拥有 18000 + 个网点，是国内零担市场中网点最多的一家企业。收入方面，安能物流直接面对的"客户"是网点而不是发货人，公司仅与网点产生财务结算和货物流转等关系，所以收入上等于其与网点之间的结算收入（见图3-2-2）。

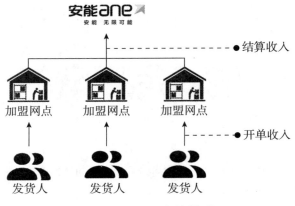

图3-2-2 安能模式

资料来源：运联网官网。

2. 区域网——平台加盟模式

国内区域网中，山东宇佳、重庆联达、宁波中通、河南长通等采用"平台模式"的企业占大多数。这类企业的模式以自营的核心园区为中心，前端由加盟网点负责揽货，后端由加盟专线发往全国主要节点，企业本身除了连接网点与线路外，还要负责园区整体的运营管理，承担租金压力与利润风险（见图3-2-3）。

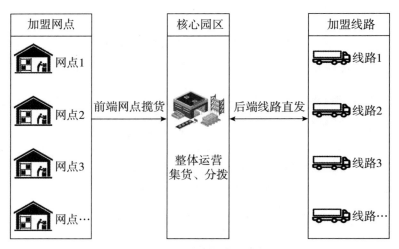

图3-2-3 平台加盟模式

资料来源：运联网官网。

3. 专线平台——线路加盟模式

2018 年各路专线整合平台竞争激烈，德坤、三志、聚盟、运派等代表平台已初具规模，多数采用线路加盟的模式，实现快速扩张。以三志为例，其商业模式采用释放股权的形式，与当地大型专线成立子公司，从而吸引线路加盟（见图 3-2-4）。

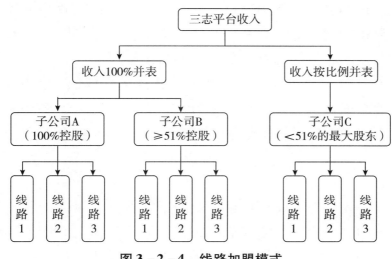

图 3-2-4　线路加盟模式

资料来源：运联网官网。

收入端，由于总部对旗下子公司的控股比例各不相同，因此在并表收入上存在较大差异。由总部直营或控股比例大于等于 51% 的子公司，收入 100% 并入平台收入报表中；总部控股比例小于 51%，但为最大股东的子公司，则按控股比例将收入并入平台报表。对于控股比例较低、交叉持股或仅为合作关系的企业，收入不并入平台报表。

三、2019 年零担运输市场发展展望

在行业加速集中的这一过程中，受我国经济总量增长放缓、市场需求转变、运输物流基础设施逐渐完善、电商迅猛发展、技术进步和应用等因素的推动，我国零担运输市场 2019 年将呈现以下 4 个主要发展趋势。

（一）零担运输形式的多元化

随着国家加大政策扶持力度和众多资本的进入，物流行业的市场集中

度逐步提高，并走向多元化，创新变革模式层出不穷。在传统运输形式方面，新的操作方式开始推广应用，比较突出的两种方式为单元化小甩箱和多式联运。单元化作为货物运输中一种外在状态表现形式，其主要呈现出的是以装载工具为单元的货运载体。目前，行业内主要运用托盘、周转箱、笼车、集装箱等装载工具来实现货运的单元化。随着物流行业降本增效力度加大，单元化作为将货物与标准化的公交、机械化的装卸工具、规格化的运输工具对接的货运载体，在提升货运效率，降低整体成本上具有较好的应用优势。多式联运作为世界公认的高效运输服务模式，主要强调各种运输方式的合理分工与有效衔接，强调构建经济高效的一体化运输服务。公铁联运作为多式联运中使用最多的方式，在冷链物流运输、长途干线运输方面将逐渐成为降低运输成本的有效方式。

（二）零担网点的统一与非标变化

目前，除邮政以外，民营物流企业的末端网点在属性、形象和功能上都存在较大不同，并且存在较多等级划分。零担网点从 20 世纪 90 年代城镇公路两边的单独铺面到物流园区，开始逐渐向标准化、品牌形象统一和门店规格提升发展，随着直营模式、加盟模式的兴起，标准化、形象统一的物流网点仍是全网零担物流企业建设重点。随着线上订单平台推广，末端网点功能逐渐趋于运作中心和销售中心方向。末端网点形式将呈现出多元化、功能个性化及无网点模式的趋势。

（三）零担、快递边界模糊化

在我国，零担市场规模大，快递市场增速快。因此，快递企业被吸引进入零担市场的同时，零担企业也在涉足快递业务，零担、快递市场边界在模糊化。目前，零担市场的体量大，单个企业经营规模相对较小，虽然快递具备一定的扩张优势，但双方的正面竞争尚且有限；快递市场虽然相对成熟稳定，但零担企业具备较强的重货运输优势，电商大件、网购重货的快速增长将持续带动零担企业的规模扩张。快递的承运物品主要还是 30 千克以下的电商小件，电商大件的重量为 30～100 千克，在货重上更接近于小票零担，而服务上趋于快递化，处在零担与快递的模糊地带。30～100 千克的小票零担正是网络型零担企业的强项，电商大包裹将成为零担企业迈向快递快运业务的突破点。

（四）多元化整合进一步加剧

我国零担市场起步较晚，曾经历外资收购的巨大冲击。目前，已经逐渐进入整合期。由于我国的零担市场分层明显，整合之路更显多元化。全国网络型企业通过"直营＋加盟"扩张经营网络，整合区域市场；区域性网络企业通过联盟合营形成干线网络，整合区域资源；专线企业借助在线物流平台和物流枢纽园区整合在一起，提升卖方凝聚力。在多元化整合的过程中，企业之间的差距越拉越大，但网络壁垒尚未高筑，市场格局将趋于稳定。在市场的逐步整合过程中，有实力的大企业逐渐胜出，行业集中度进一步提高。

第三节　2018 年中国公路整车运输及运营状况分析

一、2018 年整车运输市场发展回顾

相比快递、快运市场，整车运输市场目前仍没有形成明显的梯队格局，发展空间较大。2018 年整车运输市场主要呈现以下特征。

（一）专属整车领跑新赛道

在拥有 3 万亿元体量的整车运输市场中，至今还没有出现巨无霸企业，相比通过整合零散社会运力进入整车市场的轻资产方式，重资产运营的专属物流还未出现。专属物流不仅仅是简单的运输，车、车厢、人、管理、维护、路由、计划等一系列的事情都是专属的，都是为客户个性化定制的，可以更好地升级大客户服务质量，但对企业装载要求、时效性、线路选择、箱体设计等提出更高要求。目前，专注于饮料快消领域的汤氏物流被认为是专属整车的雏形。通过将业务线路串联，形成网络效应，实现每趟循环业务成本低于非循环业务 10%～20%。同时，将货源进行淡旺季匹配及货量匹配，优化其业务组合，提升资产效率，实现企业持续盈利。6 月 1 日，浙江汤氏供应链管理有限公司正式宣布完成 A 轮融资，由普洛斯、险峰长

青、合力投资共同参与，累计融资金额 1 亿元。

（二）大车队向运力服务平台转型

近年，围绕大车队模式，狮桥运力、则一物流、托普旺物流、鑫志鸿物流等实体车队均进行了积极探索尝试。对于车型丰富、数量众多、区域覆盖面广的车队来说，提高车辆的掌控和调控能力，加快车货匹配速度成为大车队发展关键，部分大车队企业逐步向运力服务平台转型。狮桥依托金融和技术实力，创立了我国领先的公路运力平台——狮桥运力，基于海量数据挖掘和运营能力积累，以及精准的干线运力交易场景，自主研发了包括车货匹配、智能调度、动态定价、平台竞价等多个产品，服务我国领先的电商、快递、快运、3PL（第三方物流）及数千家专线物流公司。

（三）公共挂车池助力车队降本增效

随着物流运输市场的不断变化以及国际政策的推进，降本增效成为物流从业者盈利的根本，甩挂运输"挂停车不停"的方式则成为提高运输效率最好的办法，但资源不共享，挂车利用率低成为发展痛点。东方驿站以全新的商业模式"互联网+公共挂车池+分时租赁+专业化甩挂场站+后市场服务"，通过全国网络化的布局，形成挂车池网络，实现挂车、集装箱等甩挂运输装备任意时间、任意型号、任意节点通借通还的"分时租赁"便捷交易，现已投放甩挂运输装备 6000 套，装备运行线路达到 500 条，并和顺丰、百世、京东、中外运、众卡、盛丰、德邦等知名企业达成了合作，为车队降本增效提供助力。

二、2018 年合同运力 15 强企业运营状况

（一）2018 年合同运力 15 强企业榜单

为树立行业标杆，彰显企业实力，打造行业品牌，中国物流与采购联合会公路货运分会开展了"2018 年中国公路合同运力企业 15 强"评选工作。根据评选范围（以自有车辆为主提供合同运输服务并以此收费，承担实际承运人责任的货运物流企业），经企业自愿申报，分会核实资料，评选

出 15 家榜单企业（见表 3-3-1）。

表 3-3-1　　　　　　　2018 年合同运力 15 强企业榜单

序号	企业名称
1	上海则一供应链管理有限公司
2	深圳市赤湾东方物流有限公司
3	天津狮桥国际物流有限公司
4	上海托普旺物流有限公司
5	广州鑫志鸿物流有限公司
6	哈尔滨市滨拓物流有限责任公司
7	浙江汤氏供应链管理有限公司
8	寿光市承达运输股份有限公司
9	江苏金陵物流集团有限公司
10	潍坊辰安物流有限公司
11	上海锐兔运输有限公司
12	洛阳市德发汽车运输有限公司
13	深圳市永昌顺运输有限公司
14	北京福瑞达物流有限公司
15	上海洪垦物流有限公司

资料来源：相关资料整理。

（二）15 强榜单企业业务概况

合同运力 15 强企业基本上成立于 2000 年之后，成立时间不到 20 年。其中，2015 年之后成立的有 5 家，行业新生力量较为强劲，发展势头良好。

合同运力 15 强企业大部分注册资本为 1000 万～5000 万元，企业占比53%；注册资本超过 1 亿元的有 4 家企业，企业占比 27%。其中，注册资本最高的为 8.3 亿元，反映了合同运力重资产经营的特征（见图 3-3-1）。

合同运力 15 强企业区域分布主要集中在沿海经济发达地区。上海地区企业最多，有 4 家，第二是广东地区有 3 家，第三是山东地区有 2 家，北京、天津、江苏、浙江、河南、黑龙江各有 1 家。这些数据，一定程度上反映了地区物流运输需求与经济发达程度的相关性。

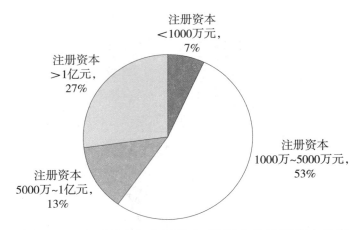

图 3 - 3 - 1　2018 年合同运力 15 强企业注册资本分布

15 强企业营业总收入为 145.2 亿元。前 5 强企业营业收入为 110.7 亿元，占总营收 76%，前 5 强企业营业收入均突破 10 亿元，头部集聚效应明显，但是与整个公路货运市场 3.87 万亿元的规模相比，市场集中度较低。合同运力 15 强企业的 80% 主要为电商物流、快递快运等有充足而稳定货源的客户提供高时效的整车运输服务。此外，还有部分企业主要服务其他具有类似特性的大宗商品、快消品客户。受经济周期性波动影响，单一客户占比过大的风险加大，企业正在有意识培育客户多样性。

（三）15 强榜单企业运营能力

1. 车辆方面

合同运力 15 强企业中，自有车辆拥有量在 200～500 辆的企业有 7 家，占比 46.7%，高于 1000 辆的企业有 4 家，占比 26.7%，低于 200 辆的企业只有 1 家。与美国等发达国家合同运力企业动辄上万辆车辆相比还有较大差距。其中，城配车辆和干支线车辆比值为 1∶9.6。大部分车辆为干支线运输车辆，主要行驶路径不是短距离城配运输而是中长距离的干支线运输。拥有牵引车总量为 12672 辆，挂车总量为 16537 辆，车挂比为 1∶1.31。目前，全行业牵引车保有量 237.67 万辆，挂车 248.76 万辆，行业车挂比为 1∶1.05。合同运力 15 强企业车辆利用率高于行业平均水平。

2. 运输效率方面

合同运力 15 强企业车辆月均行驶里程为 11648 公里，第二批星级车队车辆月均行驶里程为 8815 公里，全行业车辆月均行驶里程为 5000 公里。其中，平均运距大于 800 公里的长途干线运输物流企业有 5 家，平均运距在 300 ～ 800 公里的支线运输物流企业有 8 家，平均运距小于 300 公里的短途运输物流企业有 2 家。

3. 司机方面

合同运力 15 强企业的司机总数为 21041 人。目前，司机雇用情况较为灵活，除直接雇用司机外，企业普遍采取了承包、合伙、加盟等合作模式，降低投资压力和管理风险。随着个体司机注册个体工商户和个体运输业户日益便利，带车加盟的司机合伙人形式日益普遍，企业组织经营 + 司机承担运力的集约化模式成为发展亮点（见表 3 - 3 - 2）。

表 3 - 3 - 2 司机雇用情况

	雇用制	承包制	合伙制	加盟制
车辆产权	运力公司	运力公司	司机支付首付，到期后产权归司机	司机
司机收益	工资	扣除租金后的运费	扣除租金后的运费	运费
第一责任承担	运力公司	运力公司	司机	司机

合同运力 15 强企业平均经营线路为 960 条。其中，运输线路小于 100 条的企业占 27%，有 4 家，主要经营某区域及周边的运输业务；运输线路大于 1000 条的企业占 20%，有 3 家，主要经营地区基本覆盖全国（见图 3 - 3 - 2）。

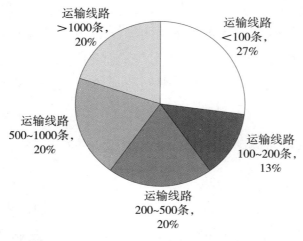

图 3 - 3 - 2 合同运力 15 强企业运输线路概况

三、2019 年整车运输市场发展展望

在公路货运中，整车货运占据的市场份额最多、从业的车辆规模最大，但集约程度低，仍处于小、散、乱的发展阶段。在这个容量巨大的市场，价格和服务两大矛盾及行业运行低效问题依旧存在。

（一）整车运输货源争夺将更加激烈

有保障的货源是整车运输的生存基础，随着原有货源增速放缓、结构调整，特别是快递企业运力组织的平台化趋势，整车运输货源的不确定性增加，需要运输企业加强自身风险防控，加大自身运力调控的灵活度，加快开辟新的货源渠道。"一手货"成为整车运输的发展方向，随着自身规模的提升、能力的增强，运输企业加大向上延伸做"直客业务"，为货主提供专业运输管理服务，抢占传统货代、合同物流市场份额。

（二）整车运输管理能力要求提升

车队运行效率是整车运输的衡量标准，单车多拉快跑式的粗放式竞争已经被车队运输组织的精细化管理取代，甩挂运输、带板运输、接驳运输还刚刚起步，我国在这方面与国外相比还有较大差距，发展潜力巨大。车队管理能力是整车运输的竞争基石，整车运输企业核心竞争力来源于最优的成本控制、稳定的运输时效以及优质的服务保障，围绕自有和社会运力的灵活调配和车队管理，使得自身在同质化竞争中脱颖而出。技术装备更新是整车运输的发展之本，近年来，车辆日趋轻量化、大型化、智能化，有效提高车辆利用率，降低企业日常经营成本，成为企业降本增效的重要源泉。

（三）整车运输市场多式联运深化发展

整车运输市场已经由公路运输直送为主的运营模式转变为以铁水干线运输、公路两端短驳的多式联运组织模式，铁路运输比例明显提高。下一步有关部门将引导各类社会资本加大对公铁、铁水、空陆等不同运输方式的转运场站和"不落地"装卸设施等的投入力度，提高一体化转运衔接能

力和货物快速换装便捷性。在铁路入港、入企的基础上，推动具备条件的物流园区引入铁路专用线。

（四）整车运输市场与互联网深化融合

"AI + 大数据"运用机器学习、VRP（虚拟现实仿真平台）、物流知识库、特征工程、LBS（基于位置的服务）等先进技术驱动运输全过程的智能化，将进一步加速车货匹配、车联网、"互联网 +"平台等企业运营模式的发展。无车承运为整车运输整合提供了平台。依托货源的无车承运平台通过整合个体司机和车辆，为客户企业运力组织提供了思路，也对利用平台搭建有效的双边市场提出了挑战，在一定程度上冲击了有车承运为主的整车运输企业，同时对于企业平台管理能力也提出了更高的要求。

第四节　2018 年中国城市配送市场及运营状况分析

一、2018 年城市配送市场发展回顾

2018 年，城市配送利好政策不断，随着城市居民对美好生活的物质需要，城市配送迎来快速发展期。

（一）城市配送市场需求快速增长，市场规模不断扩大

当前，我国消费基础性作用进一步增强。2018 年，全年社会消费品零售总额超过 38 万亿元，比上年增长 9.0%，增速较上年放缓 1.2 个百分点。2018 年，最终消费支出对经济增长的贡献率为 76.2%，比上年提高 18.6 个百分点，比资本形成总额高 43.8 个百分点。居民收入水平稳步提升。2018 年，全国居民人均可支配收入 28228 元，比上年名义增长 8.7%，扣除价格因素，实际增长 6.5%。越来越多的人居住在城市，对城市配送需求快速增长。特别是随着外卖配送、同城配送等新兴配送业态的兴起，配送市场规模快速增长，已经成为增长最明显的细分市场。

（二）城市配送市场从分散方式开始向集中方式迈进

近年来，随着大家越来越重视"最后一公里"的配送质量和配送体验，

一些配送企业开始深耕布局城市配送网络。经过这几年的发展，几乎每个省都有3~5家能覆盖省内80%以上配送网络的企业，营业收入在1亿~5亿元，这些企业或从专线转型而来，或从第三方转型而来，或从信息部转型而来，在以省为半径的区域网络布局上，占有天时和地利，成为区域的"小霸王"。以河南省为例，网点布局最多的是宇鑫物流，其在河南省所有的县都有自己的网点，没有设省内二级分拨中心，全部线路由郑州直发到县（甚至大乡镇），朝发夕至。在其他省也大体如此。

（三）城市配送市场加快向农村延伸网络

在一、二线城市消费市场渐趋饱和的情况下，四六级配送市场正成为企业竞争的"蓝海"。随着电商和互联网发展，城市配送需要下沉到四六级和乡镇网络。四六级市场和农村市场成为电商巨头们下一个必争的主战场，但不论是阿里巴巴还是京东，下乡有一个最根本的问题需要解决：物流。在物流方面，京东物流从2007年起就有自建的物流体系。京东的"京东帮"服务店面向四六级市场，解决了大家电"最后一公里"的配送问题，这些店铺可以实现产品物流、安装和维修的需求，又能宣传品牌或者发展会员。尽管是合作关系，"京东帮"就像是京东在乡间建立的一个个小的分公司，让京东商城的全业务可以无缝覆盖到全国县乡级农村市场。阿里巴巴借助了菜鸟物流。菜鸟物流在2013年5月建立，是一个可以覆盖全国的物流骨干网络，能够支持日均300亿元的网络零售额，目标是"在全中国任何一个地区做到24小时内送货必达"。2015年7月，阿里巴巴启动渠道下沉战略，首期推出了覆盖范围最广的标准化产品大家电送货入户，大家电直达2600个区县、50万个村。我国14亿人口，有50%人口在农村，因此电商纷纷布局四六级和乡镇网络。但是，由于到乡镇网络布局成本比较高，大家实际推进力度远小于宣传的力度，而且大都采取合作和联盟的方式。例如，到某县一个快递点去，能够看到一个门店挂了不同的牌子负责收发货；同时，由于订单碎片化趋势和前置仓趋势，品牌客户要求对邻近省份渗透配送，从省配送中心升级为区域配送中心。例如，沈阳以前仅覆盖辽宁省，现在要求能覆盖东北三省。

（四）仓配一体，统仓共配理念逐步得到认可和实践

目前，环境问题越来越成为大家关心的问题。同时，城市配送面临着

通行难、停靠难、装卸难和收费多、罚款多等诸多问题，致使"最后一公里"的物流成本偏高，已经成为制约城市配送发展的重要瓶颈。为了打破"最后一公里"的配送瓶颈，2013年，财政部和商务部共同启动了共同配送试点。共同配送作为一种先进的配送模式，可以有效降低货车的空驶率，减少货车进城的数量，从而有效节约资源，降低物流成本。2018年，在共享经济和新零售的影响下，无论是品牌企业和分销企业，还是物流企业都认识到共同配送是城市配送发展的必然趋势。2013年，联想集团从品牌企业的角度出发，将分销的物流职能剥离，在业内首推统仓共配模式，并获得广泛的认可；2015年，美的集团开始推广"一盘货"为美的经销商践行统仓共配模式；凯东源、华夏龙、唯捷城配等物流企业也都将企业定位为仓配一体专业物流服务商。因此可以预见，不久的将来，共同配送越来越被大家广泛应用，通过作业活动的规模化降低作业成本，提高物流资源的利用效率。

（五）城市配送基础设施建设力度加大

近年来，随着各地政府加大整顿不合规仓库和安全隐患大物流网点的力度及物流园区建设，城市配送企业纷纷主动或被迫搬入相对规范的物流园区。物流园区将众多物流企业聚集在一起，实行专业化和规模化经营，发挥整体优势，促进物流技术和服务水平的提高，共享相关设施，降低运营成本，提高规模效益，是提高物流效率的有效方式，并且在经济开发、促进多种运输方式的整合、改善城市环境等方面具有明显作用。政府及企业在近几年中，不约而同地将其作为推动区域和城市物流发展的重点工程，给予大力的支持。目前，我国基本形成了从南到北、从东到西的物流园区建设发展局面。2018年，我国包括运营、在建和规划的各类物流园区共计1638家，较2015年增长35.57%。近年，我国物流园区数量增长幅度虽然有所下降，但依旧保持着高速的增长。因此，城市配送市场整体散、乱、小、差的情况得到初步的改善。

近年来，随着批发市场改造，配套物流设施受到影响。中心城市发展很快，原本的郊区也成了市区。配套物流设施在这种情况下搬迁，也是城市快速发展造成的。还有环境保护、安全问题，中心城区仓库租金上涨和城市拥堵现象日益严重，也迫使城市配送市场操作及仓储场地等资源纷纷主动或被动外迁到城市的外围，这势必会造成城市配送市场操作场地离客户越来越远，配送时效延长，配送物流成本增加。如何解决这些难题成为摆在城市配送企业面前的头等大事。目前，很多物流企业采用买地自建或联营合建、或长期租赁的方式，解决操作场地搬迁和成本上升的问题。

（六）城市配送市场资本投入和并购力度加大

由于城镇化进程加速、居民消费升级以及新经济发展，城市配送作为面对客户的最后一个环节，也越来越得到资本的青睐。2018 年，城市配送市场合计融资 42 亿元（见表 3 - 4 - 1）。同时，大品牌企业也开始了在城市配送市场的布局。2018 年 3 月 12 日，菜鸟网络深度整合 5 家落地配公司，分别是万象、晟邦、东骏、芝麻开门和黄马甲，5 家配送公司整合之后成为"杭州喵递宅配科技有限公司"——"新配盟"。2018 年，新配盟已完成全国 7 大区直营网络布局，专攻配送市场，并开始在市场上大力拓展直客业务。2018 年 3 月，顺丰斥资 17 亿元收购新邦 71% 股份，加大配送市场布局。

表 3 - 4 - 1　　　　　　2018 年城市配送市场资本投入概况

时间	物流企业	轮次	投资方	融资金额
1 月 25 日	凯东源	战略投资	普洛斯	1.1 亿元人民币
2 月 11 日	驹马物流	B + 轮	远洋资本	2 亿元人民币
4 月 23 日	壹米滴答	C 轮	远洋资本等	5 亿元人民币
5 月 18 日	闪电狗	A 轮	东旭和东鼎	1 亿元人民币
6 月 12 日	唯捷城配	B 轮	创新工场等	1.16 亿元人民币
7 月 16 日	快狗速运	—	华新投资等	2.5 亿美元
11 月 26 日	驹马物流	C 轮	普洛斯、远洋资本等	15 亿元人民币

二、典型城配运输企业运营状况

（一）仓配一体型代表企业：唯捷城配

唯捷城配主营国内 B2B 城市配送业务，以定制化解决方案为各类全网与区域型客户提供常温、冷链的仓储与配送服务。目前，唯捷城配拥有 4 家直营公司、20 家加盟公司，呈现直营与加盟双轮驱动发展，规模迅速增长。覆盖城市 23 座，服务客户 375 家，形成多区域覆盖。唯捷城配拥有丰富的仓储和车辆资源：仓储分为干仓与冷仓，干仓中直营的占 4.5 万平方米、加盟的占 43.7 万平方米；冷仓中直营的占 2.9 万平方米，加盟的占 1.76 万平方米。直营仓拥有 900 台核心运力以及 6300 台外协运力；加盟仓拥有 600 台核心运力以及 1200 台外协运力。唯捷城配致力于打造消费供应链的基础设施，提供高品质的多区域城配服务，全面覆盖到消费终端。2018 年 6 月，唯捷城配在上海、厦门、广州、杭州、南京、宁波、苏州、长沙、郑州、大连、合肥等 30 座城市开展业务运营，助力数百家全网与区域性的客户高速良性发展。现有 33% 的城市分公司实现盈利，2019 年将实现公司整体盈利，2020 年将促成公司高速健康的发展。

唯捷城配于 2017 年发布"天穹"仓配一体化智能城配系统，对唯捷城配的顺利发展起到重大作用。"天穹"城配系统群，除了功能丰富又稳定的仓储管理系统（WMS）和配送管理系统（TMS），智能调度引擎实现千单秒级，在行业处于领先地位。同时，支持多场景、个性化业务需求的管理模块。其中，为满足生鲜加工需求，不仅实现订单、加工、分拣实时交互功能，还加入图像识别和人机语音交互的功能，顺应市场客户需求。2018 年新增财务线上结算和商业分析（BI）两大管理系统上线，实现自动计费和"T＋1"出账单，月初清单自动线上汇总。商业分析系统可实现线上运营，帮助业务拓展以及项目运营，分析投入产出比和风险识别，以降低管理岗的工作难度。

（二）共同配送型代表企业：益嘉物流

益嘉物流是益海嘉里旗下的物流服务商，作为共同配送的典型代表企业，专注于快消领域配送服务，致力于构建全国覆盖、全渠道的 B2B 专业物流平台，拥有全国范围的物流服务网络及资源。其中，现代化物流仓库占地面积 260 万平方米，拥有各类可控运输车辆 50000 辆，自有码头 11 个、自有江川海船总运力 175000 吨、铁路专用线 37 公里，以及 300 辆铁路油罐车，物流资源还在持续增加。益嘉物流已在上海、广州、深圳、武汉、成都、郑州、西安、沈阳、昆明、杭州、昆山、重庆、天津、济南建立城市配送中心，配送网络还在持续布局扩展中，并据此打造城市配送公共服务平台，实现订单全生命周期管理。

益嘉物流致力于上游整合货源，下游整合配送渠道，通过规模经济降低物流成本，消灭附加值低的中间环节。配送中心作为资源整合平台共用仓库、设备、设施、人员，共同分摊运营成本，通过整合送往 B 端的货物流，共同配送提高车载率，降低成本。向上整合益海嘉里集团货源和外部客户的货源，提高装载率，降低物流成本；向下游整合经销商流通渠道、连锁店、便利店、社区店、电商总仓及餐饮渠道，掌握终端客户需求和消费情况，为未来实现 C2B2M（从消费者到商家到工厂）做好基础服务工作。

在去中间化方面，益嘉物流大力整合经销商仓库和益嘉物流仓库，以期减少 1 ~ 2 个配送环节，共享仓库、共同配送，大单直送终端。未来计划在制造工厂建造共享仓，整合工厂成品仓、经销商仓和物流仓，重构供给网络，实现集约配送。这也是目前益海嘉里全产业链物流运作的重点。品牌商服务方面，益嘉物流与农夫山泉积极开展全国性的合作，为农夫山泉定制化打造"铁路中转 + 城市配送"的特色物流服务，为农夫山泉节省了 2 个配送环节，大大提高了配送效率。经销商服务方面，与海天、老干妈经销商进行深度合作。为经销商扩充了 34.7% 的销售网点，增加了 4 个 KA（重要客户）系统，年销售量提高了 27.8%。实现了为客户提供物流服务的同时助力其商流的发展。连锁总仓服务方面，2015 年武汉益嘉物流与 TODAY 便利店合作的时候只有 36 家门店，目前已经超过 300 家门店。

（三）平台型配送代表企业：易货嘀

易货嘀成立于 2014 年，是上市公司传化智联旗下的城市物流平台，是行业内首家获得合法身份的城市网约货车平台。易货嘀通过个体司机、车队加盟、城市合伙人等形式，组织社会运力，为货主的零散配送需求提供车货匹配服务；为企业城市配送需求提供解决方案，包括行业定制化一站式解决方案、仓配一体化、金融保险等增值服务。目前，覆盖城市 28 个，注册司机数超 10 万名，平台交易额 2017 年二季度连续两个月破亿元。作为"城市物流专家"，易货嘀是 G20 杭州峰会指定城市配送服务商，一直致力于提供定制化、一站式城市物流解决方案。其"物流 + 仓储 + IT + 金融"全场景服务已经覆盖 30 个枢纽级省会城市，服务了 10 万家小微客户以及

700 家大型企业级客户，交易额月复合增长率在 40% 以上。

易货嘀设立"31131"标准，即 3 分钟响应、10 分钟成交、1 小时到达、3 小时送达、100% 安全。其中，平台担保解决交易安全和运输货物安全的问题。关于交易的安全，易货嘀与中国银联合作打造出线上支付系统"放心运"，实现运费在线支付、货到付款、账单实时查询；针对货损或货丢等运输风险，平台通过与中国太平保险合作推出了同城货运保险产品"货盾"，做到按单上保承诺 24 小时内极速赔付。

（四）供应链平台型代表企业：怡亚通

怡亚通作为我国第一家上市供应链企业，旗下现有 600 家分支机构。联合品牌企业、经销商/渠道商、物流商、金融机构、增值服务商等各大群体，构建 12 大服务平台。致力于打造一个跨界融合、共享共赢的 B2B2C/O2O（商到商/线上线下）供应链商业生态圈。目前，覆盖全国 300 多个主要城市，DC 和 RDC 200 个，仓储面积 200 万平方米（管理），可控车辆数 1 万台。2018 年，公司实现总营业收入 700.72 亿元，较 2017 年同期增长 2.27%；年度利润总额为 2.04 亿元，较 2017 年同期下降 73.34%。

怡亚通的广度供应链业务聚焦于上下游客户需求，承接企业从原材料采购到产品销售的供应链中的非核心业务外包，是上下游企业的连接纽带。平台围绕核心客户提供供应链管理服务，主要包括采购及采购执行，分销及分销执行。随着市场需求变化，广度服务升级为"供应链运营 + 营销"模式。继续挖掘"1 + N"业务模式的潜在价值，扩大优质业务规模，做深做透核心企业上下游。2018 年，广度业务平台营业收入为 169.65 亿元，较 2017 年同期增长 18.84%；业务毛利为 7.13 亿元，较 2017 年同期增长 11.72%。

怡亚通的深度供应链服务是将传统渠道代理商模式转变为平台运营模式。战略定位为整合型平台，通过整合分销、营销、金融、物流 VMI（供应商管理库存）等多种服务，优化升级流通环节与服务模式。实现流通行业扁平化、共享化和社区化的服务新模式，为品牌商、终端带来新流通的转型升级。怡亚通将继续尝试在连锁加盟、智能零售等业务方向投入适当的资源，期望用轻资产发展的思路和模式，对深度供应链业务的内涵进一步丰富和完善。2018 年，其营业收入为 406.79 亿元，较 2017 年同期增长

1.39%；业务毛利为32.25亿元，较2017年同期增长3.82%。深度供应链业务增长幅度较小的原因在于流通领域整合战略规划布局的阶段性目标已完成，报告期减少项目并购，加强平台精细化管理，主导"开源节流"工作，以优化资源配置。

（五）B2B代表企业：掌合天下

掌合天下以交易合作的形式，连接品牌商、经销商与便利店等小门店。基于掌合商城，陆续发展掌合云仓、掌合云工厂、掌合便利店等品牌，布局我国商超供应链新生态。在配送环节，基于云仓体系，提供区域配送、门店配送、分仓调拨、平台入仓、智能筛单、线路优化、承运商管理、赔付机制等服务，覆盖29个省直辖市、1000多个县市。掌合天下创立了城市合伙人模式，当地经销商可通过加盟的方式，成为掌合天下的城市合伙人。通过整合当地供销渠道，为当地中小超市和经销商提供技术、运营等多方面的服务。

（六）网络型配送代表企业：顺丰

顺丰是国内领先的快递物流服务商，经过多年发展，已初步具备为客户提供一体化综合物流解决方案的能力。其不仅提供配送端的高质量物流服务，还延伸至价值链前端的产、供、销、配等环节，从客户需求出发，利用大数据分析和云计算技术，为客户提供仓储管理、销售预测、大数据分析、金融管理等系列解决方案。顺丰覆盖全国334个地级市、2673个县级市，中转分拨113个片区中转、172个集散点。目前，自营网点达1.3万个，末端合作点达3万个以及673个物业管理公司网点。末端收派车辆6.3万辆（不含电动车），其中1500辆为冷藏车辆。收派员有21.3万人，智能快递柜有7.5万个。

2018年，顺丰实现快递量达到38.69亿票，同比增长26.77%；营业收入909.43亿元，同比增长27.6%，其中，速运物流收入896.77亿元，同比增长27.01%，高于快递行业整体收入增长水平。从具体营业收入构成来看，时效、经济业务贡献最大，两项传统快递业务实现营收737.54亿元，同比增长19.92%，占总收入的81.1%。

（七）即时配送型代表企业：蜂鸟配送

蜂鸟配送是饿了么旗下的即时配送型企业，拥有专送、众包两种运力模式。2018 年 6 月，饿了么全面融入阿里巴巴新零售体系，为阿里巴巴带来本地生活的更多流量，与支付宝、苏宁、天猫、盒马、银泰等品牌构成本地生活圈。2017 年，蜂鸟配送平台对外开放，致力于解决本地商户"最后一公里"的配送问题。基于不同的时效与服务内容，细分出"蜂鸟配送""蜂鸟优送""蜂鸟快送"等产品，满足不同客户需求。目前，蜂鸟配送覆盖全国 1300 个城市。合作商户有 100 万家，骑手有 300 万人，日均配送单量为 450 万单。配送订单完成率 99.51%，平均配送时间为 29 分钟。

新零售业务成最强增长点，蜂鸟配送新零售订单 2018 年下半年同比增长 185%，2018 年蜂鸟医药健康订单增幅超过 500%。即时配送行业品质服务指数排名中，饿了么蜂鸟配送以 8.18 的高分居各平台之首。

（八）同城货运平台型代表企业：货拉拉

货拉拉作为同城即时整车货运企业，旨在整合社会运力资源，搭建快速、平价、安心、专业的同城货运交易平台。目前，货拉拉覆盖城市超 100 个，注册司机达 200 万人，服务用户有 1500 万，2018 年业务同比增长 30%。2014 年，国内同城货运市场的市场规模在 8000 亿元。2015 年之后，其市场规模逐步放缓，从 2015 年的 12.5% 的年增长率将逐步下降。预计 2020 年，同城货运市场规模较 2014 年将会增长 78.1%，达到 14245 亿元。

三、2019 年城市配送市场发展展望

城市配送是销售交易的最后一个环节，是品牌商衔接客户最直接的环节。2019 年城市配送仍将保持快速发展趋势，并呈现综合化、差异化、品质化、增值化、融合化、智能化、绿色化和垂直化等态势，成为公路货运细分市场的突出亮点。

（一）城市配送综合化

单一的物流服务将向提供综合物流服务转变。回顾我国零售业发展史，

先后经历百货商店、超级市场与连锁商店、电子商务与移动购物三次行业变革。传统的零售业以顾客的单渠道购物为主，如今随着互联网的兴起出现多渠道购物；移动社会化媒体普及后进入全渠道购物阶段。未来将会融合线上线下以支持 B 端与 C 端用户，这就需要综合化和平台化，整合更多的资源为客户提供物流解决方案。

（二）城市配送差异化

城市配送企业的一个重要趋势就是差异化，配送企业将根据不同客户的需求提供差异化服务，以客户为导向。客户包括京东、苏宁等企业客户，政府、银行等行业客户，以及分销代理客户。城市配送企业与快递和快运的本质不同就在于为货主提供个性化服务，在组织架构、流程设计、KPI（关键业绩指标）考核方面，可对客户采取个性化，对中间的运作环节采取标准化的模式，即用规模效应来降低成本，通过个性化留住客户。

（三）城市配送品质化

城市配送企业需要进行精细化管理，打造品质化服务。目前，市场上的城市配送企业服务比较单一，只能通过压价来竞争。同时，城市配送企业目前大都属于家族式企业，缺乏系统的现代规范化管理，缺乏客户意识，整体运作能力和服务意识还有待提升和加强。另外，城市配送市场做省内配送的公司，很少可以做到全省全覆盖，导致物流公司无法给客户提供全方位的服务。因此，品质化将成为城配发展的趋势之一，从而获得更多的客户青睐，实现良性生态发展。

（四）城市配送增值化

增值服务将逐渐成为城市配送企业的主要盈利点。由于目前配送价格比较透明，服务质量和业务类型差别也不大，因此靠传统的价格差价盈利的配送企业越来越少，配送企业靠增值服务盈利成必然趋势。借助仓配一体，利用库存做供应链金融为货主企业做融资服务；借助大数据分析配送货物流向和频次，帮助货主营销；借助送货时与用户面对面接触的机会配合货主做入户调查、广告推送、选件销售、O2O 销售、上门安装、代收货款等，都是新的生存模式。从 2018 年美国仓储企业 20 强的业务内容来看，仅依靠仓储运输服务获利的空间越来越少，更多世界领先的企业靠的是增值服务。配送物流企业必然向这个方向发展，未来的配送物流企业本质上都提供综合的供应链一体化服务。

（五）城市配送融合化

跨界融合（专线、落地配、快递等）提升终端服务能力。如今，更多的城市配送企业开始跨界融合，将快递、快运专线和落地配等服务融合发展。快递开始承接专线做的事情，来提升其车辆装载率和盈利能力；落地配企业也开始涉及服务 B 端的干线落地配，基本匹配专线的价格；专线开始按快递和落地配的服务标准和要求来完善自己的服务。因此，在区域配送环节，各类物流企业开始跨界融合、互相渗透，快速提升终端多样化配送服务能力。

（六）城市配送智能化

移动互联、云计算、物联网、人工智能、区块链等技术带来的智能化应用将在城市配送市场大放异彩。作为传统的城市配送企业，需要充分利用移动互联、云计算、物联网、大数据等技术提升企业效率。对城市配送企业来说，可以借助云计算对相关的物流数据进行分析，预测货运量；用智能手机捆绑订单实现物流运输全程可视，查看物流运动轨迹；用云计算工具做智能排单，寻求最佳配送路径，实现成本和时效的均衡。智能手机的普及，SaaS（软件即服务）物流信息平台的成熟，搜索引擎技术、地图的免费开放、大数据技术等，将使城市配送企业的效率大幅提升。

（七）城市配送绿色化

新能源物流车趋向于成为配送物流体系主要用车。在各大城市严格的入城限制政策下，便利、快捷、高效及小批量、多频次、时效性强的城市配送业务将成为城市未来商业竞争力的核心组成部分。配送的速度、效率、范围、方式及方便程度，将直接影响到城市居民的消费选择。社区配送、绿色配送和共同配送是城市配送的发展趋势，新能源物流车以其独特的优点应运而生。首先，新能源物流车是政策支持和民众期待的运输工具，可以大幅降低城市空气与噪声污染。其次，新能源物流车是智能型汽车，其天生就与互联网技术高度整合，可更好地满足城市共同配送对物流信息技术的要求。最后，新能源物流车与传统卡车相比综合运营成本更低，可降低城市配送消费者承担的配送成本。在充电和补电方面的制约因素也将得到逐步解决，除了生产厂商自建充电设施设备，政府也正在大力支持新能源汽车充电设施、设备的建设。此外，交通运输部在 2014 年 9 月发布的《关于加快新能源汽车推广应用的实施意见（征求意见稿）》指出，到 2020 年，新能源汽车在交通运输行业的应用初具规模，在城市公交、出租汽车和城市配送等领域的总量将达到 30 万辆。其中，新能源城市配送车辆应达到 5 万辆。同时，城市配送车运营权也将优先授予新能源汽车。

（八）城市配送垂直化

做好物流垂直化细分市场，为客户提供专业的物流服务。不同企业所要求的物流服务各异。其中，3C 电子行业要求价格低廉、高时效性以及网络健全；家电行业要求整车直达运输、时效一般；食品行业要求冷链运输资质，有保质期要求，有温度要求等；快消品行业要求有强大的商超送货能力，时效要求一般，网络要求一般；电商行业因单量大要求较强的车辆统筹调配能力、速度快等。各个城市配送企业需要找好自己的定位，将该定位的业务做大做精做深做细。例如某个物流企业定位是做快消品行业，擅长做商超的配送，配送仓库的位置应该考虑离京东、苏宁、唯品会、华联、屈臣氏、沃尔玛等电商和商超仓库位置在 10 公里以内的地点，派专人入驻各大重要客户和电商，快速响应订单入仓及异常处理。其发展方向就是将所有快消品的品牌企业吸引进来，做共同配送，发挥规模效应，降低品牌企业物流成本，提升品牌企业物流服务体验，实现多方共赢。

第四章 2018 年中国公路货运重点领域发展分析

第一节 2018 年中国公路货运成本绩效分析

一、公路货运行业企业成本分析

（一）燃油成本依旧占公路货运成本首位

根据样本企业实际运行数据分析，公路运输成本主要由燃油费、路桥费、司机薪酬、车辆折旧、整车税费、轮胎费、保险费、财务费用和管理费等多项成本组成。燃油费、路桥费和司机薪酬依旧是公路货运的 3 大主要成本，占比达到70%。其中，燃油费占比位居第一（见图 4 - 1 - 1）。

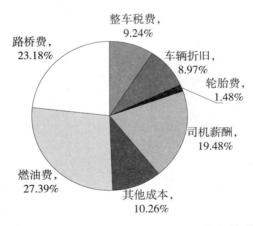

图 4 - 1 - 1 公路货运样本企业成本构成

资料来源：交通运输部公路科学研究所官网、中交兴路官网。

（二）良好的驾驶习惯有助于降低燃油费成本

影响油耗的因素有很多，路况、环境、车况等内外因相结合。但在短时期内，可以通过规范司机驾驶行为，降低急刹车、急加速、怠速等次数，降低燃油消耗，节省燃油成本。同时，以奖惩形式对司机每月的油耗进行管理，激励及培养司机形成良好的驾驶习惯。

（三）"政策引导+先进技术"有助于降低路桥费，减轻企业负担

在政策层面上，为了进一步降低物流成本，2018 年政府工作报告中提出要深化收费公路制度改革，降低过路过桥费用。与此同时，多地也相继出台高速公路差异化收费措施，降低过路过桥费用是中央深化供给侧结构性改革，促进物流业降本增效的重要举措，为后续推进试点省市开展取消高速公路省界收费站工作打下基础。

在技术层面上，不停车电子收费（ETC）的出现大大缓解了高速公路的拥堵现象，各省在交通运输部统一部署下，实现了第一批 14 个省市的全国联网，一卡通行。同时，各省（市、区）也对高速公路货车 ETC 出台了一定的优惠政策，鼓励企业安装及使用 ETC（见表 4 - 1 - 1）。全国 ETC 联网运营以来，累计节约车辆燃油 31.4 万吨，减少各类污染物排放 9.7 万吨，推动了公路货运行业降本增效。

表 4 - 1 - 1　各省（市、区）高速公路货车 ETC 出台的优惠政策

省（市、区）	优惠力度	
	区域内折扣	区域外折扣
广东	9.8	
重庆	9.7	
北京、河北、山东、云南、青海、新疆、四川	9.5	
河南、湖南、湖北	9	
山西	8	
上海、陕西、甘肃、江西、贵州、福建	9.5	无
江苏	9.8	无
安徽	8.5	无
浙江、内蒙古、天津、宁夏、吉林等	无折扣	

资料来源：交通运输部公路科学研究所官网、中交兴路官网。

除了传统的 ETC，货车司机也可以选择支付宝扫牌或微信 ETC 小程序等方式缴费。ETC 方式对货车司机而言，避免了携带大量现金出行的风险。

对高速公路营运方而言，可提高货车在收费站口的缴费通行效率、减少现金流的压力。对物流企业而言，通过 ETC 可取得通行费进项抵扣的增值税发票，有利于降低企业管理成本。

（四）融资成本、结算账期是影响公路运输企业财务成本的主要因素

对于公路运输企业来说，资金是推动企业持续健康发展的因素。货车车款主要通过自筹、银行贷款及融资租赁等方式获取。通过对 9.6 米厢式货车的融资成本进行分析，以 3 年为贷款周期来看，银行贷款利息成本略低于金融机构（融资租赁企业）（见表 4 - 1 - 2）。但融资租赁企业通过不断创新金融产品，为司机购车提供便利化服务，避免烦琐的审批手续及较长的审批时间。

表 4 - 1 - 2　　　　银行贷款利息成本与金融机构利息成本比较

贷款机构	车辆金额（万元）	利息成本金额（元）	成本占比（%）
银行	27.5	55000	20
金融机构	27.5	70000	25

资料来源：交通运输部公路科学研究所官网、中交兴路官网。

除了融资成本外，物流企业作为服务方，在上游货主及下游司机之间存在一定的结算周期，需要占用一部分流动资金，产生相应的财务成本。通过对样本企业客户账期分析，可以看出制造企业的结算周期明显高于物流企业，制造企业平均账期在 3 ~ 4 个月，而物流企业一般为 1 个月（见图 4 - 1 - 2）。

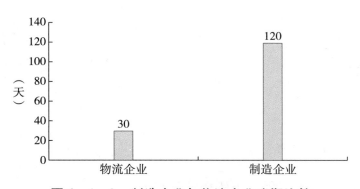

图 4 - 1 - 2　制造企业与物流企业账期比较

资料来源：交通运输部公路科学研究所官网、中交兴路官网。

二、公路货运行业运行效率分析

（一）公路通行效率分析

1. 高速路网优化完善，保障公路货运能力及效率

高速公路是交通运输现代化的重要标志，在运输能力及运输效率方面具有突出优势。2018 年，我国公路通车里程已达到 486 万公里。其中，高速公路已达 14.3 万公里。由于公路货运行业时效要求逐渐提升，2018 年货运车辆选择高速公路的比例达到 41.07%（见图 4－1－3），比 2017 年提高 2.2 个百分点。连接各大经济区的高速公路通道网络不断完善，主干线结构不断优化，与其他运输方式交通枢纽衔接便捷通畅，提升了公路货运的通行能力，有助于综合运输整体效率的提升。

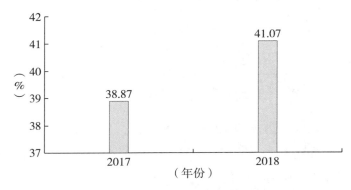

图 4－1－3　货运车辆高速公路占比

资料来源：交通运输部公路科学研究所官网、中交兴路官网。

2. 线路繁忙，公路货运平均速度普遍偏低

通过大数据分析，我国货运车辆平均时速在 55～65 公里/小时，相比发达国家 75～80 公里/小时的平均水平仍有一定差距。道路拥堵、车流量过大、交通事故、车辆性能及车况差距等原因导致我国公路货运整体平均速度低于发达国家。

（二）车辆运行效率分析

1. 货运市场不断优化，组织模式不断创新

2018 年，我国从事道路运输经营业户数量呈现下降趋势，个体运输户数

量依然占据市场很大比例（见图4-1-4），但从运力组织规模可以看出，无车承运人等新运输组织形态不断出现，有效整合了公路货运资源，推动道路货运行业向集约化转型，提高了整体的车辆运营效率（见图4-1-5）。

图4-1-4 货运市场主体结构变化趋势

资料来源：交通运输部公路科学研究所官网、中交兴路官网。

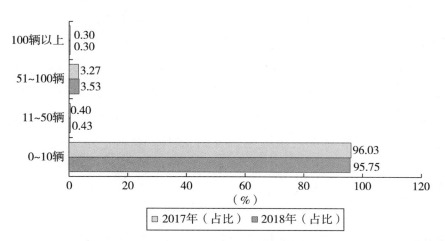

图4-1-5 运力组织模式分布

资料来源：交通运输部公路科学研究所官网、中交兴路官网。

2. 信息技术与运输组织深度融合，有助于提升货运车辆运行效率

由于货运组织环节较多，我国公路货运车辆整体运输效率依然落后于发达国家，行业单车日均行驶里程266公里，单车日均营运时长为6.23小时。平台型货运企业利用互联网、大数据、云计算等新一代信息技术，合理优化货运组织模式，单车日均行驶里程能够达到480公里，与发达国家相比，我国

在优化运输组织，提升车辆运行效率上仍有很大上升空间（见图4－1－6）。

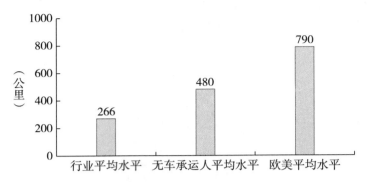

图4－1－6　我国单车日均行驶里程与欧美发达国家对比

资料来源：交通运输部公路科学研究所官网、中交兴路官网。

第二节　2018年中国公路货运技术发展分析

2018年是物流技术发展的关键时期，受中美贸易摩擦影响，创新科技重要性逐渐引起人们关注。随着新一轮科技革命在全球掀起的创新热潮，越来越多的人开始关注大数据、云计算、人工智能、互联网、无人驾驶等新兴技术。同时，借助资本的介入、学术的聚焦及政策的扶持，催化了一系列先进物流技术的发展与成熟，公路货运作为物流运输中的关键领域，相应的模块化汽车列车、无人驾驶、新能源物流车、轻量化、装卸搬运及车联网技术也积极带动了公路货运行业的提质增效。

一、模块化汽车列车发展分析

汽车列车是牵引货车和1辆或多辆挂车组合车型的统称。模块化运输是以标准化的运输、储存载体为基本作业单元，单元可以进行组合、分解以及更换运输的模式。模块化汽车列车是将标准化的挂车和牵引货车组合而成的车型。在模块化运输下，各个模块化单元既可以独立工作，也可以组合运输，具备较高的灵活性，可适应不同运输需求，实现更优化的运输管理与组织，提升运输效率。

（一）国内外模块化汽车列车发展环境

当前，我国货运车辆结构类型庞杂、标准化程度较低，与其他载运工具、站场设施等缺乏统筹衔接，制约了甩挂运输、多式联运等先进运输方式的发展，影响了物流的机械化和自动化运作，降低了物流整体效率。与此同时，在"GB 1589—2016"发布实施之前，为提高运力，17.5 米低平板半挂车、超长集装箱运输车、超长超限车辆运输车等占据了我国货运市场运输车辆的较大比重。这些车辆因为其过长和超限的车身会严重阻挡司机的视线从而埋下安全隐患。面对同样的难题，欧美采用新的运输模式来疏导这种运输需求，这种新的运输模式就是模块化汽车列车。模块化汽车列车具有高效、安全、运输量大等特点，2 次运输量相当于 3 次普通货车的运输量，在大大提升效率的同时，显著地降低了物流成本。同时，通过牵引车、挂车等不同运输模块的灵活组合，不仅能够提高公路运输效率，对推动车型标准化、多式联运、甩挂运输、挂车共享等模式也有很好的促进作用，对物流行业的整体升级有积极意义。2016 年 7 月，新版"GB 1589—2016"在我国正式实施，与旧版相比，该标准在尺寸和质量限值方面鼓励新产品和新技术的发展，货运专用车走向追求新技术、新构型、新材料和新产品的新时代。而随着《国务院办公厅关于进一步推进物流降本增效促进实体经济发展的意见》（国办发〔2017〕73 号）和《交通运输部等十四个部门关于印发促进道路货运行业健康稳定发展行动计划（2017—2020 年）的通知》（交运发〔2017〕141 号）的发布，推广使用先进车型，促进道路货运车辆标准化、厢式化、轻量化发展，促进物流业"降本增效"，模块化汽车列车运输逐渐成为载运工具发展的新热点。2018 年 4 月，交通运输部办公厅印发《关于开展模块化中置轴汽车列车示范运行工作的通知》提出，2018 年 5 月至 11 月将在全国开展模块化中置轴汽车列车示范运行，逐步替换非标准化货运车辆，提升道路货运车型标准化水平。《通知》发布后，模块化中置轴汽车列车示范运行工作全面开展，盛辉物流集团有限公司等 7 家企业参与示范运行，福建省福州市至厦门市等 10 条线路为示范运行线路。各示范运行企业使用符合国家标准的中置轴汽车列车，加强示范运行全程监管，合理装载，并开始探索循环甩挂、一车多挂等模式，探索与铁路、水运、航空企业的合作，开展公铁、公水、陆空联运。

（二）技术发展概况及趋势

欧洲模块化运输起步较早。2004 年荷兰政府率先在国内开展试运行，2006 年德国紧跟其后进行双挂汽车列车测试，随后模块化运输得到欧盟的关注和认可。其中，欧盟指令 96/53/EC 类似于我国的"GB 1589—2004"，统一规定了成员国公路运输车辆的尺寸和质量限制，但是允许各个成员国根据国情进行适当修订。目前，欧盟运行的模块化双挂汽车列车主要使用长度 7.82 米的短单元和 13.6 米的长单元，通过不同的组合方式组成的双挂汽车列车。18.75 米汽车列车在全欧洲均已正常运行，25.25 米超长汽车列车在北欧瑞典、芬兰一些国家已正常使用，德国 2012—2016 年在特定道路上试运行以 25.25 米为主的列车车型，其他国家尚不能在路上通行。除此之外，荷兰正在试行 32 米长车型，规定了路线和运行单位，但并未实现通用。

欧洲模块化运输经过长期实践总结出以下 4 种优化结构。

第一种，属于标准的半挂式列车，后面连接一个中置轴挂车，即牵引车 + 半挂车 + 中置轴挂车。

第二种，前部是一个刚性车辆，驱动形式可以是 4×2、6×2 或 6×4，上面可放置货物，中部是一架台车，后部是一个标准的半挂车，即货车 + 台车 + 半挂车。

第三种，由两个半挂结构组合而成的汽车列车，称之为 B - double，也可以叫 B - train，即牵引车 + 半挂车 + 半挂车。

第四种，前部是一个标准的货车，后部是一个标准的全挂车，即货车 + 全挂车（见表 4 - 2 - 1）。

表 4 - 2 - 1　　　　　　　　　　欧洲模块化列车

序号	模块化汽车列车	总长（m）
1		25.25
2		25.25

续 表

序号	模块化汽车列车	总长（m）
3	2.35　7.82m　13.6m	25.25
4		24

资料来源：欧洲智能交通协会官网。

　　在北美地区，墨西哥、加拿大、美国等国均允许较长汽车列车的通行。3 个国家曾要求用 3 年时间参照欧盟标准建立区域内统一的车辆尺寸和质量标准，但最终均以失败告终。3 个国家对较长汽车列车的车辆尺寸和质量载荷有着不同的要求，其中美国的限值要求最低。在美国，最常见的较长组合车辆有 3 种组合，分别是 RMD、TPD、TRPL（见图 4 - 2 - 1）。RMD 列车最大总质量为 40.86 ~ 53.12 吨；TPD 列车最大总质量为 40.86 ~ 66.74 吨；TRPL 列车最大总质量为 36.32 ~ 59.47 吨。由于与欧盟标准和法规的差异，总体来看，美国模块化运输方式和车辆长度更为宽松，但是每个州允许的较长组合车辆的质量和长度限值却存在一定差异。

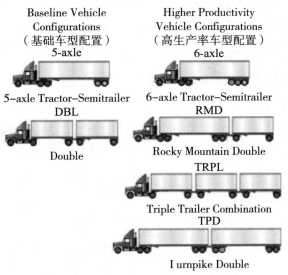

图 4 - 2 - 1　美国模块化汽车列车

资料来源：美国国家公路与运输协会官网。

我国现阶段试运行的汽车列车为模块式双挂列车。模块化双挂汽车列车能够同时运输两个标准化运载模块的汽车列车，适用于轻泡货运输。模块化双挂汽车列车具有多车轴、大容积、便于运输等特点，可以增加单次运输货物的数量，提高运输组织效率，降低油耗和尾气排放，降低货物运输成本。中置轴货车按使用用途可划分为中置轴车辆运输货车和中置轴厢式货车。"GB 1589—2016"发布后，由于公路治超和国家的大力推广支持，加之轿运车市场需求巨大，中置轴车辆运输车率先在国内开辟市场，一汽、中国重汽、陕汽、中集等制造厂商已经研发并制造出新型中置轴车辆运输车，部分物流企业也已开始采用中置轴车辆运输车运送商品车。

中置轴挂车得名于其车轴接近于车厢的中间位置，相对于普通挂车牵引装置不能垂直移动，车轴位于紧靠挂车的重心，这种车辆只有较小的垂直静载荷作用于牵引车。中置轴挂车牵引杆与挂车设计为一体，并且与车架下方额外安装的牵引销相连接。因其特殊的平衡结构，中置轴挂车与主车配合行驶时，主车也需承担较小的挂车重量，但"GB/T 3730.1—2001"中提到负载重量不大于10%或1000牛。中置轴挂车没有安装转向系统，并且牵引杆和挂车是刚性连接，使得其主挂车的连接方式与半挂车大致相同。

中置轴挂车与全挂车的共同特点是连接形式都通过牵引杆和牵引钩，如果不看到车轴位置，无法判断车辆是中置轴还是全挂车。与中置轴车不同的是，全挂车不管挂车多重都不会压到牵引车头上去，其挂车最少要有2条轴，车轴布置就是一前一后，不会集中到一起，可以靠自身平稳地"站立"。而中置轴挂车的车轴安放位置放在挂车的中间部位，无法独立保持平衡，独立停放时必须依靠额外的支撑杆。

参照欧洲典型汽车列车车型及技术要求，我国在试运行中提供2类共6种车型为方案实施车型，试点企业可任选一种或多种车型。一类是运载两个7.82米短单元的中置轴挂车列车，共计4种车型；另一类是运载7.82米短单元和13.6米长单元的双挂汽车列车，共计2种车型（见表4-2-2）。

表4-2-2　　　　　　　　单挂中置轴汽车列车技术要求

	1	2	3	4	备注
车型方案	4×2+2轴中置轴	6×2+2轴中置轴	6×4+2轴中置轴	6×4+3轴中置轴	

续　表

	1	2	3	4	备注
总质量限值	18＋18＝36 吨	22＋18＝40 吨	25＋18＝43 吨	25＋24＝49 吨	
总长度及箱体要求	装载单元长度的选择原则（可根据运输企业的需求选择）： 1. 两个装载单元可选用可交换箱作为可交换上装，推荐选择：7.82 米； 2. 主车箱体为固定式，长度尺寸根据总长要求合理布置；中置轴挂车箱体也可以为固定式，长度要符合最长 7.82 米的要求				· 列车总长最大限值 25.25 米
宽度/高度	2.55 米/4 米				
车体要求	可任选：1. 侧帘布型封闭箱体；2. 硬体材料的封闭箱体（两侧禁用瓦楞表面）				集装箱特例
尾板	可选择合适的尾板装置				
比功率	不低于 5.5 千瓦/吨				净功率
导风装置	驾驶室顶部导风装置				
排放	国Ⅳ或国Ⅴ				
挂车轮胎	385/65R22.5 每轴 2 个				单宽胎
制动	主车和挂车为 EBS（包含 ABS＋ASR）				
辅助制动	发动机排气制动	发动机排气制动	发动机排气制动	排气制动＋液力缓速或电涡流	
制动形式	鼓式或盘式；推荐前盘后鼓自动间隙调整装置				
车辆稳定系统	ESC				建议选择
悬挂系统	推荐卡车采用空气悬挂底盘，底盘高度可调；配置可交换箱的上装，底盘需配置空气悬挂				
其他	1. 制动、转向、视野、灯光和标识；前下部、两侧和后部防护等须符合现有国家强制性法规的要求 2. 机械联结耦件应符合 ECE R55 规定的要求；牵引杆挂环的互换性应符合 GB/T 4781—2006 的要求 3. 主车与中置轴挂车兼容性要符合 ISO 11407 的要求 4. 牵引车与挂车之间电连接器应符合 GB/T 5053.1—2006 的规定 5. 牵引车与挂车之间气制动管连接器应符合 GB/T 13881—1992 的规定				

资料来源：相关资料整理。

很多物流企业已经意识到模块化运输的高效、低成本等优势，正积极试用，目前以 7.82 米交换箱为突破口。国内底盘厂也在积极跟进，试做样车，进行全面的性能试验，开发全空气悬挂等高端底盘。除此之外，目前交通运输部也积极推进"模块化中置轴汽车列车示范运行"项目。试点推荐的汽车列车前、后箱体均为 7820 标准模块单元，有效箱体总长度达到 15.64 米，远超过常规厢式运输半挂车的 13.75 米，众多物流企业都在关注着该项目的进展。这对于打击非标普货式高低板样式低平板半挂车以及超长、超宽、超高的违规集装箱有一定的积极作用。

虽然，模块化运输在我国有良好的发展趋势，但是就其现状来看仍存在以下一些问题。

1. 旧有法规的限制

《中华人民共和国道路交通安全法实施条例》第五十六条规定："载货汽车、半挂牵引车、拖拉机只允许牵引 1 辆挂车"。模块化汽车运输本就是以双挂和多挂列车的组合形式为主，受此条款限制，双挂和多挂汽车列车无法上路行驶，模块化汽车运输的发展受到制约。

2. 技术应用不够成熟

模块化汽车列车在我国是一种新的车型，相关生产企业经验不多，全新的车型对驾驶员也提出新的要求。与模块化汽车列车相伴的其实是一种新的运输方式，一定要有信息化支撑，知道在哪里甩、甩哪个模块，在哪里挂、挂哪个模块等，这样其功能才能真正发挥出来。

3. 价格高昂形成障碍

模块化运载工具中汽车列车售价相对较高，在目前以违规车辆为基准建立的运价体系下，物流公司对其接受程度仍备受考验。在违规而便宜的 17.5 米大板还在广泛应用的情况下，推广中置轴汽车列车就比较难。模块化中置轴汽车列车的推广应用是我国物流行业转型升级、提质增效系列举措的一部分。要真正做到提质增效，还要看能否做到甩箱、推广单元化物流、禁止使用 17.5 米大板等。

（三）企业应用案例分析

目前，国内中置轴汽车列车生产及组装厂商主要有中集、广东信源等企业，现市场存量预计 200 列，多为龙运、京东、顺丰、德邦等企业应用。

黑龙江龙运集团于 1997 年注册成立，在借鉴国际同行业的先进经验基础上，不断探索运输装备改革及组织模式创新，开展中置轴汽车列车研制项目，2015 年得到国家交通部批准，成为首批试点企业。龙运集团现有 10 列中置轴汽车列车，主车为沃尔沃、奔驰品牌，中置轴拖车由国外进口，箱体由中集制造，有冷藏及保温交换箱体 60 个。

龙运集团采用的交换箱底盘为沃尔沃 FM5006X2，该交换箱全挂车底盘采用沃尔沃 FM 系列的高顶双卧铺驾驶室，具有高度适中、舒适性与燃油经济性兼顾的特点。车顶构造及侧导流罩可有效降低风阻，底盘具有并装双胎带提升功能。由于采用的是交换箱形式，原厂底盘就配备了专门的交换箱支架，复合板结构在保证轻量化的同时亦提供足够的强度。考虑到交换箱运输的需要，FM5006X2 交换箱全挂车底盘采用了空气悬挂的形式。全车空气悬挂，包括前桥亦采用可调节的橡胶气囊作为减震装置。利用空气悬挂控制车身高度能够很大程度上提升交换箱在实际使用中的效率。全挂车电气接口移至左后桥挡泥板后方，挂车接取变得更容易。在动力方面，配备 D13 直列 6 缸柴油发动机，最大输出功率为 500 马力，最大扭矩则达到了 2500 牛·米，动力输出相当充沛，应对长途标载全挂运输能够满足能力需求。

二、无人驾驶技术发展分析

（一）国内外无人驾驶技术发展环境

随着无人驾驶进入关键技术突破阶段，全球各国纷纷加入竞争，抢占无人驾驶产业风口，国外由于起步较早，暂时处于领先地位。美国宣布政府投入 40 亿美元助力无人驾驶发展，英国 2017 年决定向无人驾驶汽车项目总共投入 1 亿英镑进行自主研发，德国计划在纽伦堡东部和慕尼黑北部之间的 A9 公路上进行无人驾驶测试，日本计划在 2020 年东京奥运会上实现 L4 级别的完全无人驾驶，并希望凭借"无人驾驶"的战略机遇，重新夺回其在亚洲区域的产业领先位置。除此之外，法国、瑞典、韩国等也纷纷入局无人驾驶，出台相关政策与战略计划，加速本国无人驾驶产业的发展。

国内虽然起步较晚，处于落后阶段，但近两年的快速发展在不断地缩小与国外的差距。由于无人驾驶技术汇集了通信、网络、制造、新能源等一系列现代技术，是一个融合体，对国家产业发展具有极大的带动作用，《中国制造2025》已明确将发展智能网联汽车提升至国家战略。国家发展和改革委员会2018年1月公布了首个围绕智能网联汽车产业的战略层面的纲领性文件——《智能汽车创新发展战略（征求意见稿）》，对当前智能汽车发展的问题给出了针对性的解决方向。交通运输部正起草无人驾驶技术相关规定，并已在建设无人驾驶测试基地，和有关部门共同研究制定路上测试的相关政策指导文件。2018年3月27日工信部装备工业司发布的《2018年智能网联汽车标准化工作要点》文件提出，要充分发挥标准对智能网联汽车产业供给侧结构性改革的促进作用，加快落实智能网联汽车标准体系中行业急需和通用技术标准的制修订工作，持续完善智能网联汽车分标委架构和运行机制，为全面建设汽车强国提供坚实支撑。在驾驶安全方面，工信部要求，完成汽车信息安全通用技术、车载网管、信息交互系统、电动汽车远程管理与服务、电动汽车充电5项基础通用标准的立项工作；启动汽车信息安全风险评估、安全漏洞与应急响应、软件升级及整车信息安全测试评价4项国家标准项目的预研和立项。法规层面，2017年，北京市率先出台了国内首部地方性的自动驾驶路测法规，填补了长期以来无人驾驶汽车上路测试的法律空白，并在亦庄设定了首条自动驾驶测试专用道。2018年3月，上海首次将两张无人驾驶开放道路测试牌照颁发给上汽和蔚来汽车；广州、深圳等城市也积极开展路测示范点，推动相关法规出台。

（二）技术发展概况及趋势

无人驾驶技术主要包括无人汽车、无人机、无人船、无人列车等。与公路货运相关的主要是无人汽车技术。近年，伴随无人驾驶技术的不断发展，无人驾驶技术的精度和准确度不断提高，无人汽车要能对周围物体进行识别、判断，然后将数据传输到处理系统进行分析决策，需要芯片、传感器、激光雷达、毫米波雷达、算法等。对环境感知越详细、算法越优越、云端结合的运算力越强，车辆行驶的时候也就越安全。无人车是一个非常完备复杂的系统，主要包括环境感知技术、车辆定位技术和车辆控制技术等关键技术。环境感知传感器和车辆定位系统相当于无人车的"眼睛"，是无人车得以上路的前提。车载传感系统可以定位车辆位置，从而帮助车辆感知道路、车辆等周围环境。车辆控制技术相当于无人车的"大脑",会根据路况自动规划行驶路线,自动控制车辆的驱动速度、转向和制动,让车辆安全行驶。

环境感知技术主要是帮助无人车识别周边环境,对路上物体进行探测和归类,并持续测算物体的速度、方向和加速度。这种技术能够有效避免路面上其他车道标志的干扰,满足了高速无人车自主行驶的实时性需求(见图 4 - 2 - 2)。在环境感知技术方面,博世正在开发新一代雷达,观测视角将从 90 度扩大到 100 度,带宽从 1G 变为 1.5G,角分辨率也进一步增加。整个雷达做得更薄、耗能更低、更易于安装,可以在复杂场景下识别更多目标,更准确地测量速度和距离。智驾科技 Maxieye 用摄像头对前方道路环境进行实时监测,并配以算法识别出车道线和前方车辆,当达到预警级别时,系统会触发指令,从而实现车道偏离警告、前车防撞等 ADAS(高级驾驶辅助系统)功能。

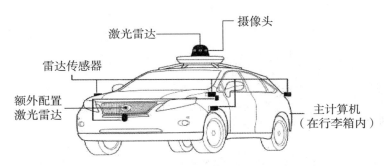

图 4 - 2 - 2 车辆环境感知技术设备构成

资料来源:前瞻产业研究院官网。

车辆定位技术可以向汽车操作系统传输道路信息,如障碍物位置、行驶方向、高速公路出口等。在车辆定位技术方面,Roadstar. ai 公司 L4 级别自动驾驶技术主要依靠高精度地图。高精度地图以及精确空间定位可简化识别,当知道两边有路灯的时候,就不用再去识别,这样,更多的算力可以用于解决其他更复杂的问题。

车辆控制技术能够帮助车辆实现速度控制和方向控制,使车辆能够自动完成减速、变道、转向、超车等一系列操作。硅谷创新公司 PlusAI 研发的无人车通过人工智能深度学习算法,能够像人一样进行实时的数据采集和处理,对新场景具有出色的总结、学习和适应能力,极少依赖于预先收集的地图。凭借独特的技术优势，PlusAI 的无人车无需高精地图，在极其特殊的恶劣环境下，能够实现高速公路上时速达 95 公里以上的平稳操控，在弯曲、上下坡、无分割区、夜晚、拥堵路段等不同真实高速场景表现均极为出色。

无人驾驶技术的信息安全重视程度不断提高。一方面，虽然多数厂商都在追求传感器的精度、芯片处理数据的能力和更加完美的算法等，提高无人驾驶系统自身的安全性。另一方面，如果有人可以使用黑客技术侵入无视驾驶系统，干扰其做出正确的决策，也将会带来非常大的安全隐患。无人驾驶汽车被黑客攻击主要有内部和外部两种形式。内部主要来源于汽车软件的漏洞攻击。外部主要来源于信号欺骗攻击。目前，由于真正的无人驾驶车辆还未商业化运行，有关安全防护等测试也在试行中。

伴随无人技术的发展，传统汽车行业竞争生态圈话语权发生变革。传统汽车行业的竞争格局是金字塔形——整车厂处于顶端，紧随其后的是各级别供应商，话语权有限。但在无人驾驶的 L4 时代，整车厂的主导地位将受到严峻挑战，零部件厂商、互联网巨头、算法公司、芯片制造商、传感器供应商等企业无不加快对无人驾驶技术的研发和商业化步伐，并期望通过占据技术制高点来打破汽车产业的生态平衡。

（三）企业应用案例

互联网企业、科技巨头、传统汽车制造商等争相布局无人驾驶，推动无人驾驶技术快速迭代。英伟达、谷歌、苹果、微软等互联网企业，处在无人驾驶的领先地位。沃尔沃、奥迪、宝马、奔驰、特斯拉等传统汽车制造商将大量研发资金投入无人驾驶技术开发，并纷纷将最新研发产品进行路测，以期最先拿到无人驾驶领域主话语权。滴滴出行在 2018 年年会上，公布了滴滴 CTO（首席技术官）张博与驾驶员座位上的工作人员一起操作无人驾驶车辆的情况，该车辆利用地图定位与车身感应，成功完成车辆转弯、避开障碍物、避开别车等。2018 年百度 AI 开发者大会上，百度公司董事长李彦宏宣布百度无人车"阿波龙（Apollo）"正式量产下线。2018 年 5 月 31 日，在 2018 全球智慧物流峰会现场，菜鸟 E.T. 物流实验室宣布"驼峰计划"，与一汽解放、北京航空航天大学无人机团队、速腾聚创、GTI、点我达等多家公司联手，共同推进无人设备量产，打造一张囊括无人车、无人机的新型立体智慧物流网络。

伴随着无人驾驶技术的不断发展,自动驾驶货车开始在公路货运领域崭露头角。2018 年,民航西北地区管理局向京东集团授牌,京东正式成为"陕西省无人机航空物流多式联运创新试点"企业。同年,启迪国际有限公司与运满满签订战略合作协议,启迪国际集团作为我国领先的智能辅助驾驶系统(ADAS)一级供应商,通过启迪云控提供城市级的智能驾驶云控解决方案,并且深度参与我国智能网联汽车国家战略。在车载传感器、新一代车载计算平台、新一代车载智能终端、自动驾驶核心解决方案以及云控基础平台等智能网联汽车核心领域形成多点布局,拥有面向行业的一站式解决方案。2018 年 4 月 2 日,我国领先的物联网科技公司 G7 与普洛斯、蔚来资本联合宣布,共同出资组建由 G7 控股的新技术公司,研发基于自动驾驶、新能源技术和物流大数据的全新一代智能重型卡车,探索创新物流资产服务模式。新技术公司将依托 G7 对物流行业的深刻理解和海量实时数据、普洛斯的全球开放物流生态体系以及蔚来资本的丰富汽车产业资源,通过广泛的产业合作和跨界资源整合,定义下一代智能化物流运输工具,研发高效、安全、易于管理的自动驾驶新能源智能重型卡车,构建人工智能时代的物流资产管理和服务新模式。公司将聚焦公路物流运输场景,致力于实现自动驾驶技术、新能源技术和物流运输效率的突破。2018 年 5 月 24 日,苏宁在上海路测"行龙一号"重型无人驾驶卡车,其最高时速可达80 公里/小时,载重 40 吨,在 300 米外精确识别障碍物并轻松躲避。2018 年 5 月 29 日,在京东举办的 JD CUBE 大会上,京东首次公布了自主研发 L4 级别自动驾驶重型卡车,并已在美国硅谷完成 2400 小时无人驾驶测试,由此迈出京东物流干线运输进化的决定性一步。

三、新能源物流车技术发展分析

(一)我国新能源物流车发展环境

能源紧缺、二氧化碳排放过量、环境污染成了制约汽车工业发展的重大障碍。面对这一困境,开发和使用新能源汽车已经成为未来汽车工业发展的必然方向。政府、汽车制造商、消费者和环保组织对新能源汽车的发展已经形成了基本共识。"十三五"期间国家先后出台《国家发展改革委工业和信息化部关于完善汽车投资项目管理的意见》《关于"十三五"新能源汽车充电基础设施奖励政策及加强新能源汽车推广应用的通知》《新能源汽车废旧动力蓄电池综合利用行业规范条件》《新能源汽车生产企业及产品准入管理规定》《促进汽车动力电池产业发展行动方案》等 20 项扶持新能源物流车发展政策，主要涉及投资环境、基础设施、市场推广、准入管理、战略规划 5 个方面内容（见表 4 - 2 - 3）。

表 4 - 2 - 3　　　"十三五"期间国家出台的新能源物流车相关政策

序号	政策分类	新能源物流车相关政策
1	投资环境	《国务院关于发布政府核准的投资项目目录（2016 年本）的通知》
2		《国家发展改革委工业和信息化部关于完善汽车投资项目管理的意见》
3		《国务院关于促进外资增长若干措施的通知》
4	基础设施	《关于"十三五"新能源汽车充电基础设施奖励政策及加强新能源汽车推广应用的通知》
5		《关于加快居民区电动汽车充电基础设施建设的通知》
6		《关于加快单位内部电动汽车充电基础设施建设的通知》
7	市场推广	《关于开展新能源汽车推广应用核查工作的通知》
8		《关于开展新能源汽车推广应用补助资金专项检查的通知》
9		《工业和信息化部关于进一步做好新能源汽车推广应用安全监管工作的通知》
10		《关于调整新能源汽车推广应用财政补贴政策的通知》
11		《乘用车企业平均燃料消耗量与新能源汽车积分并行管理办法》
12		《财政部税务总局工业和信息化部科技部关于免征新能源汽车车辆购置税的公告》
13		《新能源汽车废旧动力蓄电池综合利用行业规范条件》
14		《新能源汽车废旧动力蓄电池综合利用行业规范公告管理暂行办法》
15		《电动汽车动力蓄电池回收利用技术政策》
16		《新能源汽车动力蓄电池回收利用管理暂行办法》

序号	政策分类	新能源物流车相关政策
17	准入管理	《关于符合〈汽车动力蓄电池行业规范条件〉企业申报工作的补充通知》
18		《汽车动力电池行业规范条件（2017 年）》
19		《关于开展第二批锂离子电池行业规范公告申报工作的通知》
20		《新能源汽车生产企业及产品准入管理规定》
21	战略规划	《汽车产业中长期发展规划》
22		《促进汽车动力电池产业发展行动方案》

资料来源：《中国物流技术发展报告 2018》。

财政部、工信部、科技部、国家发展改革委四部委于 2018 年 2 月联合发布的《关于调整新能源汽车推广应用财政补贴政策的通知》对 2017 年版补贴政策进行了完善。涉及新能源物流车的主要包括 3 个方面：一是对新能源货车和专用车补贴有较大退坡，最高补贴上限由 15 万元降为 10 万元，各档次单位补贴均有所下降。二是对纯新能源物流车的技术要求有所提高，系统能量密度从 90 瓦时/千克提高至 115 瓦时/千克，单位载质量能量消耗量（E 千克）从不高于 0.5 瓦时/千米·千克降低至 0.4 瓦时/千米·千克，并分两档进行补贴。三是在运营里程要求上，补贴门槛从 3 万千米降至 2 万千米。此外，补贴资金将在上牌后部分兑付，并在运营企业达到 2 万千米后全部拨付（见表 4 - 2 - 4）。

表 4 - 2 - 4　2017/2018 年版新能源货车、专用车补贴方案对比

参考参数	2017 年版补贴方案		2018 年版补贴方案	
	分档标准	补贴金额（元）	分档标准	补贴金额（元）
度电补贴（元/千瓦·时）	$q \leqslant 30$	1500	$q \leqslant 30$	850
	$30 < q \leqslant 50$	1200	$30 < q \leqslant 50$	750
	$q > 50$	1000	$q > 50$	650

续　表

技术要求	分档标准	补贴系数	分档标准	补贴系数
系统能量密度（瓦时/千克）	$E < 90$	0	$E < 115$	
	$E \geqslant 90$	1	$E \geqslant 115$	
单位载质量能量消耗量（瓦时/千米·千克）	E 千克 $\leqslant 0.5$	1	E 千克 $\leqslant 0.35$	1
			$0.35 < E$ 千克 $\leqslant 0.4$	0.2
			E 千克 > 0.4	0

资料来源：财政部官网。

除国家政策支持外，各地方政府也纷纷出台物流车电动化规划。2017年，共有 28 个省市明确了新能源物流车运营规划，新能源物流车的普及已势不可当。2018 年，北京、上海、深圳、广州、天津、杭州、江苏、重庆、武汉、成都、合肥、太原、咸阳等省市纷纷出台政策法规，通过新能源汽车补贴、停车费减免、充电设施建设补贴、整车和电池零部件租赁运营补助、开辟"绿色通道"与新能源汽车不限行等政策进一步完善了新能源汽车的使用环境，培育产业基础，推动产业全方位发展。

（二）技术发展概况及趋势

当前，我国新能源物流车主要包括纯电动汽车、燃料电池汽车、混合动力汽车 3 类。

1. 纯电动汽车

纯电动汽车为采用单一蓄电池作为储能动力源的汽车。利用蓄电池作为储能动力源，通过电池向电机提供电能，驱动电机运转，从而推动汽车前进。纯电动汽车与常见的传统汽车在外形上区别不大，两者的主要区别在于动力源及其驱动系统。纯电动汽车的组成主要包括电池、电力驱动及控制系统、驱动力传动等机械系统、完成既定任务的工作装置等。电力驱动及控制系统是电动汽车的核心，也是区别于内燃机汽车的最大不同点。电力驱动及控制系统由驱动电动机、电源和电动机的调速控制装置等组成。驱动电机具有转速高、启动转矩大、体积小、质量小、效率高且有动态制动强和能量回馈等特性。目前，电动汽车用电动机主要有交流电动机（IM）、永磁同步电动机（PMBLM）和开关磁阻电动机（SRM）3 类。而随着电动机以及驱动系统的发展，控制系统渐渐趋于智能化和数字化。模糊控制、专家系统、神经网络、自适应控制、变结构控制、遗传算法等非线性智能控制技术，都将被开发且结合运用于电动汽车控制系统之中。

2. 燃料电池汽车

燃料电池汽车是以氢气、甲醇等为燃料，通过化学反应产生电流，依靠电机驱动的汽车。其工作原理是汽车搭载的燃料电池中的氢与大气中的氧气发生氧化还原化学反应，产生出电能来带动电动机工作，由电动机带动汽车中的机械传动结构，进而带动汽车的前桥（或后桥）等行走机械结构工作，从而驱动电动汽车前进。燃料电池的反应结果会产生极少的二氧化碳和氮氧化物，副产品主要产生水，且燃料电池的能量转换效率要比内燃机高 2 ~ 3 倍。因此，从能源利用和环境保护方面，燃料电池汽车是一种理想的车辆。氢动力汽车是当前燃料电池汽车的主要发展方向，氢动力汽车具有无污染、零排放、储量丰富等优势，因此，氢动力汽车是传统汽车最理想的替代方案。但与传统动力汽车相比，氢动力汽车成本至少高出 20%。

3. 混合动力汽车

混合动力汽车采用传统燃料，同时配以电动机或发动机来改善低速动力输出和燃油消耗的车辆。根据汽车混合动力驱动的联结方式，一般把混合动力汽车分为以下 3 类。

（1）串联式混合动力汽车。

串联式混合动力汽车（SHEV）主要由发动机、发电机、驱动电机 3 大动力源用串联方式组成了 HEV 的动力系统。串联式混合动力系统一般由内燃机直接带动发电机发电，产生的电能通过控制单元传到电池，再由电池传输给电机转化为动能，最后通过变速结构来驱动汽车。电池对发电机产生的能量和电动机需要的能量之间进行调节，从而保证车辆正常工作。

（2）并联式混合动力汽车。

并联式混合动力汽车（PHEV），也称插电式混合动力汽车，是一种新型的混合动力汽车。区别于传统汽油动力与电驱动结合的混合动力，插电式混合动力汽车上装备有一台发电机。其发动机和发电机都是动力源，即并联式混合动力系统有两套驱动系统：传统的内燃机系统和电机驱动系统，两大动力源的功率可以互相叠加输出，也可以单独输出。这种系统适用于多种不同的行驶工况，尤其适用于复杂的路况。并联式联结方式结构简单、成本低，本田的 Accord（雅阁）和 Civic（思域）采用的就是该联结方式。

（3）混联式混合动力汽车。

混联式混合动力汽车（PSHEV）是综合了串联式和并联式的结构而组成的电动汽车，主要由发动机、电动发电机和驱动电机 3 大动力源组成。混联式混合动力系统的特点在于内燃机系统和电机驱动系统各有一套机械变速结构，两套结构或通过齿轮系统，或采用行星轮式结构结合在一起，从而综合调节内燃机与电动机之间的转速关系。与并联式混合动力系统相比，混联式混合动力系统可以更加灵活地根据工况来调节内燃机的功率输出和电机的运转。此联结方式系统复杂，成本高。丰田的 Prius 采用的就是混联方式。

（三）我国新能源物流车行业的发展特点

1. 产销规模迅速扩大，已进入市场化普及阶段

随着动力电池和整车的技术进步，以及充电设施建设的快速发展，我国新能源物流车推广应用进入到市场化普及阶段。2018 年，我国新能源专用车产量为 112607 辆，销量为 108121 辆。

2. 我国新能源物流车市场集中度较高

在新能源物流车销量市场，前 10 名企业销售占比超过行业 6 成。2018年，除东风汽车、大运、江淮、新楚风、福田、吉利商用车等企业早已开启电动物流车布局外，一汽解放、比亚迪、徐工、一汽红塔等企业也都加快了在轻卡或中重卡领域的布局。而微面市场中，通家、瑞驰、奇瑞、成功、陆地方舟、新龙马、上汽大通、依维柯、金旅、金龙等会继续巩固与提升市场地位。

3. 新能源物流车成本快速降低

受电池生产技术、电池材料配方的进步以及规模效应等因素的影响，动力电池的成本显著降低。2018 年动力电池价格降至 1400 元/千瓦·时，比 2015 年降低 50%。随着以电池为代表的三电系统成本的快速下降，新能源物流车的价格也在快速下滑。2018 年，1 辆 83 千瓦·时的纯电动轻卡价格为 24 万元，比 2015 年降低了 35%。

随着大众环保意识的觉醒，绿色物流概念频繁出现，但与此同时，续航里程不足、路权不明等相关问题也在一定程度上制约着新能源物流车产业的发展，市场低质低价竞争、产品同质化严重、电池衰减严重、售后服务不完善、车辆故障率高等问题频繁出现。未来发展需从完善配套政策、扩大市场规模、拓展租赁模式、运力共享共用、提高智能水平等方面发力。

（四）企业应用案例

目前，我国新能源物流车辆进入物流行业运营主要有以下两种模式。

第一种，最终客户通过新能源物流车运营平台租用车辆，该模式是目前主流模式；

第二种，最终客户自购新能源物流车辆投入运营，2018年该模式发展情况较好，一些大型物流公司开始购买使用自有车辆。

新能源物流车租赁市场主要有传统租赁模式、共享化模式。传统租赁，是最终客户（物流公司）向新能源物流车运营平台支付一定费用租赁车辆使用。2018年10月，地上铁租车（深圳）有限公司（以下简称地上铁）正式宣布在2018年7月已完成B1轮3亿元融资，该轮融资由博将资本领投，并由伊藤忠商事株式会社（ITOCHU）跟投，原股东启明创投和经纬中国持续加码。同时，中关村银行也为地上铁该轮融资提供了债权支持。此轮融资能够进一步推动地上铁下半年全国城市网络布局精细化经营能力建设以及联合主机厂提升对现有全网型重点客户的产品交付速度，并实现电动车后市场和服务的构建等。共享模式是一种全新的商业生态，其运营完全借鉴乘用车共享租赁模式，希望通过互联网信息技术手段解决较短时间内车货匹配的物流需求问题。2018年3月，滴滴出行宣布与北汽集团签署战略合作协议，双方将在新能源汽车运营、大数据应用、出行服务、定制车及充换电等领域开展业务合作，滴滴将利用在移动出行领域的大数据和技术优势，赋予汽车厂商面向共享出行的规模化、精细化的汽车运营能力，共同推进新能源汽车的普及和发展。深圳新沃运力汽车有限公司（以下简称"新沃运力"）是一家专注于纯电动物流车运营的服务提供商。该公司通过技术创新、产品创新、管理创新和服务创新，成功将司机网、货物网、需求网、充电网、支付网、车联网、监控网7大网络有机融合，构建了基于平台管理和移动应用的运力共享平台，为客户提供专业化的纯电动物流车租赁及充电、移动补电等完善的配套服务。

2018 年，市场中出现大物流公司自购新能源车辆运营的现象。例如，京东物流的"青流计划"，菜鸟物流联盟的"ACE"计划，顺丰、四通一达等大型物流和快递企业也纷纷提出更换几万辆甚至上百万辆新能源车的计划。据京东介绍，自 2017 年 11 月开始，京东物流就开始与全国多家电动汽车整车厂家联合测试、共同研发。目前，引进了上千辆新能源物流车，在北京、上海、广州、深圳、成都、西安、沈阳等 16 个大中城市投入使用。

四、货车轻量化技术发展分析

（一）我国轻量化技术发展环境

随着社会的快速发展，汽车保有量越来越多，给人们出行带来方便快捷。目前，节能、环保、安全和智能都成为汽车发展的新动向。与此同时，能源和环境是当今世界面临的两大问题，两者都与汽车产业发展息息相关，制造出"低能耗""低排放"甚至"零排放"的汽车是汽车行业及政府等部门都需要思考的问题。在采用相同动力系统和传动系统的前提下，乘用车的整车质量每减少 10%，燃油消耗就可降低 6% ~ 8%。汽车每减重 100千克，每百公里油耗可降低 0.3 ~ 0.6 升、二氧化碳排放可减少 5 克/公里。相较于汽车的动力系统和传动系统的技术改革，轻量化是降低能耗、减少排放的最为有效的措施之一。此外，轻量化可以使汽车加速性能大幅提升，制动距离大大缩短。

近年，油耗排放法规的日益趋严，国六排放标准和双积分管理办法等法规的出台为整车厂技术升级提出了更高要求，车辆对于轻量化的诉求变得越发紧迫。"GB 1589—2016"实施后，市场对轻量化公路运输车的需求瞬间增加，既保证运输承载的使用要求又达到轻量化，成为当前货运汽车市场的主流方向。此外，鉴于我国货车轻量化发展相对滞后的现状和今后货车轻量化发展方向的需要，《绿色货运车辆标准》明确指出鼓励推进货车轻量化发展。2018 年 10 月，国务院办公厅出台了《推进运输结构调整三年行动计划（2018—2020 年)》，在大力推进货运车型标准化中特别强调：开展中置轴汽车列车示范运行，加快轻量化挂车推广应用。《中国制造 2025》

关于汽车发展的整体规划中也强调了"轻量化仍然是重中之重","轻量化"已然成为国家的重要战略,越来越多的研究机构和汽车行业将其研究工作的重点放在汽车轻量化上。

（二）技术发展概况及趋势

轻量化技术是采用轻量化的金属或非金属材料,运用现代设计方法或其他有效手段对载货汽车功能结构进行优化,在保证汽车综合性能的条件下,实现货车自身重量降低的最大化,汽车轻量化即在汽车保证其基本的使用性能要求、安全性要求和其成本控制要求的前提下,从结构、材料、工艺等方面,应用新设计、新材料、新技术来实现对汽车整体的减重,以完成汽车向"低能耗""低排放"的转变。

目前,实现汽车轻量化主要有 3 种途径:结构优化,使部件薄壁化、中空化、小型化或复合化;高强度钢、铝、镁合金及一些非金属等新材料的使用;工艺的改进,主要包括成形技术和连接技术。

1. 轻量化结构设计

从车身结构方面实现轻量化,主要有整体车身的拓扑优化设计、尺寸形状再优化。拓扑优化为基于经验目标函数的宏观优化,尺寸形状再优化和材料布局优化则为局部的调整细化。拓扑优化设计是在给定的空间范围内,通过不停地迭代,重新规划材料的分布和连接方式,将车身整体中的冗余部分去掉,使部分零部件薄壁化、中空化,完成宏观层面的拓扑优化。尺寸形状优化是在确定了车身结构参数和材料分布的前提下展开的,主要对各个桁架结构的横截面积、几何尺寸以及节点位置寻求最优解,在达到保证基本刚度要求的前提下使车身重量最小。尺寸优化是建立在数学模型之上得到的最优解,可作为拓扑优化的进一步完善和提高。

2. 轻量化材料的使用

轻质新材料的应用是汽车实现轻量化的关键。为实现轻量化,世界各大汽车生产商和材料生产厂家致力于轻量化材料的研发,轻量化材料应用的多少已经成为衡量汽车生产技术和新材料开发水平的重要标准之一。目前,用于汽车轻量化的新材料主要分为金属材料和非金属材料。

金属材料主要是高强度钢和轻质合金。使用高强度钢、铝合金、镁合金,车体重量可分别减轻 15% ～ 25% 、40% ～ 50% 和 55% ～ 60% 。目前,高强度钢主要被应用于汽车结构件、安全件、前后保险杠等部位；铝合金主要应用在车身结构材料的替换上；镁合金主要应用在零部件上，包括壳体类与支架类零部件。高强度钢具有强度高、质量轻、成本低等特点，有助于汽车的轻量化，而且能够提高安全性。所以，汽车用高强度钢已成为颇具竞争性的轻量化材料。就目前的工业发展状况来看，悬架、底盘和车身结构等车辆的主要部分，需要高强度钢的应用较多。这些部位的高强度钢大多是在原有材料的基础上，添加不同成分的合金，从而提高了合金钢的强度和韧性。铝及铝合金是目前应用较为成熟的轻量化金属材料，其优势为低密度、质量轻、高弹性、高抗冲击性、易着色等。在当前汽车制造中，已大量地使用在汽车轮毂、动力系统及悬架系统等零部件中。近年，奥迪、捷豹、路虎、福特等都使用了全铝式的车身结构，铝合金已经成为一种比较理想的轻量化材料，未来随着成形技术和连接技术的发展，铝合金的使用会越来越广泛。镁及镁合金具有密度低、质量轻、比强度优于铝合金和钢等优势，但由于其高温疲劳性能较差和抗蠕变能力弱，限制了其在汽车上的应用。目前，主要应用于仪表盘、变速箱体、转向支架、刹车支架等壳体类和支架类零件上。我国镁含量储备大，但是镁合金的生产、成形等方面都需要加大研究投入，将其转化为我国的产业优势。

随着汽车轻量化进程的飞速发展，非金属制品的应用范围也在不断扩大。其中，使用最为广泛的是塑料制品，碳纤维作为新型材料也逐步进入了汽车产业中。塑料的应用已经从内饰扩展到零件和构件上，"以塑代钢"已经成为一种趋势。国外很多汽车产业发达地区已经将塑料制品的用量作为衡量汽车发展的重要指标。碳纤维复合材料是目前最主要的车用复合材料，具有密度小、耐腐蚀、比强度和比刚度高等特点，主要应用在汽车车身、底盘等汽车的结构件上，能在保证强度和刚度的前提下，大幅减轻汽车重量。但碳纤维的生产成本高是制约其在汽车工业应用和推广的一个主要原因。目前，碳纤维复合材料主要应用于一些小批量生产的高档轿车和赛车中。

3. 轻量化工艺

为了实现全面减重的目的，在结构优化设计和新材料使用的情况下，仍需要研究开发更先进的生产制造工艺，以满足新结构和新材料的需求。轻量化工艺主要是新材料的零部件在生产过程中的连接技术和成形技术。当前，应用较为广泛的有板材锁铆连接、粉末注射成形和内高压成形等。

汽车工业作为我国经济发展的重要支柱产业之一，其发展势头不容小觑，面临当前世界能源和环境的危机，汽车轻量化已然成为汽车行业可持续发展的必经之路。现阶段我国轻量化技术的应用与国际先进水平尚有差距，轻量化结构设计、新材料的使用以及新工艺的研发 3 者之间息息相关，互相制约，综合平衡发展才能促进整个轻量化的进展。

（三）企业应用案例

近年，世界各国都在想办法减少能源消耗和温室气体、废气排放，尤其是以欧美为主的发达国家都已制定并发布了限定时间内的油耗政策。对于乘人轿车，美国规定到 2025 年，油耗标准需达到 4.5 升/100 公里；欧盟的法规更为严格，到 2020 年，法定油耗标准须小于 4 升/100 公里。我国暂未出台相关的法规，但随着国家对商用车节能减排及超载治理措施不断升级，汽车的轻量化已是必然趋势。而从全球的趋势看，汽车轻量化的最热门途径就是全铝化。

在席卷全球的汽车"轻量化"大潮下，企业纷纷布局轻量化汽车生产。上汽依维柯红岩商用车有限公司（简称"上汽红岩"）作为国内最早的重卡合资企业，积极引进欧洲先进重卡技术，全车采用新材料、新工艺、欧洲标准整体轻量化设计，最大化使用轻量化配置，在保证产品使用强度和安全的同时，有效地降低车辆自重。2017 年 9 月 1 日，福建省闽铝轻量化汽车制造有限公司生产的 15.22 米铝合金厢式车正式交付用户——中通快递。该公司是南平铝业股份有限公司和南平实业集团有限公司的合资企业，制造厢式车用的铝材是南平铝业股份有限公司专业生产的，所制造的车厢与市场上同类型的车厢相比具有如下特点：车厢整体采用了工艺更先进、性能更高的铝合金型材，具有更高的结构强度及防涨箱能力，更优的侧墙拼接结构，更可靠的密封性能；采用了加强型前墙板，因而在制动情况下，具有很强的抗冲击能力。该公司投资 2.5 亿元建设的柔性智能化生产线已于 2018 年 4 月投产，形成年产 1000 台铝合金车厢和物流车生产能力，工业产值超过 10 亿元/年。15.22 米铝合金厢式车厢的整体质量仅 2990 千克。2017 年 11 月，忠旺集团建在辽宁营口，规划面积 20 平方公里的铝材加工及深加工基地内的铝合金专用车辆（油罐车、液化气罐车、消防车、邮递车、快递车、环保车等）生产项目一期已投产。项目总投资 60 亿元，分两期建设，一期投资 30 亿元，专用车产量 5 万辆，全部建成后销售收入可达 100 亿元，是我国最大的铝合金专用车生产基地。目前，这类环保车的平均售价 20 万元/辆，每辆车的净质量比钢车轻 6 吨，每次可多拉货物 6 吨。

五、货运装卸搬运技术发展分析

近年，随着技术不断发展，智能软硬件、智能机器人、智能运载工具开始频频应用于公路货运行业，装卸搬运作为影响货运作业效率较为重要的因素，加强智能化装卸搬运技术的研发与应用，对于提升公路货运管理水平及效率具有重大意义。在大数据、人工智能等技术的推动下，装卸搬运技术不断发展。其中，AGV 技术、叉车技术作为重要装卸搬运技术，发展较为迅速，智能化趋势明显。除此之外，公路货运方面比较有发展潜力的装卸搬运技术主要包括集装单元化技术（单元化甩箱）和新型运输货车（飞翼车）。

（一）集装单元化技术（单元化甩箱）

2018 年 1 月 18 日，商务部联合九部委发布了《关于推广标准化托盘发展单元化物流的意见》（以下简称《意见》）。《意见》中明确指出要推动标准化托盘向"单元化"发展——标准托盘（1200 毫米×1000 毫米）在物流运输中将作为集装单元、作业单元、计量单元和数据单元进行应用，促进降低物流成本，提高流通效率。《意见》还提出要推动单元化物流载具应用并与标准托盘衔接配套，鼓励产品制造环节采用符合 600 毫米×400 毫米模数系列的包装箱，鼓励商品流通环节采用 600 毫米×400 毫米模数系列的周转箱（筐），鼓励物流运输环节推广外廓尺寸为 2550 毫米（冷藏货运车辆外廓 2600 毫米）的货运车辆。鼓励物流企业将标准集装单元与共同配送、集装箱运输、多式联运相结合，推广带托盘运输，提高港口、场站、仓库装卸效率和空间利用率。鼓励批发、零售、电商等流通企业以标准托盘、周转箱（筐）为集装单元和计量单元，进行采购订货、计算运费、收发货和验货，推动流通全过程"不倒托""不倒箱"，优化商业流程和流通组织方式，减少流通环节和货物损耗。2018 年 5 月，商务部、财政部联合发布《关于开展 2018 年流通领域现代供应链体系建设的通知》，要求重点围绕农产品、快消品、药品、日用电子产品、汽车零部件、家电家具、纺织服装，以及餐饮、冷链、物流快递、电子商务等行业领域，加快推进现代供应链体系建设。主要支持方向包括：强化物流基础设施建设，夯实供应链发展基础；发展单元化流通，提高供应链标准化水平；加强信息化建设，发展智慧供应链；聚焦重点行业领域，提高供应链协同化水平；推广绿色技术模式，提高供应链绿色化水平。

随着国家加大政策扶持力度和众多资本的进入，物流行业创新变革模式层出不穷，在传统运输形式方面也有了新的操作方式并开始推广应用，比较突出的为单元化甩箱。

单元化是货物运输中一种外在状态的表现形式，主要呈现出的是以装载工具为货运单元。单元化运输模式是将货物与标准化的装载工具、机械化的装卸工具、规格化的运输工具有机地结合在一起。目前单元化甩箱在行业内主要是运用托盘、周转箱、笼车、集装箱等装载工具来实现货运的单元化。从运用方式上看，又各有特点。其中，大型物流企业的托盘、周转箱、笼车一般不直接放置在板车上，仍需放置在挂车货柜内，而集装箱略有不同，可直接在板车之上，作为外置运输单元。

单元化甩箱的原理。货量不足，导致全网企业都在走区域集货、集中中转的模式。在此背景之下，单元化小箱就可以作为小的货运单元，配合甩挂模式形成新的甩箱模式，实现目前货量不足以支撑区县直发的突破。在此模式下，1 辆 17 米的板车可以装载 5 个甚至更多的标准小箱，在固定线路的多个城市之间进行甩箱运输，这样就可以满足区县级城市的货物直发（见图 4 - 2 - 3）。

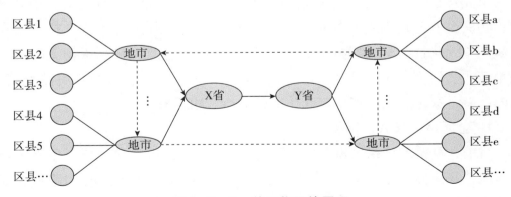

图 4 - 2 - 3　单元化甩箱原理

资料来源：运联研究院官网。

单元化甩箱的应用场景主要包括：前端集货、干线运输、场地操作。

前端集货：单元化甩箱在前端集货阶段，与传统的集散模式相比有较大的优势，可有效提高集货中转效率，降低运力成本。特别是在加盟制的体系之下，加盟商可根据自身的收货能力来预订箱子个数，小箱易集货，装满即可进行转运，这样操作减少了等货时间，有效地提高了集货时效。同时，也可以解决一辆车不够、两辆车装不满等情况，减少运力资源的浪费，并错开集货时间差，降低分拨中心的分拣压力。此外，使用统一的单元化小箱，容易实现同票同位、同向同箱的操作，可有效降低在分拨中心的拆箱分拣频次，可直接装上干线运输车辆，缩短前端集货的时间，提高时效。

干线运输：在网络型物流企业中，由于小区域的货量不足以支撑其进行直发，因此运用了区域集货、干线中转的统运模式，而单元化甩箱在干线运输上就突破了这一限制，实现更加灵活的小区域直发模式。一条线路上，一辆大型挂车以定时班车的形式，运用连续落箱并拾箱的甩箱模式，始终保持车辆上箱数满载，实现多地货物直发。甩箱模式可去除支线运输环节，减少区域中转，提高运输时效，同时也降低了中转环节的成本。

场地及操作：在中转操作场景中，单元化甩箱同样拥有极大的优势。实际上甩箱模式是把统一集货分拣环节进行拆分，并前置到了收货阶段。由于集装箱小，易装满，所以在前端集货时已将货物做了初步的分拣，尽量做到了同票同位、同向同箱的处理，极大地降低了中转操作的拆箱分拣频率。

单元化运输影响的是物流效率和运营成本，可以应用到多元的场景之中，物流企业可根据自身的运营模式、网络模式对其进行改进，打造量身定做的单元化物流运输模式。目前主要的甩箱运输模式有商桥物流的全网甩箱模式、河南宇鑫的区域网甩箱模式，以及壹站壹达的专线甩箱模式，国内已有多家企业正在使用单元化甩箱进行货物运输。

1. 全网甩箱模式：商桥物流

目前，商桥的网络已覆盖10个重点省份，包含珠三角、长三角等主要货源地，其主要货量是省际运输，这点决定了商桥必须要走全网路线。商桥的末端是三方，其货源主要来自制造业工厂，票均重量高达400千克，属于行业内的大票货。同时，其网络末端分布较为稀疏。目前，收货能力有限，日均货量4000吨。这3点重要因素，决定了商桥有适合做单元化甩箱运输的基因。商桥的单元化甩箱主要运用于干线运输，快件箱在分拨地之间调用。为了降低难度，目前甩箱的运营还停留在固定路径上，在省际的固定线路上选取数个分拨节点，始发站装上7个分别发往下游分拨的快件箱，到达一个目的地分拨后卸下目标箱，装上本站发往下游的快件箱，到达末端分拨后卸下所有快件箱，以此循环完成固定线路上的甩箱。目前，在网络运营中，商桥投入了1000个单元化的小箱，主打的"公交货巴"快件箱业务占其总业务量的40%。其中，包含了包箱和拼箱业务。由于快件箱的标准化，商桥已开始布局公铁联运、公海联运，未来极有可能最先在实现公铁联运上进行大规模的运营，彼时商桥的物流成本将会再次下降。

2. 区域网甩箱模式：河南宇鑫

目前，国内的区域网零担中，河南宇鑫是一个代表。与此同时，也是单元化小箱应用的典型。虽然宇鑫的网络已覆盖12个省份，但其业务量的80%仍是省内业务。在其运营模式中所有的干支线都自己运营，末端网点可加盟，省内多应用单分拨辐射模式。同时，宇鑫的货量非常高，这些条件决定了其在短途接驳中运用单元化小箱的优势。宇鑫的单元化货箱模式中，把箱体做得更小，一辆4.2米的货车可装载2个标准货箱，9.6米的货车可装载6个，可极大地提高单个网点的集货速度。宇鑫将货箱直接前置到末端网点，货箱放置在网点门前可代替仓库，并把网点设置在固定的支线路径上。由于货量多，运营中以同向货为装载准则，采用同点落货并发货的模式，这就减少了单条线路上货物进行分拨的量，降低分拨压力的同时极大地提高了运输时效，可做到当日达。在宇鑫的网络规划中，将设立省内双分拨，这会大幅提高省际业务的时效和中转效率，并降低运输成本。

3. 专线甩箱模式：壹站壹达

壹站壹达是一家成立不久的企业，一开始便走上了单元化甩箱模式的道路。目前，壹站壹达只运营了上海至成都这一条线路的6个城市站点，其运营模式与商桥、宇鑫等并无太大区别，但重要的是其商业模式更具独特性，配合单元化的甩箱将是一种较为完美的模式。表面上看，壹站壹达目前做的是专线，但与传统的专线存在较大的区别，其业务逻辑与传统专线完全相反。在传统专线收货逻辑中，收取一部分的固定厂货作为运输的打底货，零散货是主要利润来源。同时，收取部分同行的填仓货。壹站壹达的甩箱业务，主要面对高端客户，以保障货物安全为主，提供包箱、固定拼箱业务，其次才是时效。主要运送电子电器、医疗器械等高价值货物，壹站壹达把高端货作为打底货，保证一定的利润空间之下，再收取低价值货物作为填仓货。

除了商桥、宇鑫、壹站壹达、内蒙古远征、山东宇佳外，国内还有多家使用单元化小箱的物流企业。在宇佳的运营模式中，甩箱只做城市内部的网点集货短驳之用，其网络覆盖更小，为宇佳节省了大量的短驳运力。由于货量大，分拨到区县网点可单发多个整车，并不需要甩小箱来支持。

单元化甩箱看起来有非常大的优势，模式也相对简单，但非常考验企业的运营能力，需要非常强的路径规划能力、收货能力及配套的网络体系。当前，全网企业若要推行单元化甩箱，必须投入大片的区域网络和机械设备进行试点，少数的线路并不能完全显示出单元化甩箱的优点，还会影响到区域货量的集散效率。

（二）新型飞翼式运输货车

飞翼车，又叫翼开启厢式车，作为普通厢式货车的改进，通过动力弹簧、手动装置或液压装置，能开启车厢两侧翼板的专用车辆，该车顶部、前板后门结构同铁瓦楞厢式车，侧边由翻转板、上边板、下边板组成。由于其具有装卸速度快、效率高、可侧面装卸等优点，已经是现代物流企业重要的运输工具，成为大型物流公司运输的最佳选择。由于近几年，大量轻质新材料应用于翼展车系列，使得车厢自重降低，加之车厢设计美观、货物运输安全可靠，预计在高端物流运输市场将会占有一席之地（见图4-2-4）。

图4-2-4 翼展车

六、车联网技术发展分析

（一）我国车联网技术发展环境

2018 年 1 月，国家发展改革委牵头组织起草《智能汽车创新发展战略》（征求意见稿），根据这份国家层面的智能汽车顶层设计规划，2020 年，我国市场上智能汽车新车占比将达到 50%，中高级别智能汽车（L3 及以上）将实现市场化应用。2018 年 3 月 27 日，国家工信部发布了《2018 年智能网联汽车标准化工作要点》，提出要充分发挥标准对智能网联汽车产业供给侧结构性改革的促进作用，从国家战略层面开始了对智能网联汽车标准制高点的把握。2018 年 6 月 8 日，工业和信息化部、国家标准化管理委员会共同制定的《国家车联网产业标准体系建设指南（总体要求）》《国家车联网产业标准体系建设指南（信息通信）》和《国家车联网产业标准体系建设指南（电子产品与服务）》（以下简称《建设指南》）系列文件正式印发。两部门表示，将推动形成统一、协调的国家车联网产业标准体系架构，到 2020 年，基本建成国家车联网产业标准体系。《建设指南》进一步明确了车联网产业的概念：车联网产业是依托信息通信技术，通过车内、车与车、车与路、车与人、车与服务平台的全方位连接和数据交互，提供综合信息服务，形成汽车、电子、信息通信、道路交通运输等行业深度融合的新型产业形态。文件指出车联网产业是全球创新热点和未来发展的制高点。2018 年 9 月，由工信部、公安部、交通运输部等 20 个部门和单位组成了车联网产业发展专项委员会，合理推动解决政策法规、技术标准、基础设施、管理制度等方面的问题，加强对产业发展的规范和引导，营造有利于产业发展的环境，着力突破先进传感器、车载操作系统及中间件、车载智能处理平台、汽车级芯片等关键技术，加强 LTE – V2X 无线通信技术的覆盖和应用，加快信号灯、交通标识等道路基础设施的信息化和接口改造，加快建立车联网产业体系，促进自动驾驶发展，培育经济发展新动能。

（二）技术发展概况及趋势

车联网是借助新一代信息通信技术，实现车内、车与车、车与路、车与人、车与服务平台的全方位网络连接，提升汽车智能化水平和自动驾驶能力，构建汽车和交通服务新业态，从而提高交通运输效率。网络连接、汽车智能化、服务新业态是车联网的 3 个核心。

车联网主要包括人、车、路、通信、服务平台 5 类要素。其中，"人"是道路环境参与者和车联网服务使用者；"车"是车联网的核心，主要涉及车辆联网和智能系统；"路"是车联网业务的重要外部环境之一，主要涉及交通信息化相关设施；"通信"是信息交互的载体，打通车内、车际、车路、车云信息流；"服务平台"是实现车联网服务能力的业务载体、数据载体。

当前，车联网已经为全球产业界所关注，我国汽车企业、电信运营企业、互联网企业、保险企业加强合作，积极推进我国车联网产业发展。车联网行业迎来发展拐点，以导航和信息娱乐服务为主的车联网服务正向以全面提升道路交通安全和交通效率为目标的新型车联网转变，带来信息通信业、汽车制造业、交通服务业的深度融合与创新。

车联网服务进入快速发展通道，结合技术发展和服务能力的提升，可以划分为 3 个发展阶段：第一阶段，以基础性联网信息服务为主要业务形态，Telemaitics（车载信息服务）业务是其中的典型代表，主要实现定位导航、车载娱乐、远程管理和紧急救援等基本功能。这个阶段主要通过 2G、3G、4G 技术实现汽车联网，打通汽车内外信息流，培育用户习惯、积累用户规模。第二阶段，以实现安全预警、高带宽业务和部分自动驾驶服务为目标。该阶段 LTE – V2X 或 802.11P、5G 等通信技术和智能化的汽车电子系统广泛应用，安全预警和汽车环境感知能力大幅增强。同时，随着智能化、网联化程度提升，业务形态更加丰富，形成一定规模的共享类、安全类、高带宽需求业务及部分自动驾驶业务，车辆联网普及率和业务创新活跃度保持较高水平。第三阶段，以实现完全自动驾驶和全部联网为目标。高级/完全自动驾驶将解放驾驶者双手和大脑，释放驾驶者注意力，车联网业务形态将进入快速迭代和极大丰富阶段，汽车空间真正开放给业务开发者，形成汽车和交通环境下的信息服务新生态。

我国在车联网服务、联网通信方面具有较好的产业基础，与国际保持同步，部分创新业务走在世界前列，但在汽车电子和高端元器件方面国际竞争力相对薄弱。目前，提升汽车和交通联网率成为产业共识，我国企业参与推动的 LTE－V2X 技术已经成为国际 V2X 无线通信两大主流技术之一，5G 技术也处于国际第一梯队。同时，智能化和网联化的汽车电子也是产业发展重点，不过我国总体处于竞争劣势，特别是高精尖汽车电子产品与国外差距尤为明显。

《国家车联网产业标准体系建设指南》指出，未来将加紧制定自动驾驶及辅助驾驶相关标准、车载电子产品关键技术标准、无线通信关键技术标准、面向车联网产业应用的 5G eV2X 关键技术标准，预计 2020 年建成相应标准体系，满足产业发展需求。5G 将是未来联网汽车和自动驾驶汽车不可或缺的一部分，随着 5G 技术的加入，移动技术将成为汽车行业的一项通用技术（GPT），帮助提高生产力与销售价值，改善用户体验与环境质量，减少交通事故和降低死亡率，并将改变汽车使用、保有和交通运输本身的传统模式。业界预测，2020 年全球车联网有望突破 1000 亿欧元规模。为满足车联网的业务需求，未来网络将采用"终端—网络—平台—应用"的统一架构，打造"多模通信 + 人车路协同 + 车云同步"的云网协同一体化网络。立体化通信网络、云网协同平台、业务综合化和多样化是车联网的主要发展趋势。

（三）企业应用案例

车联网涉及多个技术领域，涵盖语音识别、图像识别、数据采集、操作系统、云计算、大数据、无线通信等关键技术。"车端"涉及人机交互、车联网信息采集与整合（OBD、CAN/K 等）、智能嵌入式系统、视频分析与识别、语音识别、语音指令与播报；"管"涉及无线通信技术、无线定位技术等；"云"涉及云计算、分布式部署、开放式接入协议。

2018 年，中国移动整合中移德电与政企分公司交通行业解决方案部，成立全国集中的新车联网公司——中移智行网络科技有限公司（以下简称"中移智行"）。中移智行作为中国移动在交通行业的销售支撑和建设运营主体，将面向智慧公路、自动驾驶、飞联网等智能大交通领域拓展相关业务。同年，某企业推出的"车联网云平台"旨在帮助公路货运企业经营者实现对车队的数字化、可视化管理，为用户提供更高效便捷、更省心的车队管理方案，降低运营成本，减少安全事故，促进企业良性发展。2018 年 12 月 4 日，中交兴路宣布完成 7 亿元的 A 轮融资，由蚂蚁金服领投、北京车联网产业发展基金跟投。同时，中交兴路联合蚂蚁金服旗下网商银行共同推出"路金计划"，为中小微物流从业者提供普惠金融新模式。中交兴路作为一家以数据为核心的企业，定位公路货运智能服务平台，通过大数据实现对企业、车辆、司机的画像。目前，该平台车辆数达 575 万辆，累计数据量超10PB。公路货运平台和普惠金融科技服务提供商的合作，意味着金融与物流行业的结合日益紧密。2018 年 12 月，车联网科技公司 G7 宣布，已于 10 月完成新一轮 3.2 亿美元融资。本轮融资由厚朴投资领投，宽带资本、智汇基金、晨山资本、道达尔风投、泰合资本参与共同投资。本次融资创下了全球物联网领域融资金额的最高纪录。G7 基于行业独有的人工智能与物联网（AI、IoT）技术平台，向大型物流企业和数以万计的货运车队提供车队管理综合解决方案，覆盖安全、结算、金融、智能装备等车队运营全流程。

总体来看，车联网已进入产业爆发前的战略机遇期，正在催生大量新技术、新产品、新服务。车联网技术向着智能化、网联化方向演进，车载操作系统、新型汽车电子、车载通信、服务平台、网络安全等关键技术成为研究热点。车联网产业链条不断延长，角色越加丰富，跨界融合特征突出。ICT（信息通信技术）产业与汽车、交通产业走向深度融合，新型汽车电子产品、车/路通信服务产业规模正在形成，汽车和交通服务创新日趋活跃，全新的产业生态即将构建。

第三节　2018 年中国公路货运互联网平台分析

互联网货运是区别于传统"四通一达"及各地物流厂商的新型物流货运模式，属于"互联网＋物流"的范畴，是互联网、大数据、云计算、人工智能等信息技术与物流的深度融合。随着信息技术的不断发展，国内物流行业高速整合，公路货运行业涌现出一批典型互联网平台企业。

一、公路货运互联网平台概述

（一）互联网平台发展环境

2015 年，国务院印发《关于积极推进"互联网＋"行动的指导意见》

（国发〔2015〕40 号），"互联网＋"高效物流作为行动计划之一。国家发展改革委和交通运输部分别出台了"互联网＋"高效物流和"互联网＋"便捷交通的落实文件。2016 年 8 月，交通运输部印发《关于推进改革试点加快无车承运物流创新发展的意见》（交办运〔2016〕115 号），在全国开展无车承运试点工作。两年来，无车承运物流新业态得到快速发展，涌现了一批代表性企业，实现了零散车辆资源的规模化集聚和运输业务的集约化运作，有效提升了货运物流的组织效率和规模效应。2018 年 4 月，交通运输部办公厅印发《关于深入推进无车承运人试点工作的通知》，明确从加强试点运行监测评估、优化试点企业发展的外部环境、推动完善相关税收保险政策、强化运输安全管理、加强技术创新和经验推广 5 个方面，推动无车承运人健康规范发展，确保试点工作取得实效。目前，结合《中华人民共和国道路运输条例》修订，无车承运人相关的管理办法正在研究制定中。

在无车承运人试点前后，各有关部门出台了一批支持政策措施。一些政策已经落实，但是仍有一些政策还有待推进。其中，个体运输户经营资质取得难问题还有待解决，建议契合运政系统全国联网时机，推行网上申请、网上审验等"互联网＋"政务服务，便利实际承运人取得经营资质，让经营主体回归"本位"。网络平台货运经营者委托实际承运人运输后进项发票的取得、实际承运人异地代开增值税专用发票、通行费电子发票取得问题等，还有待结合行业实际情况和政府现有手段予以协调解决，切实推动已有政策落地。此外，随着《中华人民共和国电子商务法》的出台，在包容审慎、鼓励创新的基础上也应坚持审慎监管、科学监管，特别是利用互联网手段，明确管理范围和边界，强化事中事后监管，实现"政府监管平台、平台管理和规范企业"的监管模式创新，并对政府部门间政务信息共享提出了要求。

经过几年的快速发展，以无车承运模式为代表的货运互联网平台愈发显现出"赢者通吃"的局面。平台做大以后如何发挥自身数字化优势，参与行业治理和规范自律，需要引起足够重视。

（二）平台的本质及构成

相关业内专家认为，平台的构成需要 3 个必要条件。
（1）连接两边或多边的用户群体。

（2）能为用户提供互动机制（互动的环境与规则）。

（3）在满足用户需求的同时从中盈利。

电商平台天猫连接了买家和卖家，整车平台满帮连接了司机与货主，都为双边用户提供了交易环境与规则，并在满足用户需求的同时，通过抽取一边用户的收入作为盈利（见图4-3-1）。

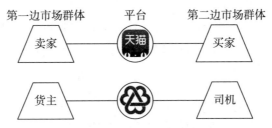

图4-3-1 平台的本质及构成

资料来源：运联传媒官网。

（三）物流互联网平台的分类

国内物流正处于高速发展期，物流平台模式随着行业的整合不断发展，无论是快递、快运、专线领域还是整车领域，都产生了一大批物流平台企业。按各自的主营业务，可以分为专线平台、车货匹配平台、仓储平台、物流科技平台、电商物流平台五大类型（见图4-3-2）。

图4-3-2 物流平台的分类

资料来源：运联传媒官网。

二、五大类型物流互联网平台概况

（一）专线平台

2018 年，专线市场发展迅速。德坤、三志、聚盟、卡行天下、天地汇、传化等多家专线平台均有大动作产生，专线整合已经成为主流趋势。伴随消费升级与产能过剩，过去的相互独立的专线以及不规范的专线联盟，因为缺乏科学的组织规划和业务发展规划，在效率和成本上都难以得到真正的提升，导致生存非常困难。而专线平台通过货源引入、资金支持、运营提升、资本对接等方式为专线赋能，在保留专线老板原有利益的情况下，能够提升专线的生存能力（见表 4 - 3 - 1）。

表 4 - 3 - 1　　　　　五大专线平台企业对比情况

平台名称	核心逻辑	与专线关系	合作紧密程度	运营层面整合情况
卡行天下	自由交易平台	二房东 + 系统植入	松散	仅提供园区、部分干线车源
天地汇	公路港园区生态	二房东 + 干线运力整合	松散	仅提供园区、部分车源
德坤	合并、重组、变大、变强	合并、控股	极强	分拨和干线全部总部直营
三志	股权分散，同一品牌	交叉持股	相对松散	合资子公司控制标准
聚盟	线路加粗、点发全国、点点直达	总平台与二级平台	较强	干线分拨由二级平台直营

资料来源：运联传媒官网。

卡行天下通过为专线提供场地、系统等，聚集专线入驻，利用自由交易规则，为专线和三方提供一站式发货和承运平台。天地汇以公路港为切入点，吸引园区入驻，通过整合干线货源，开发天地卡航整车业务，并提供金融、物业等其他增值服务。德坤采用与当地子公司共同投资成立子公司的模式控股专线，并且控制所有的分拨和干线环节。在改造原有业务的基础上，新增加盟网点，提升货源增量。三志采用释放股权，与当地专线成立子公司，吸引线路加盟，统一三志品牌，并采用直发模式迅速扩张线路。聚盟总平台控制二级平台，区域二级平台自建枢纽，引入专线进驻；通过同线整合，实现线路加粗，进一步实现线路下沉，做到点地直发。每一条专线都各不相同，实力、区域的掌控力、管理水平等与期望都存在较大差异，专线在选择平台时，主要应考虑的是平台提供的服务能否满足自身的需求。

（二）车货匹配平台

从 2014 年开始，市场上出现了大量的车货匹配平台，这些依靠流量驱动的数以百计的企业，不断产生又不断消亡。按运输距离，可以把车货匹配平台分为长途、城际、城配 3 类（见图 4 - 3 - 3）。

图 4 - 3 - 3　车货匹配平台分类

资料来源：运联传媒官网。

1. 长途整车平台

长途整车平台，目前行业整合度较高，满帮、福佑、米阳、路哥、共生等为代表企业。这类平台前期依靠资本驱动完成用户覆盖，掌握了大量个体运力、信息部以及第三方，通过搭建信息平台，满足司机与货主的需求，后期通过搭建稳定运力车以及车后市场赚取利润。

2. 城际平台

相对而言，城际运输处于长途与城配的边缘业务，参与竞争的企业较少。目前，以区域型平台为主，包括珠三角的代表平台——省省回头车。

对于城际运输行业，全国依然存在着相当大的市场空白，发展落后，需要专业的平台来进行整合。

3. 城配平台

同城配送是一个万亿元级的市场。这个行业内的城配平台企业类型多样，各个区域的参与者众多。服务于 C 端的货拉拉、快狗打车（原 58 速运）等代表企业，都以服务 C 端与小 B 端的拉货、搬家等即时性、单次需求为主。为了扩大市场份额，快狗打车于 2017 年 8 月与 GoGoVan 合并，以此打开 B 端市场，期望从家庭服务走向更大的物流市场。货拉拉在布局 B 端的同时，逐渐拉长运输距离，期望从同城配送向区域货运进军。此外还有服务于 B 端，专注于仓配的唯捷城配、凯东源等代表企业，倾向于资源管理的驹马等。这类市场竞争非常激烈，极低的客单价与非标的服务，导致企业利润空间有限。多数企业前期通过疯狂烧钱补贴来打开市场，而没有在市场扩张与企业利润之间寻找到平衡，导致过度扩张，企业崩盘。近两年，同城即时配送备受资本关注。整体上看，即时配送行业可以分为B2C、C2C 两大主流平台，B2C 模式连接商家与消费者，具有服务订单相对集中和固定的特点，包括美团、饿了么、盒马等；C2C 模式主要是为满足紧急互送需求而产生，随机性更强，附加值更高，包括闪送、达达、人人、UU 跑腿等。

（三）仓储平台

仓储是物流的一部分，仓储作为物流环节中的重要节点，是提升物流效率的重要抓手。仓储租赁平台是物流地产下游，可分为综合类平台与垂直类平台两大类型。58 同城等综合类平台，虽然享有大量流量端口，但是仓储交易只是其中一个板块，只做简单的信息撮合，平台没有嵌入到交易内部，服务的专业性较弱。垂直类平台如库房无忧、易代储等，区别于二房东，提供的服务不再是简单的租赁业务，能为客户特别是中小微客户提供仓储改造、一平方米起租、物业等可定制化的服务。

（四）科技平台

物流行业的科技平台企业代表有 G7、中交兴路、易流科技、OTMS 等。其中，G7 与易流科技都是以物流设备（GPS 等）为切入点进入物流行业的，不同的是 G7 的发展偏向于智能挂车、无人驾驶等物流应用方向；新三板的易流科技则是专注于车联网相关的未来科技方向，并没有向物流主业做太多延伸；中交兴路则是较为纯粹的物流数据平台，依靠北斗系统为企业提供轨迹数据。但这只是对目前各平台主业的描述，并不代表其发展方向。中交兴路获得蚂蚁金服的 7 亿元人民币的投资，未来会向车联网各应用领域发力。

（五）电商物流平台

国内电商平台种类繁多，包括淘宝、京东、唯品会、拼多多、网易考拉等。平台在满足买家与卖家交易需求的同时，为了提供物流服务，催生出了相应的物流企业，并逐渐独立成为专业的物流平台。其中，菜鸟网络与京东物流最大区别在于非自建物流，做的是物流联盟。通过与物流合作伙伴信息系统的高度整合，实现物流订单的聚合，依靠数据驱动来提高物流效率。这种平台模式优势在于可以以极低的成本实现快速的网络覆盖，其难点在于平衡商家、平台、仓储、末端等多方的协同关系。

三、公路货运互联网平台典型企业案例

（一）福佑卡车智能调度系统

福佑卡车是专注于整车运输的科技公司，以大数据和 AI 驱动整个运输流程的智能化重构，为货主企业提供质优价优的阳光整车运输服务。福佑卡车是国家首批无车承运人试点企业，与多领域领军企业广泛开展整车运输业务合作。2015 年 3 月，福佑卡车平台上线。目前，整车运输业务覆盖 30 个省、直辖市（除港澳台、西藏外），平台整合多元化运力，包括自有车队、外协车队、个体司机等，以海量的运力资源保障满足货主的多样化需求。

目前，我国的城际整车运输市场信息化、科技化、集约化水平低，导致物流供、需两端信息没打通，供需不能高效匹配，"车等货"与"货等车"并存。当前，全国货车的空载率为 30%，一些物流公司空载率接近 40%，即使在货源充足的上海等地区，公路运输的空驶率也比发达国家高 4 倍。福佑

卡车平台打破货源与运力之间的信息壁垒，并通过订单重构技术让单车运行效率最大化。

福佑卡车系统基于大量货源订单，运用大数据和预测算法，把零散的整车订单打散、重构、整合，搭建稳定的单边固定线路，在此基础上构建双边对流，甚至是多边线路循环。多边线路由系统根据平台上的货源订单实时计算得出，通过对订单的重构整合，可以最大限度地降低卡车空驶率。传统的整车运输报价主要参考市场行情而定，通过打破传统整车运单模式，福佑卡车完成了从传统的市场定价向效率定价的转变。通过驱动单车运行效率最大化，福佑卡车可以为货主节约运输成本、为司机节约找货时间、有效避免放空，实现多方共赢。

为降低空驶率，市场上常见的解决方法是搭建单边或双边固定线路，但由于整车货运线路繁杂，单边及双边固定线路无法完全适应时刻变化的货运需求。福佑卡车创新性地提出多边线路循环，可以根据货运需求实时更新，不但能最大限度地降低空驶率，而且更具灵活性，覆盖司机群体更全面。以常州—杭州的车辆为例，司机往返两地拉货，车辆月行驶里程7000 公里；通过平台上多线路货源的统筹分配构筑常州—嘉兴—杭州多边循环线路，司机在 3 地往返拉货，车辆月行驶里程可以提升至 8500 公里。

福佑卡车平台经历了 1.0 线上化、2.0 标准化及 3.0 智能化 3 个阶段的更新，每一次迭代更新都是一次创新升级。目前，福佑卡车在 3.0 智能化升级阶段，以机器学习、大数据、知识图谱、Optimization Algorithm 等技术为核心，业务涵盖前端、后端、增值服务各个板块。福佑卡车利用大数据、人工智能和移动互联网技术，优化整车运输市场，为整车运输市场发展注入科技元素，用新模式、新理念、新技术推动整车物流降本增效、转型升级。

（二）运满满公路干线智慧物流大数据平台

运满满成立于 2013 年，隶属于江苏满运软件科技有限公司，是国内首家基于云计算、大数据、移动互联网和人工智能技术开发的货运调度平台。管理团队由阿里、工信部、花旗、百度等高管及业内专家组成，有着深入骨髓的互联网基因。目前，平台实名注册重卡司机超过 520 万、货主超过125 万，货物日周转量 136 亿吨公里，日撮合交易额 17 亿元，业务覆盖全国 334 个城市。

　　针对传统物流行业存在的空驶率高、卡车日行里程数低、整体组织效率低下等问题，运满满积极响应国家政策号召，顺应物流业转型升级发展的趋势，在充分调研基础上，运满满构建了"公路干线智慧物流大数据平台"，立足该平台，以公路运力交易服务为突破口和核心，形成以线上交易和相关服务为主要特征的物流供需撮合服务模式，快速集聚物流供需资源。并通过不断积累的用户、业务和信用基础，逐渐带动共同物流、物流增值等服务的培育和发展，最终建立规范、科学、有效、可持续的物流产业新业态，形成商流、资金流、物流和信息流互动的良性机制。

　　运满满的商业模式简捷高效，即为货主和司机提供实时信息匹配，在同一个平台上迅速实现车找货和货找车，从而大大降低了货运空载率、提高了物流运行效率。运营商、货主、物流公司通过运满满货主端 App 发布货源信息，通过后台定向推送给订阅相关线路的司机用户。司机用户通过运满满司机端 App 查看推送货源、根据线路查找货源。通过降低卡车空驶，实现了年均节省柴油费用 860 亿元，减少碳排放量 4600 万吨。

　　运满满公路干线智慧物流大数据平台创新性地运用大数据、人工智能进行车货信息匹配，每月产生 180TB 的海量数据，记录积累了大量用户各个维度、有价值的车辆运力数据、位置数据、司机行为数据、信用数据、运输交易数据等信息大数据。通过智慧物流平台建设，将单车运行效率提升 30% 以上。

（三）德坤物流的集约化运营

　　深圳德坤物流有限公司成立于 2016 年 4 月，坚持以客户服务为中心，联合专线为核心，共建"中国公路物流智能骨干网"，致力于打造我国最大的物流企业集约化服务平台，共享集约化效率提升和运输网络发展价值。公司业务覆盖全国，是一家集干线运输、快线业务、整车业务、仓储配送于一体的多元化综合性物流服务商。2018 年 4 月 19 日，获得海尔资本数亿元 A 轮融资，公司现有员工 2200 人，日均货量 20000 吨，日发车辆 700 台，分拨场地面积 50 万平方米，网点 1000 家，自有运输车辆 2500 台。

　　目前，我国专线物流市场份额接近 2 万亿元，专线企业数量 60 万 +。专线企业普遍呈现散、小、乱、差的运营现状，缺乏统一的行业标准及集约化的规划及能力。行业进行整合,形成专线联盟已经成为必然趋势。

公司通过对"散小"的物流企业进行集约化管理,形成统一操作、统一运营、统一品牌、统一系统的枢纽化运营中心,并在全国范围内形成网络化,提升了企业的车辆运营效率及人员、场地使用效率,提升了行业效能,降低了资源浪费。同时,为未来的行业科技化、自动化升级提供了场景及标准。通过高效率的运营网络全面服务于我国制造业与流通业;解决大型企业的一站式物流需求,降低我国物流行业的多次交易及多层交易的效率损耗,提升行业潜能。

公司坚持大票零担、点点直达、科技赋能的宗旨,已在全国范围内构建完成 20 个一级核心枢纽和 40 个操作中心,通过对散小的专线物流企业进行集约化一体运作,为散小企业降低了 30% 的运营成本,全国的网络化运营使车辆运营效率提升了 30%,全网甩挂比例逐年上升,从 15% 上升到 50%,预计 2020 年实现全网甩挂。

德坤供应链首创的大票零担网络,通过持续整合散小物流企业,形成一站式、标准化的全国网络,并在行业内处于领先地位;坚持一体化、集约化的操作与运营,提升了行业的管理标准,实现了行业的效率提升,为行业未来的转型升级提供了效率数据,并起到示范作用。其"供应链 + 运营网"的服务模式,直接为制造型企业及大型流通型企业服务,降低物流的交易次数,去除交易中间商,提升行业的运营效率,降低物流成本。

第四节 2018 年中国多式联运发展分析

多式联运是依托两种及以上运输方式的有效衔接,提供全程一体化组织的货物运输服务,具有产业链条长、资源利用率高、绿色低碳效益好等特点。发展多式联运,对于增强经济发展新活力、延伸绿色发展新路径、培育开发开放新优势具有重大现实意义。党中央、国务院高度重视多式联运发展。2018 年 9 月,国务院办公厅印发了《推进运输结构调整三年行动计划(2018—2020 年)》,将多式联运提速列入 6 大行动之一,并提出了全国多式联运货运量年均增长 20%,重点港口集装箱铁水联运量年均增长 10% 以上的发展目标,多式联运发展再次迎来了重要战略机遇期。

一、2018 年多式联运发展回顾

2018 年，多式联运发展作为国家推进运输结构调整、加快现代综合交通运输体系建设、促进物流业降本增效的重要抓手，取得了显著的成效，多式联运服务网络日益完善，通道布局基本覆盖国家骨干联运枢纽节点，线路布局与京津冀协同发展、长江经济带、"一带一路"等国家重大战略布局紧密契合。

（一）发展环境持续优化

过去一年，多式联运作为国家战略，继续深入落实，各部委相关政策文件密集出台，地方政府部门多策并举，积极推进，在各方合力推动下，多式联运迎来了政府推动、产业行动的利好的发展环境。

1. 部门推进力度不断加大

2018 年，国务院办公厅印发《推进运输结构调整三年行动计划（2018—2020 年）》，提出要加快联运枢纽建设和装备升级、加快发展集装箱铁水联运以及深入实施多式联运示范工程等多式联运提速行动计划。为贯彻落实多式联运提速行动等运输结构调整的任务和目标，交通运输部会同有关部门印发了《交通运输部等九部门贯彻落实国务院办公厅〈推进运输结构调整三年行动计划（2018—2020 年）〉的通知》，从细化分解铁路增量运输任务、着力打造运输结构调整示范区、认真抓好组织实施、切实强化督导考评 4 个方面确保多式联运发展和运输结构调整的目标实现。2018 年 8 月，交通运输部办公厅印发《深入推进长江经济带多式联运发展三年行动计划》，从着力补齐联运基础设施短板、着力强化联运服务模式创新、着力提升多式联运装备水平、着力增强联运发展新动能和着力优化联运市场营商环境 5 个方面，提出长江经济带多式联运发展的主要任务，确保到 2020 年，能构建有机衔接、具备竞争力的铁水联运系统，基本形成长江干线、长三角地区至宁波舟山港、上海洋山江海直达运输系统，进一步完善干支直达、通江达海、区域成网的水运基础设施体系，初步形成布局合理、结构优化、功能完善、互联互通的长江经济带多式联运服务体系。2018 年，交通运输部联合国家发展改革委开展了第三批国家多式联运示范工程项目评选，最终选定公布了 24 个示范工程项目。中国铁路总公司制定印发了《2018—2020 年货运增量行动方案》，明确提出，到 2020 年，全国铁路货运量达 47.9 亿吨，较 2017 年增长 30%，大宗货物运量占铁路货运总量的比例稳定保持在 90% 以上。海关总署也加快制定《海关多式联运进出境货物监管办法》，优化海关服务流程，使海关能顺应多式联运的发展，实现多式联运"一单到底"，降低了企业的制度性交易成本。

2. 各地政策举措陆续出台

全国 20 个省（区、市）陆续出台了多式联运工作实施方案，江苏、湖北、河南等省组织评选了省级多式联运示范工程。《河南省推进运输结构调整工作实施方案》，明确提出支持加快多式联运枢纽建设，大力发展集装箱多式联运，培育多式联运经营人和推进多式联运信息开放共享。上海市积极创新监管制度，通过启运港退税和沿海捎带试点举措，促进上海港水水中转业务发展，推动集装箱国际中转集拼取得新突破。

（二）基础设施逐步完善

多式联运发展的基础是以转运设施为核心的多式联运枢纽，枢纽是多式联运主通道的支点，枢纽与通道的建设必须同步规划、整体推进。目前，政府和企业都在积极加强多式联运基础设施建设，做大做强枢纽经济，确保各种运输方式间、干线支线间可以实现货物的高效转换。

1. 枢纽建设加快推进

"十三五"以来，交通运输部已对 13 个多式联运型物流园区给予了资金扶持。目前，支持总数已达 39 个。铁路物流基地建设进一步加快，已建成 14 个集装箱中心站、8 个内陆铁路口岸，建成一级铁路物流基地 21 个、二级铁路物流基地 85 个。主要枢纽城市积极推进国际陆港建设，资源集聚效应不断提升。2018 年，中国民航局发布《郑州国际航空货运枢纽战略规划》，该规划是全国首个以航空货运为主的规划方案。

2. 集疏运体系逐步完善

2018 年，全国铁路完成投资 7920 亿元，公路水路完成投资 2.3 万亿元，民航完成投资 810 亿元，综合交通运输网络加快完善。河北省依托秦皇岛港、唐山港、黄骅港 3 个亿吨大港，逐步构建"六纵八横多联"的铁路网络架构，形成了以港口后方铁路通道为主，疏港型、园区型支线铁路为辅，干支有效衔接的普速铁路网。上海港、宁波舟山港、广州港等港口疏港铁路建设加快推进。全国沿海主要港口的铁路进港率已由 2016 年的 37% 提高到 2017 年的 75%，内河主要港口的铁路进港率也达到了 54%。

3. 内陆无水港加快布局

全国主要沿海港口不断向内陆地区延伸服务，大连、营口、天津、青岛、连云港、宁波、深圳 7 个港口 2017 年直接投资或合作运营的内陆场站就达 201 个，有力地支撑了沿海港口与内陆无水港合作开展的铁海联运业务的发展。

（三）技术创新步伐加快

多式联运的核心在于加快物流流转效率，因此，解决多式联运"中间一公里"的问题，提高不同运输方式间转换的顺畅性成为多式联运发展的关键。当前，随着国家多式联运的快速推进，针对多式联运换装问题、信息共享问题、服务标准规范等问题的创新层出不穷。

1. 装备研发取得新突破

2018 年，神华铁路货车公司成功开行了国内首列多功能驮背运输试验班列。河南机场集团联合相关单位成功研发了航空货物整板运输专用车。吉林华航集团研制了商品车可拆卸式专用装载托架。国内首趟集装箱海铁联运双层集装箱运输班列从宁波舟山港北仑港站向绍兴皋埠站始发，标志着宁波市实现了铁路集装箱高运能、低成本的新模式。中车长江公司研发的"多式联运智能空轨集疏运系统"借助于空中轨道，实现了铁路、水运、公路、航空等物流体系的"零距离、零换乘"接力运输，打造了"轨道+仓储配送"的铁路城市物流配送新模式。公铁两用牵引车和挂车的研发也取得了积极进展。

2. 信息化水平得到新提升

河南大力推动跨方式信息共享，将铁路、航空、海关等部门的班次、舱位、报关状态等信息纳入河南自贸区综合信息平台建设内容。天津港集团与中铁北京铁路局集团共同推进海铁联运信息系统互联，深化路港信息共享合作。万州港集装箱多式联运管理系统运行，实现了江南水运集装箱管理系统与红溪沟铁路集装箱管理系统信息的互联互通。安吉物流将 RFID（射频识别）等物联网技术应用到汽车物流，配合定制化设计的数据采集设备、移动 App，采集了汽车供应链多式联运 73 个节点的信息，并通过安吉助手 App 开放给用户查询。

3. 标准规范取得新进展

2018 年，国家标准委正式公告成立全国综合交通运输标准化技术委员会。自 2017 年以来，交通运输部发布了《系列 2 集装箱分类、尺寸和额定质量》《商品车多式联运滚装操作规程》《多式联运交换箱标识》等 11 项多式联运相关交通行业标准，内陆箱技术标准迈出第一步。江苏省发布了《货物多式联运运量计算方法》团体标准。郑州国际陆港公司制定 4 项企业标准，并成立国际物流数据标准联盟。

（四）服务能力持续增强

在国家和地方政策的强力引导下，企业积极参与多式联运，主动开拓多式联运业务，全社会多式联运的供给能力和服务质量大幅提升。中国铁路总公司把发展集装箱多式联运作为重点方向，沿海和内河港口企业不断增强港口多式联运服务功能，无车承运人、无船承运人、大型货代企业积极进入多式联运服务领域，传统货运物流企业加快了向多式联运经营人的转型步伐，龙头骨干或多式联运示范工程企业继续在产业实践中发挥引领作用。

1. 多式联运运量持续增长

港口方面，2018 年 1—11 月，规模以上港口累计完成货物吞吐量 122.2 亿吨，同比增长 2.7%，累计完成集装箱吞吐量 2.3 亿标准箱，同比增长 5.3%。2018 年，完成集装箱铁水联运量 450 万标准箱，同比增长 29%。其中，大连、营口、天津、青岛、连云港、宁波舟山、深圳 7 个主要港口集装箱铁水联运量完成 382 万标准箱，占比达 85%。宁波舟山港海铁联运业务已辐射至全国 15 个省（区、市）、46 个地级市。其中，浙江省内的 11 个地级市已有 8 个开通了海铁联运线路。铁路方面，2018 年，全国铁路完成货物发送量 40.22 亿吨，同比增长 9.1%，增运 3.34 亿吨。其中，国家铁路完成货物发送量 31.9 亿吨，同比增长 9.3%，增运 2.72 亿吨。增加的货运量与公路完成同样货运量相比，可节省 299 万吨标准煤，减少二氧化碳排放 736 万吨。铁路运输部门将集装箱运输作为铁路货运增量行动的重要着力点和货运增量的重要增长点，突出发展公铁联运等多式联运，大力发展铁路专业物流。2018 年铁路集装箱、商品汽车、冷链运输同比分别增长 33.4%、

25.1%、52.3%。2018 年中欧班列开行 6363 列，同比增长 73%。其中回程班列占去程班列比例由 2017 年的 53% 提高到 72%，双向运输进一步趋向均衡。目前，国内已有 59 个城市与欧洲 15 个国家 49 个城市间开通了中欧班列，国内中欧班列运行线已达 65 条。航空方面，2018 年前三季度，我国航空货邮运输量为 541.6 万吨，同比增长 6%，货邮周转量 192.2 亿吨公里，同比增长 9.2%。其中国际货邮运输量占到货邮运输总量的 32.8%，国际航线货邮周转量占比从 2000 年的 58% 增加到了 2018 年的 71.2%（前三季度），中国航空市场的增长率领跑全球。国家多式联运示范工程方面，2018 年全国三批（共 70 个）多式联运示范工程共完成集装箱多式联运量 412 万标准箱，已累计开行示范线路 354 条。

2. 组织模式不断创新

成都、乌鲁木齐共同推进中欧班列（蓉欧快铁）集拼集运测试工作，通过班列舱位共享、代码共享、资源共享，提升班列重载率 10%。成都、郑州国际陆港积极探索公铁联运"一单制"试点。郑州和武汉市依托机场开展空陆联运，大力发展"卡车航班"。2018 年 9 月，中国铁路成都局集团有限公司在西成高铁上完成首次跨境商品运输，正式探索"一单制"空铁联运物流新模式，该"国际航空＋西部高铁"联运相较于公路运输，在时效、碳排放等方面具备明显优势，对我国物流行业转型发展、推动跨境空铁联运均是重大突破。

3. 联运产品日益丰富

中铁北京铁路局集团会同有关部门，充分利用市内铁路货场资源，积极探索"外集内配"城市配送公铁联运新模式。武汉、郑州等依托国际联运通道，持续推进运贸一体化，形成"以运带贸、以贸促运"的良性发展格局。

4. 专业化能力显著增强

中铁快运郑州分公司在北京至郑州等 3 条线路上，利用高铁确认车组织开展高铁快递物流。安吉、长久、长安民生等汽车物流企业，抓住车辆运输车超限治理的契机，大力推进商品车运输公转铁、公转水。

（五）市场主体快速发展

各种运输方式的承运人，也包含无车、无船、无轨的承运人，都可以成为多式联运经营人，但是多式联运经营人需要具备整合运输资源的能力和提供一站式服务的能力，需要建立规范的服务标准。近年，国家不断强化企业的市场主体地位，通过多式联运示范工程建设等，加快培育一批具有跨运输方式货运组织能力并承担全程责任的多式联运经营企业。

1. 多式联运经营人加快成长

中外运、中远海、顺丰等大型物流企业以及各地中欧班列平台公司，加大资源整合力度，着力打造全流程多式联运经营人。福建安通物流加快拓展内贸集装箱海运业务，通过与铁路企业合作，提供"门到门"一站式全程多式联运服务。

2. 业务合作不断深入

招商局、中远海运、中国邮政集团等与铁路总公司签订了战略合作协议。中铁快运与顺丰合资建设中铁顺丰国际快运公司，积极拓展高铁快运物流市场。江苏大力推进区域联盟合作机制建设，形成了徐州公铁水联盟、无锡众盟等一批多式联运企业合作联盟。由国家第一批和第二批多式联运示范工程牵头企业积极组织参与形成了多式联运示范企业合作联盟，并开展多式联运单证标准问题等专项研究。

3. 走出去步伐日益加快

郑欧班列欧洲分公司在国外设立集装箱还箱点，网络覆盖欧盟、俄罗斯及中亚地区 24 个国家 126 个城市。招商局依托白俄罗斯中白物流园，积极打造中欧班列战略支点，推动中外运整合境外资源组建欧亚丝路物流区域总部。

二、2019 年多式联运发展展望

当前，我国多式联运发展正处于爬坡过坎、集中攻坚的重要关口，新的发展形势对多式联运工作提出了更高要求。经济高质量发展要求加快建设国家多式联运系统，增强多式联运对提升经济竞争力的支撑作用；打赢蓝天保卫战的倒逼之势要求加快推进运输结构调整，推动公转铁、公转水；建设交通强国要求将发展多式联运作为综合交通运输体系建设的重要突破口；应对全球经济发展的新挑战，要求积极参与新的国际物流和贸易通道建设。2019 年，多式联运会继续面临广阔的发展前景，首批国家多式联运示范工程验收为多式联运发展提供丰富的经验，多式联运将在示范引领下继续深入。

（一）多式联运网络衔接更加顺畅

多式联运核心在"运"，关键在"联"，更加注重不同运输方式之间的衔接协调，强调便捷换装、快速转运，通过设施无缝化、装备标准化、流程一体化、信息交互化的"门到门""一站式"服务，实现业务流程再造，有效提升物流整体运行效率。2019年，多式联运发展提速首先应该推进顺畅衔接的多式联运网络的构建。加快多式联运枢纽网络化布局和设施改造，推动各种运输方式枢纽规划集中布局、一体化建设，形成一批衔接顺畅、运转高效、辐射力强的全国性和区域性多式联运枢纽。重点加快通道内繁忙区段扩能改造，推进中西部地区干线铁路、高速公路建设，完善干支衔接的高等级航道网络。尤其是随着运输结构调整，"公转水""公转铁"等措施的推进，确保铁路、内河通行能力及枢纽站场作业能力的提升成为重中之重，未来大幅提升铁路和内河货运量，提高沿海重要港区和长江干线主要港口的铁路进港率，打通铁路进港"最后一公里"，推进"港站一体化"成为多式联运发展的核心任务。2020年，全国重要港口铁路进港率将提升到60%。其中，长江经济带主要港口铁路进港率将达到80%以上，辽宁省提出沿海重要港区铁路进港率将达到100%。另外，利用物联网技术和信息工程技术，建立多式联运信息共享平台，确保各运输方式数据共享，实现无缝衔接。

（二）多式联运装备标准化共享化

先进适用的技术装备，是提升多式联运竞争力和运作效率的重要基础。目前，我国多式联运装备的标准化程度较低、专业化水平不高、新型装备产业化进行缓慢。发展多式联运要鼓励支持标准化运载单元、快速转运设备、专用载运机具发展，完善内陆集装箱配套技术标准，不断提高货物运输的集装化、厢式化水平。高效利用集装箱就要解决集装箱在不同运输方式之间的转运问题，以及提高集装箱共享共用和流转交换能力。未来要积极尝试铁路箱下水业务，发展高铁集装箱、铁路双层集装箱等先进运输技术和模式，开展集装箱追踪查询、场站和还箱点标准化服务、联运网络的制度体系建设。未来，多式联运应进一步加快江海直达和江海联运船舶、铁路驮背运输专用车辆等专业化设备推广应用，促进技术装备的升级换代。支持发展集装箱箱管、半挂车车管、托盘设备租赁等专业化服务企业，鼓励创新"互联网＋"设备租赁共享平台新模式。

（三）多式联运模式产品丰富多元

针对运输市场客户日益多元化、个性化的服务需求，多式联运服务模式和产品也需不断地创新。发展多式联运，既要引导企业大力发展以集装箱为重点的江海中转联运、江海直达、水陆滚装运输模式和厢式半挂车多式联运，也要鼓励企业深耕细作，积极拓展商品车、冷藏集装箱等专业化多式联运市场，不断丰富多式联运服务产品。2019年，国家将有序推进公铁驮背运输的发展，推动开通驮背运输试验线，并发布相关标准，使多式联运创新模式和产品可以落地实施。此外，完善集装箱、成品油及液体化工品、商品车滚装等专业化运输体系，拓展多式联运核心增值服务和配套服务也会成为未来多式联运发展的重点。

（四）多式联运服务规则逐步健全

多式联运"一单制"起源于国际贸易和海上运输，作为一个重要的服务理念和国际贸易的通行惯例，日益得到各方面的重视。多式联运"一单制"包括了两层含义，一是运输单证的统一，二是运单提单化、物权化。实现多式联运承运人运单在不同运输方式之间规则统一、价格透明、权责清晰，是实现"一单制"的基本条件。目前，各地、各领域针对"一单制"问题都进行了积极的探索，但未来多式联运发展也要重点围绕多式联运承运人运单的统一化、标准化，积极采用物联网、互联网等现代信息技术，率先在中欧班列、铁海联运等重点领域先行先试，力争尽快取得实质性突破。同时，要在健全多式联运基础设施、运载单元、载运工具、快速转运设备、信息交换接口等标准体系，推动形成有利于"门到门"一体化运输组织的多式联运服务规则等方面进行重点探索。

（五）多式联运主体更加开放合作

当前，多式联运发展更迫切的是要促进不同运输方式企业间建立更为紧密、高效协同的联合承运人关系。2020年，我国多式联运市场规模将达到 3000 亿~4000 亿元；2030 年，有望达到 1 万亿元。这需要多措并举，不断完善市场发展环境，着力培育壮大多式联运市场主体。未来多式联运发展，要鼓励多式联运企业实施品牌战略，强化企业品牌意识和品牌塑造能力，以国家多式联运示范工程企业为标杆，培育一批市场知名度高、核心竞争力强、辐射带动面广的多式联运服务品牌，鼓励多式联运全程运输中的企业形成多式联运联盟，保证各个运输过程及环节可以提供不间断的、一体化的服务。另外，随着"一带一路"建设向纵深推进，中欧、中亚班列等快速发展，国家应支持多式联运企业"走出去"，充分吸收发达国家的先进经验，开展国际物流，参与全球竞争，参与国际单证制度、物流服务标准的制定，提升我国多式联运企业在国际物流市场上的话语权。

第五节　2018 年中国公路绿色货运发展分析

一、2018 年绿色货运发展回顾

（一）我国公路绿色货运发展政策环境

当前，我国移动污染源问题日益突出，已成为空气污染的重要来源。特别是北京和上海等特大型城市以及东部人口密集区，移动污染源对细颗粒物（PM2.5）浓度的贡献度高达 10% 至 50%。在极端不利的条件下，贡献度会更高。未来 5 年，我国还将新增机动车 1 亿辆，工程机械 160 万台，农业机械柴油总动力 1.5 亿千瓦，车用汽柴油 1 亿至 1.5 亿吨，由此带来的大气环境压力巨大。2018 年中央经济工作会议上，针对污染防治攻坚战，习近平总书记强调，要下更大决心、采取更有力措施，加大污染防治力度，使主要污染物排放总量大幅减少，生态环境质量总体改善。重点是打赢蓝天保卫战，进一步明显降低 PM2.5 浓度，明显减少重污染天数，明显改善大气环境质量，明显增强人民的蓝天幸福感。全国生态环境保护大会明确要求，在调整运输结构、加强车辆结构升级等方面加快推进相关工作。2020年，重点区域的直辖市、省会城市、计划单列市建成区公交车全部更换为新能源汽车。京津冀及周边地区、汾渭平原淘汰国三及以下排放标准营运柴油货车 100 万辆。

交通运输行业是能耗大户，也是排放大户，在我国交通运输结构中，公路运输占76.9%，居绝对主导地位。而公路运输的能耗和污染物排放量，分别是铁路运输的7倍和13倍，公路货运车辆特别是重型柴油货车尾气排放，是主要大气污染源之一。2018年，全国拥有的柴油货车占汽车保有量7.8%，不到8%的柴油货车排放的氮氧化物占全国汽车排放量的60%。

2018年至今，国家有关部门多次发文支持公路绿色货运发展，并给予各种政策扶持（见表4-5-1）。2018年6月24日，交通运输部正式发布《关于全面加强生态环境保护坚决打好污染防治攻坚战的实施意见》，再次明确提出"调整运输结构专项行动""开展柴油货车污染治理专项行动"等要求。2018年3月7日，国务院发布的《打赢蓝天保卫战三年行动计划》中，提出大力推广使用新能源汽车。2020年，新能源汽车产销量将达到200万辆。同时，制定柴油货车污染治理攻坚战行动方案，加快淘汰污染较大的车辆。为推动城市货运配送绿色高效发展、缓解城市交通拥堵、促进物流业降本增效，交通运输部联合公安部、商务部共同启动了城市绿色货运配送示范工程，联合发布《关于组织开展城市绿色货运配送示范工程的通知》，评选成都、深圳等共22个城市成为首批绿色货运配送示范工程创建城市。该《通知》以示范工程的方式优化城市配送车便利通行政策，推广应用新能源城市配送车；提出开展城市绿色货运配送示范工程建设的战略意义，破解城市物流配送中出现的难题。此外，2018年至今，国家为推动物流车电动化的发展，推出诸多新能源物流汽车的政策文件（见表4-5-2）。

表4-5-1　　　　2018年公路绿色货运有关重要政策文件

时间	发布部门	政策文件名称	主要内容
2018-6-24	交通运输部	《关于全面加强生态环境保护坚决打好污染防治攻坚战的实施意见》	进一步推进交通运输生态文明建设，加强生态环境保护，打好污染防治攻坚战
2018-3-7	国务院	《打赢蓝天保卫战三年行动计划》	将"积极调整运输结构，发展绿色交通体系"作为未来三年大气治理的一项重点任务提出

资料来源：相关资料整理。

表 4 - 5 - 2　　　　　　　**2018 年新能源汽车相关的政策文件**

时间	发布部门	政策文件名称	主要内容
2018 - 3 - 26	财政部、工业和信息化部、科技部、国家发展改革委	《关于进一步完善新能源汽车推广应用财政补贴政策的通知》	补贴新政大幅度提升电池能量密度标准，续驶里程在 150 公里以下的车型将不再纳入补贴范围
2018 - 4 - 8	交通运输部	《营运货车安全技术条件 第 1 部分：载货汽车》（JT/T 1178.1—2018）	货车生产企业要加强技术研发与产品升级，确保新研发货车车型满足营运货车安全技术条件标准要求
2018 - 6 - 13	交通运输部办公厅、公安部办公厅、商务部办公厅	《关于公布城市绿色货运配送示范工程创建城市的通知》	确定 22 个城市为绿色货运配送示范工程创建城市。新能源物流车将首先在全国 22 个城市进行试点运行
2018 - 8 - 28	国家发展改革委、商务部	《外商投资准入特别管理措施（负面清单）（2018 年版）》	汽车领域，2018 年取消专用车、新能源汽车整车制造外资股比限制，2020 年取消商用车外资股比限制，2022 年取消乘用车外资股比限制以及合资企业不超过两家的限制
2018 - 10 - 9	国务院办公厅	《推进运输结构调整三年行动计划（2018—2020 年）》	到 2020 年，城市新能源车辆和达到国六排放标准清洁能源汽车的比例超过 50%，重点区域达到 80%
2018 - 10 - 19	公安部	《关于进一步规范和优化城市配送车辆通行管理的通知》	推广使用新能源和清洁能源车辆，落实新能源货车差别化通行管理政策，提供通行便利，扩大通行范围，对纯电动轻型货车少限行甚至不限行

资料来源：相关资料整理。

（二）公路绿色货运存在的问题

制约我国公路绿色货运的主要因素可以归纳为以下 3 个方面。

1. 基础设施落后

当前，我国物流产业的基础设施普遍落后。首先，传统基础设施功能落后，难以适应绿色物流产业运营的需要；其次，基础设施间的衔接性差，存在设备不配套、端口不兼容等问题。

2. 绿色货运应用范围较小

一方面，传统高耗能、高污染载运工具仍被广泛采用。新能源汽车或电动车在短时间内难以大规模推广应用；另一方面，物流专用设备尚不能满足物流升级的现实需要。射频识别、电子数据交换、安全维护等物流信息化技术应用仍存在较多问题，成为物流产业绿色转型难以突破的技术障碍。"互联网 ＋"、大数据、云平台等先进科技尚未与绿色物流活动各环节深度融合，"万物互联"还处于起步摸索阶段，效用未能有效发挥。

3. 新能源汽车等设备使用较少

目前，市场上的新能源产品价格与传统设备相比价格高昂，从用户角度出发，在性价比上，新能源在续航、充电等性能上不具备竞争优势。由于物流和城配领域利润较低，如果新能源物流车价格过于高昂，会打击终端的使用积极性。

（三）公路绿色货运技术

2018 年，党中央、国务院将打赢蓝天保卫战作为一项重点任务。一方面，通过运输方式的转换，将重型货车运输的大宗货物转移至铁路和水路运输方式上；另一方面，通过更清洁的油品、规范的司机驾驶行为及提升车辆技术水平等措施，有效减少公路油耗，降低尾气碳排放量。影响油耗因素众多，良好的车况及驾驶行为有助于降低油耗。从公路货运车辆油耗情况来看，2018 年，平均油耗为 20.15 公里/升。车况、路况、驾驶行为等都是影响货运车辆油耗的主要因素。

除了积极发展新能源汽车等措施外，积极发展相应绿色货运技术与装备也能够改善公路货运环境影响情况。

1. 汽车轻量化技术

通过选用轻质材料减少车身重量，有效地降低滚动阻力，实现节能降耗。从车辆技术水平来看，货车轻量化是运输效率提升的体现，减轻汽车自身重量也是提高汽车燃油经济性、降低汽车碳排放的有效措施之一。货车轻量化是一个优化车辆设计结构的系统工程，通过运用新材料、新技术，在不降低承载能力的前提下，优化结构实现整体轻量化。据测算，车辆重量每降低 100 千克，每百公里就可节油 0.6 ~ 1 升，若整车重量降低 10%，燃油效率可提升 8% ~ 10%。国产货车与进口货车的车辆技术水平依然存在一定差距，一些大型运输企业使用进口货运车辆能够实现在一定程度上的油耗节省。

2. 降低空气阻力技术

通过车辆安装驾驶室顶导流板、车顶整流罩、底盘裙边、驾驶室延伸等装置，降低车身风阻系数，减少空气阻力造成的能量损失。

3. 节能轮胎

采用低行驶阻力的轮胎，减少滚动阻力造成的能量损失。

4. 低黏度润滑油

采用低黏度的润滑油并适当进行机油温度控制，减少发动机的摩擦损失。

5. 发动机节能技术

采用废气涡轮增压技术、高压共轨技术、发动机热管理技术、发动机负载智能驱动技术等实现车辆发动机的节能降耗。

6. 智能辅助驾驶技术

通过对车辆运行状态的实时监控，改善驾驶习惯，提高运输组织效率和优化行车路线，达到节能降耗的目的。

二、2018 年公路绿色货运实施概况

许多国际公司从订购并使用电动货运汽车开始践行绿色货运。联邦快递（FedEx）2018 年 3 月 26 日宣布预订了 20 辆特斯拉 Semi 电动卡车。这款电动卡车每次充满电可行驶 500 英里（805 公里），充电 30 分钟可行驶 400 英里（644 公里）。在空载情况下只要 5 秒就可以将速度从零提升到 60 英里每小时（96.6 公里/小时），在装载 8 万磅（36.3 吨）货物的情况下则需 20 秒。除此之外，沃尔玛是第一批预订特斯拉 Semi 电动卡车的大客户之一；百事（Pepsi）曾经是特斯拉电动卡车最大订单的客户，于 2017 年 12 月预订了 100 辆特斯拉电动卡车；联合包裹（UPS）发出了迄今为止最大的 Semi 电动卡车订单，于 2017 年 2 月预订了 120 辆 Semi；敦豪速递（DHL）预订 10 辆 Semi 电动卡车作为其服务车队。

快递物流行业也是能源消耗和污染物排放大户，在节能减排方面取得了一定成果。2018 年，顺丰速运完成了 1 万辆纯电动物流车的更新换装工作。2018 年，京东宣布在 1 年内把进出京津冀的所有物流车替换成纯电动物流车。2018 年，顺丰投入了 8000 辆新能源车在顺丰网络内承担运输服务，与 2017 年相比，投入增幅 240%。目前，顺丰全网已经切换新增新能源车 2300 辆在网络内承担运输服务，减少碳排放量 1.7 万吨。除此之外，顺丰在装卸等物流操作环节也在向新能源切换，仅 2017 年已经切换投入电动叉车 1700 台，减少碳排放量 3.9 万吨。

京东集团宣布全面升级"青流计划"，首批 50 辆太阳能智慧配送车即将投入日常运营。据悉，此款太阳能智慧配送车可提升配送车辆续航能力 50%（晴天：20 公里以上；晴到多云：16 公里）并有效防止电池过度放电，提高电池使用寿命，每天至少增加 40 件货物的派送能力。同时，该车辆搭载互联网智慧系统，能够实现一键启动、一键诊断、一键抢修、智能防盗、远程锁车、电子围栏、路径规划、轨迹回放等多种功能，为配送小哥提供了更优质的产品体验和更智慧的出行解决方案。

随着 2018 年购置补贴逐步退坡，新能源物流车的采购价格、运营成本上涨，使得新能源物流车相较于传统燃油车的优势逐步减弱，新能源物流车运营企业的成本压力逐步增大。深圳市此时出台电动物流车运营补贴，将极大提高新能源物流车租赁运营商的积极性，也将使原本处于观望态度的物流企业对新能源物流车的采购和使用意向增强。

在电动车相关企业方面，特斯拉与松下合作的锂电池生产技术正在不断压低成本，达到了 111 美元/kWh，在成本控制方面已经成为业内第一。第二名是 LG 化学公司，成本是 148 美元/kWh，而我国的宁德时代的成本超过 150 美元/kWh，稍逊于第 3 名三星 SDI，名列第 4 位。就整车企业而言，核心的新技术是电池管理系统（BMS）。特斯拉的三电：电池来自松下，电机来自中国台湾供应商，而只有电池管理系统（BMS）是自主研发的核心技术，BMS 技术对于电动汽车充放电进行控制，直接关系到电动化的程度。在 BMS 的核心技术上，特斯拉掌握了大量的专利技术。相比之下，我国的新能源车企，大多注重搞营销和互联网技术，BMS 技术储备以及研发投入都非常薄弱。所以，我国新能源汽车生产能力较缺乏，电驱动高速轴承、控制芯片等基础元器件仍依赖进口。

三、2019 年绿色货运发展展望

2019 年将持续推进污染防治工作。《2019 年政府工作报告》提出，持续开展京津冀及周边、长三角、汾渭平原大气污染治理攻坚，加强工业、燃煤、机动车 3 大污染源治理。柴油车污染防治攻坚战进入实施阶段，京津冀及周边地区、汾渭平原各省将陆续出台工作方案，加快淘汰国三及以下排放标准营运柴油货车。各地国三柴油车限行措施将成为重要引导手段。机动车排放检测与强制维护制度（I/M 制度）将开始落地，建立排放检测和维修治理信息共享机制。对于一年内超标排放车辆占其总车辆数 10% 以上的运输企业，交通运输和生态环境部门将其列入黑名单或重点监管对象。

新能源物流车替换受到各地鼓励支持，新增或更新的城市配送车辆将陆续向新能源和国六排放标准清洁能源汽车倾斜，便利物流新能源和国六排放标准清洁能源汽车通行的政策将陆续推广。各地新能源车补贴将加快向充电桩等充电设施建设转移。随着沿海港口禁止柴油货车集疏港运输，LNG 货车成为重要替换对象。绿色包装将加快行业普及应用力度，推广循环包装，减少过度包装和二次包装，推行实施货物包装和物流器具绿色化、减量化。

第六节　2018 年中国公路货运安全行为分析

一、2018 年我国公路货运安全情况回顾

（一）2018 年交通运输安全总体情况

2018 年，全国道路运输安全生产形势总体保持稳定，共发生一次死亡 3 人

及以上的道路运输事故 96 起，造成 425 人死亡，同比分别下降 20.7% 和 30.2%。2018 年道路运输安全事故总体特点为事故总体趋减，新旧问题交织，共性问题突出，事故隐患存在。

从事故数据反映的特点来看，主要表现为"三高一降"。

第一，事故中涉及货车的事故高发，事故起数和死亡人数均占总数 80%，货车事故中重型半挂货车肇事占比高达 90%。

第二，西南地区依然事故高发，较大及以上事故起数和死亡人数占全国总数的 1/3。

第三，第四季度事故高发，接连发生重庆万州"10·28"公交车坠江事件、甘肃兰州"11·03"重大事故、陕西靖边"11·14"大客车侧翻事故和河南驻马店"11·19"多车相撞事故，给人民群众生命财产造成巨大损失。

第四，"两客一危"车辆事故明显下降，事故起数和死亡人数占比分别比 2017 年下降 10% 以上。

从事故原因和暴露问题来看，有以下几个方面。

第一，安全隐患普遍存在，市场乱象严重，追求效益、心存侥幸、违法违规从事运输的现象依然大量存在。

第二，安全监管失控缺位，机构、职能和人员面临调整，思想松懈、工作脱节，没有形成闭环管理。

第三，安全制度不落实，政策"棚架"现象严重，安全隐患排查整改不彻底，类似的事故反复发生。

第四，道路运输车辆动态监管责任落实不到位，现代科技装备和信息化应用不充分。

第五，地区安全发展不平衡，安全投入欠账较多，基础保障仍不牢固。

（二）驾驶行为安全分析

2018 年我国道路交通事故死亡人数同比下降了 0.9%，重大事故同比下降了 44.4%，但我国的交通安全基础依然薄弱。对于货运车辆来说，交通事故依旧是造成车辆安全事故的主要原因，因此需要运输企业牢固"安全第一，生命至上"基本理念，通过开展驾驶员素质教育，完善运输安全管理机制，做好安全风险管控。

　　驾驶员疲劳驾驶会引起注意力分散，导致交通安全风险的增加，货车司机不规律的作息时间及紊乱的生物钟会加重其日间的疲劳程度。卡车司机疲劳驾驶的高发月份集中在 9—12 月，这个时期为公路货运旺季，货运量的增加使得司机疲劳驾驶的次数也有所增多。

　　基于 2018 年平台司机疲劳驾驶报警次数，对我国的主要危险线路和危险时间段进行了初步分析，有效识别出高速公路和其他道路的主要危险路段（见表 4－6－1）。从司机疲劳驾驶出现的时间段分析，发现货车司机的疲劳驾驶主要集中在凌晨 0：00—早上 3：00 和下午 5：00—8：00，这两段时间是人的疲劳易发时间，也是事故的高发时间段。

表 4－6－1　　　　　高速公路与其他道路危险路段分析

高速公路路段		其他道路	
道路名称	城市	道路名称	城市
京昆高速公路	石家庄市	G210	榆林市
五保高速公路	忻州市	G108	晋中市
沪昆高速公路	上饶市	G309	邯郸市
京哈高速公路	秦皇岛市	G108	忻州市
青银高速公路	石家庄市	G307	吕梁市
京哈高速公路	葫芦岛市	G209	吕梁市
长深高速公路	天津市	G108	临汾市
连霍高速公路	三门峡市	G307	沧州市
京沪高速公路	临沂市	神保线	忻州市
杭州绕城高速公路	杭州市	G205	临沂市

资料来源：《2018 年度基于大数据的中国公路货运行业运行分析报告》。

　　随着物联网、互联网及人工智能技术的发展，越来越多的公路货运企业运用新技术对司机驾驶行为进行预警监测。通过算法模型智能识别车辆运行状况及异常风险，对司机疲劳驾驶、超速等行为进行提示，实现提前预警。通过技术手段对车辆状况实时管理，保障公路货运在途安全，有效降低事故率。

（三）车辆状况安全分析

车辆作为交通系统中的主体，与道路交通安全有着密切的关系。货车制动协调性与行驶稳定性差、安全防护要求不充分、货物固定约束性能不足、安全警示功能弱等问题导致由货车肇事引发的道路交通事故高发。由于运输车辆"带病"行驶、超限运输等与车辆相关的原因造成的安全事故比例为 25%，影响了道路交通安全与通行效率。2018 年，出台了标准及多项政策（见表 4-6-2），通过开展营运车辆安全达标准入管理、推进普货车辆联网审验和异地年审、落实检验检测结果互认、统一检验检测周期和标准等措施，进一步提高了营运车辆的安全水平。

表 4-6-2　　　　　推进货运车辆安全水平的相关政策

时间	政策/标准
2017 年 12 月	《交通运输部 公安部 质检总局关于加快推进道路货运车辆检验检测改革工作的通知》
2018 年 2 月	《交通运输部办公厅关于做好推进道路货运车辆检验检测改革工作的通知》
2018 年 4 月	《交通运输部办公厅关于做好交通运输行业标准〈营运货车安全技术条件第 1 部分：载货汽车〉（JT/T 1178.1—2018）实施工作的通知》
2018 年 5 月	《营运货车安全技术条件第 1 部分：载货汽车》（JT/T 1178.1—2018）

资料来源：《2018 年度基于大数据的中国公路货运行业运行分析报告》。

二、公路货运安全水平提升举措及趋势

（一）公路货运安全水平举措

提升公路货运稳定发展能力方面。2018 年，交通运输部着力推进落实《促进道路货运行业健康稳定发展行动计划（2017—2020 年)》，推进营运车辆"两检合并"，严格落实取消营业性货运车辆二级维护强制监测，试点开展道路货运驾驶员免费网络继续教育，切实减轻道路货运经营负担。会同国家发展改革委等部门组成 5 个调研组，赴 8 个省市、11 个地市开展实地调研，与 44 位货运驾驶员面对面访谈，并发放网络问卷 5232 份，进一步

摸清了行业发展面临的突出矛盾和问题，研究制定相关政策举措。开展了"司机之家"建设试点工作，试点省份共推进建设各种类型的"司机之家"98个。其中，32个"司机之家"已建成并投入使用，有效改善了货车驾驶员的生产生活条件。

提升车辆安全水平方面。自2016年以来，交通运输部、公安部、工业和信息化部等五部委联合开展车辆运输车治理工作。按照2016年联合印发的《车辆运输车治理工作方案》（交办运〔2016〕107号）的部署，按照第二阶段治理工作目标，2018年6月30日前要完成所有不合规车辆运输车的更新退出，2018年7月1日起全面禁止不合规车辆运输车通行。为确保全面完成车辆运输车治理工作任务目标，2018年5月，交通运输部、公安部及工业和信息化部联合印发《关于深入推进车辆运输车治理工作的通知》，就深入推进车辆运输车治理工作进行安排部署。2018年6月，整车物流行业3.2万辆安全隐患大、非法改装的不合规车辆运输车全部退出市场，行业新增中置轴车辆运输车1.3万辆，标准半挂车4.7万辆，安全环保、合规合法、技术先进的车型已成为市场的主导，车辆运输车治理取得圆满成功。交通运输部印发了《关于开展模块化中置轴汽车列车示范运行工作的通知》，确定了盛辉物流集团有限公司等7家企业，在10条物流主干线上，开展模块化中置轴汽车列车示范运行工作，构建以标准载货单元为核心的货运车辆标准化体系，提升货运车辆标准化水平，促进先进物流模式和物流装备的应用推广。完善法规标准建设，发布实施《危险货物道路运输规则》（JT/T 617—2018），印发《危险货物道路运输安全监管系统省级工程建设指南》，修订《零担货物道路运输服务规范》，发布实施《道路冷链运输服务规则》等。

（二）2019年公路货运安全发展趋势

不断完善公路货运安全生产制度体系。2018年交通运输部、公安部、应急管理部联合印发了《道路运输安全生产工作计划（2018—2020年）》（以下简称《工作计划》），从完善安全监管机制等7个方面提出了21项提升道路运输安全管理的重点任务，切实提升了道路运输安全管理的系统性。制定发布了《营运货车安全技术条件 第1部分：载货汽车》（JT/T 1178.1—2018），研究起草了《营运货车安全技术条件 第2部分：牵引车辆与挂车》，加快提升营运货车安全水平，公路货运安全生产制度体系仍须进一步完善。

深入推进货运车型标准化工作。《工作计划》指出：持续做好车辆运输车治理工作，督促不合规车辆运输车按要求退出市场。加强超长平板半挂车和超长集装箱半挂车监管，重点整治低平板半挂车车货总质量超过限载标准和假牌套牌行为。开展常压罐体危险货物罐车专项治理工作。目前，车辆运输车治理已经圆满完成，下一步行业重点关注超长平板半挂车和超长集装箱半挂车治理工作的开展。要妥善提出下一步治理方案，明确行业预期，综合采用市场、技术、标准、财政、监管和法律等手段，有目的、有步骤、有主次地引导行业企业实现车型替换和标准化，引导行业逐步从无序低价竞争向安全高效运输转变。

进一步加强交通管控和加大联合执法力度。加强交通事故多发路段和时段的管控，加大联合执法力度，依法从严查处客货运输车辆"三超一疲劳"交通违法行为。深入推进治超联合执法常态化、制度化，严格落实"一超四罚"措施。开展隧道交通违法行为集中整治，加大对交通流量较大、通行危化品车辆较多等重点隧道交通秩序的管控力度。加大"四不两直"、暗查暗访、突击检查、"双随机"抽查力度，提升执法检查效能，提高企业违法违规代价。

进一步推广智能技术在公路货运安全管理中的应用。2018 年 9 月，交通运输部印发《关于推广应用智能视频监控报警技术的通知》（以下简称《通知》），在道路客货运等领域推广应用智能视频监控报警技术。同时，充分利用智能视频监控报警装置，加强道路运输安全生产事中管控。《通知》要求，各地要鼓励支持道路运输企业在既有三类以上班线客车、旅游包车、危险货物道路运输车辆、农村客运车辆、重型营运货车（总质量 12 吨及以上）上安装智能视频监控报警装置，新进入道路运输市场的"两客一危"车辆应前装智能视频监控报警装置，实现对驾驶员不安全驾驶行为的自动识别和实时报警。G7 安全机器人将 AI 和人工进行深度整合，设备 + 服务 + 平台三位一体，形成安全服务闭环，覆盖车队安全的每一个环节，实现 7 × 24 小时的不间断安全管控，有效提升物流车队的安全水平。

第七节 2018 年中国公路货运人才培养分析

交通运输业是经济社会发展的基础性产业和服务性行业，是国家人才资源开发的重点领域。目前以至今后一个时期，是转变发展方式、加快发展现代交通运输业的关键时期。交通运输行业不断向高端化、低碳化、智能化方向发展。新技术的不断涌现，新模式和新业态的到来，要求职业院校加快调整专业方向，培养适应新需求的技术技能人才。

一、公路货运人才需求分析

（一）运输市场主体结构优化使人才需求增速

按照交通运输部的规划，到 2020 年，全国公路水路交通运输行业具有中专及以上文化程度的人才将达到 1500 万人，这些人才中，职业院校毕业生占到 70%。

2018 年从事道路货物运输的经营业户为 569.9 万户，比 2017 年减少了 73.8 万户，减少 11.5%。其中，货运企业 56.6 万户，比 2017 年增加 1 万户，个体运输户 513.3 万户，比 2017 年减少 74.7 万户，主体结构进一步呈现经营业户规范化、专业化和规模化的发展趋势。根据经营范围划分，2018 年，全国共有普通货物运输经营业户 558.5 万户，同比减少 11.9%；货物专业运输经营业户 10 万户（集装箱运输经营业户 30970 户，同比增长 18.5%），同比增长 22%；大型物件运输经营业户 16580 户，同比增长 18.2%；危险货物运输经营业户 12103 户，同比增长 7.3%。道路货物运输市场主体结构持续优化，对于公路货运人才需求将呈增长趋势（见表 4-7-1）。

表 4-7-1　　　　　2018 年全国道路货物运输经营业户构成

类型	合计	货运企业	个体运输户	个体运输户比例（%）
普通货物运输（万户）	558.5	53.5	505	90.4
货物专业运输（万户）	10	5.5	4.5	45
其中：集装箱运输（户）	30970	27903	3067	9.9
大型物件运输（户）	16583	7904	8679	52.3
危险货物运输（户）	12103	12103	0	0

资料来源：《中国道路运输发展报告（2018）》。

（二）机动车维修与检测等汽车后服务市场发展催生相应人才需求

我国公路货运行业规模的不断增长，促进了以汽车维修检测为主的汽车后服务行业的蓬勃发展，公路货运行业的持续成长需要有高效的汽车后服务行业来支撑。2018 年全国营运货车总计 1355.8 万辆，公路货运市场对机动车维修与检测的需求较大。

2018 年，全国共有机动车维修经营业户 43 万户，同比减少 1 万户，降幅为 2.3%。全国机动车维修行业的结构基本稳定（见表 4 - 7 - 2）。其中，一类汽车维修业户略微增长至 1.7 万户；二类汽车维修业户同比略微减少 1.4%，达到 7.1 万户；三类汽车维修业户同比下降了 1.3%。2018 年，平均每户机动车维修经营者完成维修量达 790.7 辆次，同比下降 0.6%（见表 4 - 7 - 3）。

表 4 - 7 - 2   2014—2018 年全国机动车维修经营业户发展情况

年份		2014	2015	2016	2017	2018
机动车维修经营业户数（万户）		46.2	45.9	44.6	44	43
分类	一类汽车维修业户（万户）	1.4	1.5	1.5	1.6	1.7
	二类汽车维修业户（万户）	7.1	7.2	7.3	7.2	7.1
	三类汽车维修业户（万户）	30.6	30.6	30	29.8	29.4
	摩托车维修业户（万户）	6.7	6.4	5.5	5.1	4.1

资料来源：《中国道路运输发展报告（2018）》。

表 4 - 7 - 3   2014—2018 年全国平均每户机动车维修完成情况

年份	维修业户数（万户）	维修量（亿辆次）	平均每户维修量（辆次/户）
2014	46.2	3.5	757.6
2015	45.9	3.4	740.7
2016	44.6	3.4	762.3
2017	44	3.5	795.5
2018	43	3.4	790.7

资料来源：《中国道路运输发展报告（2018）》。

（三）机动车驾驶员迫切需求高素质、低龄化专业驾驶人才

2018 年，全国共有道路货物运输从业人员 2030.8 万人，同比减少 2.8%。其中，驾驶员 1776.8 万人，同比减少 3.1%（危险货物运输驾驶员 77.5 万人，同比增长 7.6%），危险货物运输押运员 76.3 万人，同比增长 6.3%，危险货物运输装卸管理员 6.3 万人，同比下降 7.4%。

根据中国物流与采购联合会《货车司机从业状况调查报告（2018）》显示，当前我国货车司机从业年龄偏高，以中年为主。其中，36～45 岁的货车司机占总群体 48.9%，占比接近 50%。46～55 岁的货车司机占比 18.84%。两者合计占 67.74%。35 岁及以下的青年人占比仅为 31.69%。其中，25 岁及以下人群仅占 1.89%。青年人普遍不愿意从事货车司机的职业（见图 4 - 7 - 1）。

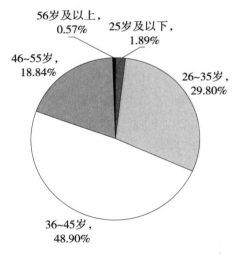

图 4 - 7 - 1　货车司机年龄分布

资料来源：《货车司机从业状况调查报告（2018）》。

从受教育情况来看，货车司机文化素质偏低。其中，59.56% 的样本司机文化水平为初中及以下，高中、中专及职高文化水平样本司机占 36.31%，大专、高职文化水平样本司机占 3.65%，本科及以上文化占比最低，仅占 0.47%。货车司机是广大学历较低人员就业的重要渠道（见图 4 - 7 - 2）。

从从业时间来看，取得道路运输从业资格 10 年以上的司机占比 52.83%，具有较长从业经历的司机数量已经超过样本总数的 50%。其中，

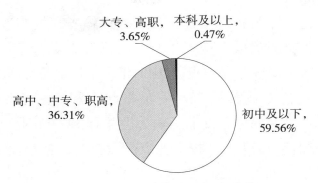

图4-7-2 货车司机文化水平

资料来源:《货车司机从业状况调查报告（2018）》。

从业资格21年及以上的司机占到8.22%。31.4%的司机取得道路运输从业资格6~10年，具有一定从业经历。相比之下，货运司机的新生力量较为薄弱，取得从业资格5年以下司机仅占样本总数的15.78%。其中，从业1~2年的仅占5.6%。据被调查的司机反映，这不仅与年轻人对货运司机职业的从业意愿不高有关，而且从业资格获取难度大、时间过长等客观因素抬高了行业进入门槛（见图4-7-3）。

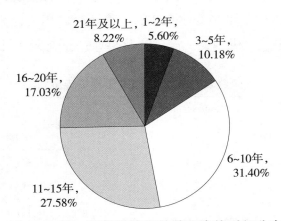

图4-7-3 取得道路运输从业资格时间分布

资料来源:《货车司机从业状况调查报告（2018）》。

二、我国公路货运人才培养现状

（一）本科及高职、中职培养现状

公路货运人才培养主要来源于本科、高职及中职院校相关专业。本科相关专业主要包括物流与管理工程类和交通运输类，主要涉及专业有物流管理、物流工程、交通运输、交通工程、交通设备与控制工程。2018 年，全国共有 655 个物流本科专业布点。2017 年，全国高职物流专业共设 1265 个专业点，中职物流专业共设 735 个专业点，全部在校人数达 50 万人。2017 年，在高职专业目录中，交通运输大类共有 39 个专业，全国共有专业点 1406 个，在校生 311677 人。按专业点数量排名，排在前 10 位的依次是道路桥梁工程技术、报关与国际货运、汽车运用技术、城市轨道交通运营管理、工程机械运用与维护、城市轨道交通控制、轮机工程技术、城市轨道交通工程技术、航海技术、国际航运业务管理。这 10 个专业同时也是在校生人数最多的专业。在中职专业目录中，交通运输大类共有 30 个专业。其中，属于公路、水路和城市轨道交通运输的专业有 20 个，此外还包括铁路运输和民航运输的 10 个专业。在 30 个专业的 3000 个专业点中，汽车运用与维修专业点占到 80%，其余 29 个专业的专业点仅占 20%。

随着信息技术在交通运输行业特别是公路货运行业的推广及应用，物联网技术、新能源汽车技术、轻量化技术等新兴技术的发展，以及汽车后服务市场的逐渐成熟，催生了更多专业人才的培养途径，相关专业也由交通运输类、物流类拓展至计算机类、机械类、汽车制造类等专业类别（见表 4-7-4）。

表 4-7-4　　　　公路货运人才培养主要相关专业

层次	专业类别	专业名称
本科	机械类	车辆工程
		汽车服务工程
		汽车维修工程教育
	计算机类	物联网工程
		数据科学与大数据技术
	交通运输类	交通运输
		交通工程
		交通设备与控制工程
	公共管理类	交通管理
	物流管理与工程类	物流管理
		物流工程

续　表

层次	专业类别	专业名称
专科（高职）	汽车制造类	汽车制造与装配技术
		汽车检测与维修技术
		汽车电子技术
		汽车造型技术
		汽车试验技术
		汽车改装技术
		新能源汽车技术
	道路运输类	智能交通技术运用
		道路桥梁工程技术
		道路运输与路政管理
		道路养护与管理
		公路机械化施工技术
		工程机械运用技术
		交通运营管理
		交通枢纽运营管理
		汽车运用与维修技术
		汽车车身维修技术
		汽车运用安全管理
		新能源汽车运用与维修
	城市轨道交通类	城市轨道交通车辆技术
		城市轨道交通机电技术
		城市轨道交通通信信号技术
		城市轨道交通供配电技术
		城市轨道交通工程技术
		城市轨道交通运营管理
	物流类	物流工程技术
		物流信息技术
		物流管理
		物流金融管理
		工程物流管理
		冷链物流技术与管理

资料来源：相关资料整理。

（二）资格认证及继续教育培养现状

根据人力资源和社会保障部 2018 年《国家职业资格目录》，对道路运输行业的职业资格制度进行了细化调整，优化职业资格考试、从业人员注册、继续教育、从业管理等既有制度，着力健全职业标准、资格考试、注册管理、继续教育、从业管理、国际互认制度"六位一体"的职业资格制度体系，促进从业人员行为规范，加快推进从业人员素质建设，推进运输服务高质量发展。

为贯彻落实交通运输部等十四个部门《关于印发促进道路货运行业健康稳定发展行动计划（2017—2020 年）的通知》（交运发〔2017〕141 号）中关于开展道路货运驾驶员免费网络继续教育的部署要求，进一步减轻道路货运驾驶员负担，提高驾驶员职业素质，促进行业健康稳定发展。经研究，交通运输部将在北京、河南、湖北、广西、青海等省（自治区、直辖市）开展道路货运驾驶员免费网络继续教育试点工作。

为了深入贯彻落实国务院"放管服"改革系列决策部署，有效解决道路运输经营者和从业人员反映最强烈最突出最紧迫的问题，2018 年 11 月，《交通运输部办公厅关于印发深化道路运输驾驶员从业管理改革实施方案的通知》重点推进道路运输驾驶员从业培训考试、继续教育、诚信考核、管理服务等方面改革，全面提升道路运输驾驶员从业培训考试、诚信考核、学习教育的规范化、便民化水平。

三、未来公路货运人才培养重点工作

随着交通运输行业不断向高端化、低碳化、智能化方向发展，新技术的不断涌现，新模式和新业态的到来，公路货运业的发展将面临非常繁重的任务，公路货运行业到 2020 年要大力提升发展的质量和效率，大力提升服务的能力和水平，建成一个安全、畅通、便捷、绿色、经济的交通运输体系。

发展现代公路货运业，要求积极建设行业人才队伍，紧密结合行业特点，根据现代交通运输业发展的新形势新要求，针对人才发展存在的突出问题，统筹规划，突出重点，增强人才发展的针对性与全局性。注重传统交通运输类专业的改造和建设，重点发展适应交通新技术、新模式、新业态的相关专业。加强职业化人才培养及继续教育培养力度，按照突出重点、分类管理的原则，改革道路运输驾驶员继续教育制度，切实提升从业人员职业素质，加强诚信考核力度。

第五章　国外公路货运发展分析

第一节　欧洲公路货运发展分析

一、欧洲公路货运总体发展现状

（一）总体概述

经过长期发展，欧盟综合交通网络规模不断扩大、交通结构更趋合理，有效支撑各个成员国的经济社会发展。2016 年，货物周转总量达到 36611 亿吨公里。其中，公路货物周转量占总量的 49.3%；货物周转量在 2003—2007 年高速增长，受到金融危机等外界不确定因素的影响，在 2008 年和 2009 年大幅下降，近年出现小幅回升。2016 年，欧盟所有成员国交通运输与仓储行业产生的增加值为 6640 亿欧元，占总增加值的 5%。

根据欧盟委员会提供的最新完整数据，2016 年，交通运输与仓储服务业的从业人数 1150 万人，占社会总就业人数的 5.2%。其中，从事地面运输（公路运输、铁路运输和管道运输）的从业人员占 52%，从事水路运输（航运和内河运输）的从业人员占 3%，从事航空运输的从业人员占 4%，从事仓储支持类运输活动（货物装卸、存储和辅助活动）的从业人员占 25%，从事邮政快递活动的从业人员占 16%。

（二）货物运输绩效

2016 年，全欧盟范围内货物周转总量为 36611 亿吨公里。这项统计数据只包含联盟内运输，不包含跨区域国际运输。公路、沿海航运、铁路、内陆水运、管道和民航完成货物周转量分别占总量的 49.3%、32.3%、11.2%、4%、3.1% 和 0.1%。在欧盟官方资料中，货物运输绩效主要是通过货物周转量进行表达。

1995—2016 年，公路运输和沿海航运占据全欧盟货物运输的主导地位，2016 年公路运输和沿海航运完成的货物周转量分别为 18035 亿吨公里和 11808 亿吨公里；铁路运输完成货物周转量则多年保持在 4000 亿吨公里水平；内河、管道运输完成货物周转量维持在 1000 亿~1500 亿吨公里区间；航空运输完成货物周转量则保持在 25 亿吨公里。

从不同运输模式来看，公路运输完成的货物周转量占总量比例维持在 45% 以上，2016 年公路运输货物周转量比例为 49.3%，相较 2015 年有 0.4% 的增幅。2016 年，沿海航运和内河运输完成的货物周转量占总量比例分别为 32.3% 和 4%，同比下降 0.6 个百分点和 0.2 个百分点（见表 5-1-1）。

表 5-1-1　2010—2016 年不同运输方式完成的货物周转量占比情况　单位:%

年份	2010	2011	2012	2013	2014	2015	2016
航空运输	0.1	0.1	0.1	0.1	0.1	0.1	0.1
沿海运输	31.2	31.7	31.7	31.7	32.4	31.7	32.3
管道运输	3.5	3.4	3.4	3.3	3.2	3.3	3.1
内河运输	4.5	4.1	4.4	4.4	4.3	4.2	4
铁路运输	11.4	12.1	12	11.8	11.8	11.2	11.2
公路运输	49.4	48.7	48.5	48.7	48.2	48.9	49.3

资料来源：《中国道路运输发展报告（2018）》。

（三）运输安全

2016 年，欧盟范围内共有 25651 人因公路交通事故死亡（包括重伤 30 天内死亡的人员），同比减少 1.8%。相较于 2001 年，2016 年公路交通事故造成死亡人数减少了 53.3%，这表明进入 21 世纪以来欧盟各成员国在大力倡导提升公路交通安全方面已经取得了巨大成效。同期共有 44 人因铁路事故死亡，因公路事故所造成的死亡人数远高于铁路事故，还须进一步通过改善公路交通安全来提高综合交通体系的安全性。

二、欧盟公路运输行业市场构成

2015 年，全欧盟公路运输企业数量为 116.2 万户，同比增长 2.7%。其中，从事公路货物运输的企业数量为57.1万户，同比增长3.1%；从事公路旅客运输的企业数量为37.2万户，同比增长2.8%；从事仓储和相关服务的企业数量为14.8万户，同比下降1.6%；从事邮政和快递的企业数量为7.1万户，同比增长7.5%，邮政和快递企业数量与上一年相比增长幅度较大（见图5-1-1）。

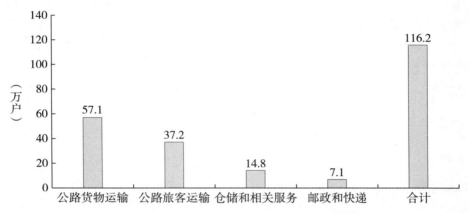

图5-1-1　2015年欧盟公路运输企业构成及数量

资料来源：《中国道路运输发展报告（2018）》。

2015年，全欧盟公路运输从业人员为972.5万人，同比增长3%。其中，从事公路货物运输的人员数量为306.5万人，同比增长5.8%；从事公路旅客运输的人员数量为205.6万人，同比增长0.1%；从事仓储和相关服务的人员数量为277.8万人，同比增长2.9%；从事邮政和快递的人员数量为182.6万人，同比增长1.2%（见图5-1-2）。

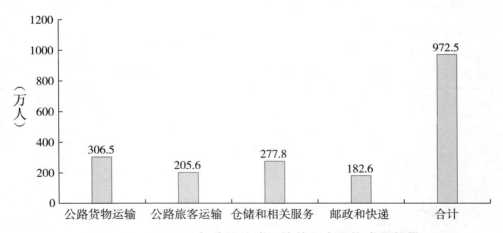

图5-1-2　2015年欧盟公路运输从业人员构成及数量

资料来源：《中国道路运输发展报告（2018）》。

2015 年，公路运输行业实现营业收入 11286.5 亿欧元，同比增长 5%。其中，公路货物运输实现收入 3340.5 亿欧元，同比增长 5.7%；公路旅客运输实现收入 1398.1 亿欧元，同比增长 1.1%；仓储和其他辅助活动实现收入 5323.1 亿欧元，同比增长 4.3%；邮政和快递实现收入 1224.9 亿欧元，同比增长 11.4%。相比而言，邮政和快递实现收入的增幅情况明显高于货运、客运及仓储等子领域（见图 5 - 1 - 3）。

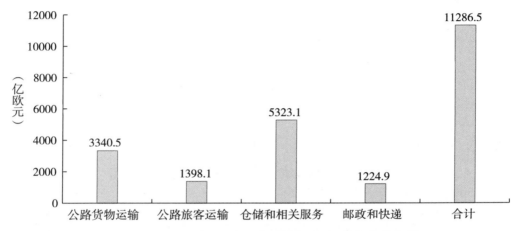

图 5 - 1 - 3　2015 年欧盟公路运输行业实现营业收入情况

资料来源：《中国道路运输发展报告（2018）》。

2016 年，全欧盟范围内共有私人汽车存底 25948.7 万辆，同比增长 1.9%；公交车及长途汽车存底 85 万辆，同比增长 1.2%；货车（商用车）存底 3762.7 万辆，同比增长 2.0%；电动双轮车存底 3378.9 万辆，同比增长 0.8%（见表 5 - 1 - 2）。

表 5 - 1 - 2　　2015 年、2016 年公路运输运力构成及同比变化

类型	2015 年（万辆）	2016 年（万辆）	同比变化（%）
私人汽车	25474.4	25948.7	1.9
公交车及长途汽车	84	85	1.2
货车（商用车）	3688.9	3762.7	2.0
电动双轮车	3351.2	3378.9	0.8

资料来源：《中国道路运输发展报告（2018）》。

2017 年，全欧盟范围内共有新注册私人汽车 1513.6 万辆，同比增长 3.3%；新注册公交车及长途汽车 4.2 万辆；新注册货车（商用车）237.8 万辆，同比增长 3.1%。其中，新注册轻型（载重小于 3.5 吨）货车 200.8 万辆，同比增长 3.7%；新注册中型（载重大于 3.5 吨且小于 16 吨）货车 10.7 万辆，同比减少 2.7%；新注册重型（载重大于 16 吨）货车 26.3 万辆，同比增长 1.2%。可以看出，货车（商用车）新增运力呈现轻型化发展趋势（见表 5－1－3）。

表 5－1－3　2016 年、2017 年公路运输行业新注册车辆数量及同比变化

类型		2016 年（万辆）	2017 年（万辆）	同比变化（%）
私人汽车		1465	1513.6	3.3
公交车及长途汽车		4.2	4.2	0
货车（商用车）		230.7	237.8	3.1
按载重分	轻型货车（<3.5 吨）	193.7	200.8	3.7
	中型货车（3.5～16 吨）	11	10.7	−2.7
	重型货车（>16 吨）	26	26.3	1.2

资料来源：《中国道路运输发展报告（2018）》。

三、欧盟交通运输基础设施建设

2016 年，欧盟铁路营业里程、等级公路里程、高速公路里程、内河航运里程、油气运输管道里程分别达到 21.7 万公里、500 万公里、7.7 万公里、4.2 万公里和 3.6 万公里，铁路营业里程、等级公路里程在世界上各主要经济体中处于领先地位（见表 5－1－4）；从人均路网资源占有情况来看，人均铁路营业里程为 0.4 米，在各主要经济体中排第 3 位，人均等级公路里程 9.8 米，在各主要经济体中排第 2 位（见表 5－1－5）；从路网密度来看，铁路密度、等级公路密度、高速公路密度分别为 4.9 公里/百平方公里、111.8 公里/百平方公里、1.7 公里/百平方公里，在各主要经济体中均排第 2 位（见表 5－1－6）。

表 5 - 1 - 4 2016 年欧盟与其他主要经济体综合交通网络规模和结构对比

单位：万公里

指标	欧盟	美国	日本	中国	俄罗斯
等级公路里程	500	442.6	99.8	422.7	105.4
高速公路里程	7.7	9.8	0.9	13.1	5.2
铁路营业里程	21.7	20.2	1.9	12.4	8.5
电气化铁路里程	11.6	—	1.2	3.7	4.4
内河航运里程	4.2	4	—	12.7	10.1
油气运输管道里程	3.6	34.2	—	11.3	5.4

资料来源：《中国道路运输发展报告（2018）》。

表 5 - 1 - 5 2016 年欧盟与其他主要经济体综合交通网络人均资源对比

单位：米/人

指标	欧盟	美国	日本	中国	俄罗斯
人均等级公路里程	9.8	13.7	7.9	3.1	7.3
人均高速公路里程	0.2	0.3	0.1	0.1	0.4
人均铁路营业里程	0.4	0.6	0.2	0.1	0.6
人均内河航运里程	0.1	0.1	—	0.1	0.7

资料来源：《中国道路运输发展报告（2018）》。

表 5 - 1 - 6 2016 年欧盟与其他主要经济体综合交通网络密度对比

单位：公里/百平方公里

指标	欧盟	美国	日本	中国	俄罗斯
等级公路密度	111.8	46	264	44.1	6.2
高速公路密度	1.7	1	2.4	1.4	0.3
铁路密度	4.9	2.1	5.1	1.3	0.5
内河航运密度	0.9	0.4	—	1.3	0.6

资料来源：《中国道路运输发展报告（2018）》。

四、欧盟公路货运技术发展概况

自 20 世纪 80 年代以来，欧洲地区物流产业出现了大范围、多样化、深层次的创新实践，涌现出一系列新服务、新技术、新组织、新方式，推动了各发达国家乃至全球物流体系现代化建设及网络布局加快调整，逐步形成了知识技术资本高度密集、高效运行的现代物流体系。在全面实现物流作业机械化、电气化和自动化的基础上，发达国家进入以现代信息技术为主导的物流技术创新阶段，智能物流技术应用加快，智能制造与物流业融合发展。与此同时，公路货运行业的信息化应用逐渐普遍，相关技术研究迅速发展。

（一）智能物流技术加快应用

智慧物流技术得到快速发展和更广泛的应用。随着德国"工业 4.0"的提出，拉开了全球产业升级的序幕，物联网、云计算、人工智能等新兴技术不断融入物流发展中，公路货运行业也朝着信息化、自动化、智能化的方向发展。

1. RFID 技术

RFID（无线射频识别）是近年迅速发展的一种快速识别技术，通过对被识别物体的无接触识别获取资料信息，与传统条码技术相比，具有数据存储量大、可读写、非接触、识别距离远、识别速度快、保密性好、穿透性强、寿命长、环境适应性好，以及能同时识别多标签等诸多优势，被广泛应用于各行业。

汽车工业是德国的第一大工业，近年德国一些汽车生产商开始运用 RFID 技术提升整个价值链的透明度，节约生产与流通环节的成本。RFID 技术，尤其是超高频技术（UHF），在汽车供应链中的应用潜力巨大，有利于提高汽车工业的有效性和效率。

1986 年，德国汽车制造业仍未有通用的载运工具标准，每家公司都有自己的载运工具体系，这对供应商的物流绩效造成负面影响，并且由于全球供应链标准的缺乏，难以实现供应链一体化物流成本的有效降低。1986 年 12 月 16 日，德国汽车协会（VDA）载运工具标准化工作组成立，旨在发现物流与供应链中的挑战并找到合适的解决方案。自 2016 年以来，VDA 陆续推出了环境友好型、配备有 RFID 的标准化载运工具。

标准化载运工具使得重复利用和资源回收成为可能，这部分成本的节约让企业可以投入更多的精力在成本较高的技术应用上。在过去的几年中，VDA 已经发布了 4 项实施 RFID 技术的行业具体建议，强调了 RFID 在集装箱管理、零部件跟踪、车辆配送等方面的应用。

2. 大数据技术

随着企业内部和公共互联网上的数据量剧增，搜索有意义的信息变得非常复杂。由于社交媒体的普及、无处不在的网络访问以及智能连接设备数量的不断增加，今天的"数字世界"正以每两年翻一番的速度扩大数据量。由于数据量的指数级增长，数据的产生速度越来越快、数据类型多种多样。欧洲国家物流业在运营效率、客户体验和商业模式创新等领域不断强化大数据的落地应用，实现了思维方式的转变，并采用正确的技术，进而利用相对未开发的数据资产。

大数据技术可通过快速处理实时信息，以多种方式实现实时路径优化，通过减少里程数降低投递成本、减少碳排放。当装卸货物时，基于传感器的运输物品检测动态计算系统可得到最佳装卸顺序，使工作人员免于手动排序。运输途中，动态路由系统根据当前的交通状况和投递顺序自动改变交付路线，并且系统会分析收货人发送的位置信息，以避免送货失败。

在战略层面，大数据技术可应用于根据预期需求选择配送网络的拓扑和容量。预期结果，通常是带有长期征用和摊销周期的驱动投资，包括仓库、配送中心和定制车辆的投资。因此，更精确的容量需求预测可提高效率并降低投资存储和运输能力的风险。大数据技术通过综合分析来支持网络规划、优化物流中心和运输路线的历史容量以及利用率数据。此外，可通过学习算法来考虑季节性因素和新兴货运流量趋势、外部经济信息（行业特点和区域增长预测），以便更准确地预测特定的能力需求。

DHL 利用大数据技术，建立了一套全新的供应链风险管理方案——Resilience 360，提供风险评估、事故监控和风险反馈等多项服务。风险评估服务可以评估供应链的风险和弹性，识别可能的风险点，并推荐适合的应急措施；事故监控服务可监控供应链全天候的事故，确定事故的影响，过滤相关信息并触发后续行动；风险反馈服务通过全天候风险控制塔监控供应链业务的连续性，突出现有不足并实施有效的缓解行动。

（二）节能减排成为发展共识

节能环保技术成为核心发展要素。欧洲对于污染物排放有着严格的标准，欧洲汽车尾气排放标准由欧洲经济委员会（ECE）汽车废气排放法规和欧盟（EU）汽车废气排放指令共同组成，汽车废气排放法规由 ECE 参与国自愿认可；汽车废气排放指令是 ECE 或 EU 参与国强制实施。对于每种车型，排放标准有所不同。当前，排放标准对几乎所有类型的车辆排放的氮氧化物（NO_x）、碳氢化合物（HC）、一氧化碳（CO）和悬浮粒子（PM）都有限制。

欧洲排放标准一般每 4 年更新一次，欧洲不同阶段提出的排放标准如表 5 – 1 – 7 所示。

表 5 – 1 – 7　　　　　　　　　欧洲卡车和公共汽车排放标准

标准等级	开始实施时间	CO	HC	NOX	PM	烟雾
欧 I	1992 年（<85kW）	4.5	1.1	8	0.612	无标准
	1992 年（>85kW）	4.5	1.1	8	0.36	无标准
欧 II	1996 年 10 月	4	1.1	7	0.25	无标准
	1998 年 10 月	4	1.1	7	0.15	无标准
欧 III	1999 年 10 月（EEV）	1	0.25	2	0.02	0.15
	2000 年 10 月	2.1	0.66	5	0.1	0.8
欧 IV	2005 年 10 月	1.5	0.46	3.5	0.02	0.5
欧 V	2008 年 10 月	1.5	0.46	2	0.02	0.5
欧 VI	2013 年 10 月	1.5	0.13	0.5	0.01	—

注：欧洲汽车排放标准单位 g/kWh（烟雾 g/m），被用于环境友好汽车（EEV）标准，该标准仅在部分欧洲国家实行。

资料来源：《中国物流技术发展报告 2017》。

目前，欧洲实行的车辆排放标准为欧 VI 排放标准，颗粒物的排放不用质量来评测，而是用颗粒物的数量。对于排放污染物的标准更为严苛，对排放技术也提出了更高的要求。

　　发动机是货车污染物排放的污染源，为满足欧Ⅵ排放标准，需要在发动机方面采取必要的措施，欧Ⅵ的排放技术采用"机内净化＋后处理"技术。机内净化燃油技术是从发动机有害污染物的生成机理及影响因素出发，通过对发动机进行调整或改进，应用控制燃烧、减少和抑制污染物生成的技术，机外净化技术是对排出发动机排气口的污染物进行再处理的技术。降低柴油机氮氧化物排放和颗粒物排放之间往往存在着矛盾，一般有利于降低柴油机氮氧化物排放的技术有时会导致颗粒物排放增加，所以一般机内净化技术要配合后处理系统（见图5－1－4）。其他欧Ⅵ发动机应用的技术还有高压共轨燃油喷射技术、柴油颗粒过滤（DPF）技术、可变几何涡轮增压器（VGT）技术等。斯堪尼亚针对欧Ⅵ标准设计了一款发动机，该发动机可以用氢化植物油（HVO）或生物柴油（柴油、沼气或天然气混合）为燃油，采用EGR、SCR（均为废气处理系统）等技术，能够有效降低排放，并且配备发动机管理系统（EMS），可以详细记录行驶数据，控制分析发动机的性能，实现发动机的智能化管理。

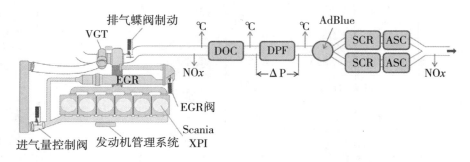

图5－1－4　发动机系统和后处理系统

注：DOC—氧化型催化剂；DPF—柴油颗粒过滤器；ASC—氨过滤器；AdBlue—欧洲柴油发动机尾气处理液。

资料来源：卡车之家官网。

（三）货运安全问题越发受到重视

　　货运安全技术引起更多重视。欧洲地区对于运输过程中的安全问题非常关注，对于交通事故的原因会做详尽的分析，在欧洲对于不同情况下的乘务人员伤害率的分析中，卡车与卡车发生交通事故，卡车成员的伤害率平均为10%～15%；卡车与小汽车发生交通事故，小汽车成员的伤害率为

55%～65%；卡车与无保护行人发生交通事故，无保护行人的伤害率为20%～30%。卡车追尾或失去控制、小车钻撞，以及卡车的盲区等是造成交通事故的主要原因。

安全技术就是要针对发生交通事故的原因，对车辆进行相应技术改进以提高车辆的安全行驶系数，下面介绍两种欧洲地区普遍应用的卡车安全技术。

1. 防失控技术

防失控技术采用的是电子稳定控制技术（ESC 或 ESP）。目前，全球能够生产电子稳定控制系统的零部件厂家有博世和 TRW，德国博世称为"Electronic Stability Program"，即 ESP，美国 TRW 按照美国联邦安全署的说法称为"Electronic Stability Control"，即 ESC，两者在基本原理和所起的作用方面是一致的。

ESC 技术是防抱死制动系统功能的延伸，能防止车辆在转弯时发生侧滑或车身旋转。电子稳定控制系统控制防抱死制动系统和发动机的动力输出，以增强车身的稳定性，即使驾驶员入弯过快或由于路况原因导致车辆进行急转弯，电子稳定控制系统仍能保证车辆沿预定方向行驶。据美国国家公路交通安全管理局（NHTSA）估计，ESC 可将翻车碰撞事故的死亡率降低50%，应用在货车上能大幅提高货车行驶的安全性能。

2. 防追尾技术

目前，防追尾技术应用的热门技术为预先紧急制动系统或自主紧急制动（Advanced Emergency Braking System/Autonomous Emergency Braking，AEBS）。AEBS 是自主自动的道路车辆安全系统，系统利用传感器监测前面车辆并检测其和目标车辆之间的相对速度和距离，计算即将发生的情况。在危险情况下，紧急制动时可以自动避免碰撞或减轻其影响。

第二节　美国公路货运发展分析

一、美国公路货运总体发展现状

（一）市场规模

2016 年，全美公路运输市场规模达到 5950 亿美元。2016 年，美国干货集装箱运输的即期费率比 2015 年上升了 10 个百分点。摩根士丹利发布的"整车运输指数"表明，2016 年年末，全美整车货运的价格也已超过 2015 年的同期水平。

从公路运价来看，每英里的运费仍然低于 2 美元，运价过低已导致一些承运人无法摆脱经济困境。企业破产申请增多，行业优胜劣汰的速度加快。Avondale Partner（埃文代尔伙伴公司）的数据显示，2016 年有超过 14000 辆卡车停止营运，是 2015 年闲置卡车数量的 3 倍。在整个行业中，低廉的平均运费以及过剩的运力使得货车运输面临巨大压力，小公司努力与较大的对手竞争，主要运输公司收入普遍下降，营运比率攀升。各公司业务部门的业绩不尽相同：整车和联运部门疲软；零担运输（LTL）部门在运输量下降导致总体收入减少的情况下还是进行了适度的提价。行业的亮点在于专属合同运输（DCC）和经纪服务的出现，新的业务模式正在形成。

（二）运输资本现状

2016 年美国运输资本存量的净值估计为 7.7 万亿美元（见图 5 - 2 - 1）。运输资本存量由公共和私营部门拥有。货运铁路设施和设备几乎全部由私营部门拥有，而高速公路、桥梁、机场、海港和交通结构由州和地方政府拥有。

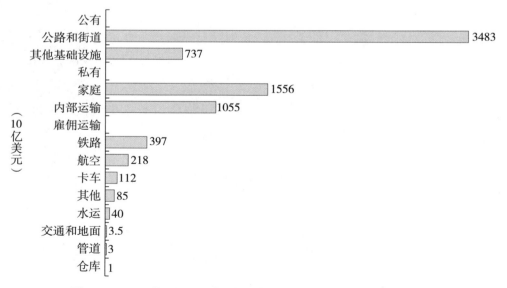

图 5 - 2 - 1　美国 2016 年按所有者划分的交通运输资本估值

资料来源：《美国运输统计年报（2018）》。

2016年，公共部门拥有4.2万亿美元（占运输资本存量的54.7%），而私营部门拥有3.5万亿美元（45.3%）。公共公路和街道占公有交通资本存量的最大份额（4.2万亿美元中的3.5万亿美元），而机场、海港等其他公有交通工具，占剩余份额（7370亿美元）。

2016年，家庭拥有的交通运输资本存量（3.5万亿美元中的1.6万亿美元）中，私人拥有的汽车和零部件（一些用于商业用途）所占比例最大。内部运输占私人运输资本存量的第二大份额（1.1万亿美元），首先大部分与公路有关，包括杂货连锁店拥有的卡车车队，其次是铁路，运输资本存量3970亿美元，最后是航空，2180亿美元。

（三）货运成本

根据美国卡车运输协会公布数据，卡车运输成本1.38美元/英里。其中，占比最大项为柴油燃料，占39%的比例，其次为司机工资占26%，两项占比超运输成本的50%（见图5-2-2）。2018年，美国零售柴油价3美元/加仑，同比增长5%；零售汽油价为2.3美元/加仑，同比下降6.1%。美国卡车司机年薪6.6万美元，同期国内司机年薪12万元。美国公路运输整体成本为我国的1.7倍。

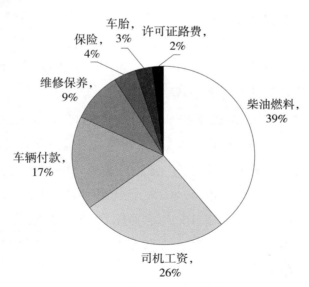

图5-2-2　美国货运卡车成本结构

资料来源：2018—2019年美国物流运输研究报告，《中国道路运输发展报告（2018）》。

（四）能源消耗

2017 年交通运输消耗的能源比 2005 年的峰值要少，部分原因是记录的人流量和货运量减少了。据估计，美国运输系统运送的货物的周转量为5.26 万亿吨公里，能源消耗占美国总能源消耗的 33%。

交通运输的能源效率不断提高。从 1975 年到 2017 年，燃油经济性的改善已经节省了 1.7 万亿加仑的汽油，按照 2016 年的汽油消耗速度，足以为美国所有这类汽车提供 13 年的动力。2017 年，交通运输占美国石油消费的70.6%，为 2009 年以来的最高水平，交通运输 92.2% 的能源需求仍然依赖石油。同时，美国对进口石油的依赖下降到了 18.8%，这是半个多世纪以来的最低水平，原因是国内石油产量的增加、能源效率的提高以及替代燃料的使用增加。

2016 年，交通成为美国最大的二氧化碳排放源，2017 年继续成为最大的温室气体排放源，超过了发电的排放。交通工具排放的所有主要空气污染物的持续减少，为美国城市的空气更清洁做出了贡献。

（五）交通安全

2017 年，美国交通事故共造成 39032 人死亡。其中，37133 人死于公路交通事故。2017 年，大型卡车乘客的死亡人数增加了 16%。高速公路死亡事故仍然是美国第二大非故意伤害死亡原因，但从 2000 年到 2016 年，在美国死亡原因列表中从第 7 位下降到第 13 位。

公路交通事故死亡人数占交通事故死亡人数的 95% 以上，高速公路交通事故死亡人数占交通事故死亡人数的 99% 以上。在过去的半个世纪里，高速公路的死亡人数和死亡率都有了很大的下降——每 1 亿英里高速公路车辆行驶的死亡人数从 1966 年的 5.50 人下降到 2014 年的 1.08 人，随后在2015 年至 2017 年期间上升到 1.16 人。美国交通部国家公路交通安全管理局指出，2014 年的死亡率是自 1975 年该机构开始通过死亡分析报告系统收集死亡数据以来的最低水平。

大型卡车司机的死亡人数以及其他死于涉及大型卡车的撞车事故的人也有所增加。2015 年、2016 年和 2017 年，大型卡车乘员死亡人数增加，达到 841 人，是 1989 年以来的最高数字。其他死于大型卡车事故的人数从

2014 年的 3352 人上升到 2017 年的 3920 人，这是自 2007 年以来的最高值。2016 年，大型卡车事故占高速公路总事故的 3.9%，而大型卡车占高速公路车辆总行驶里程的 9%。

随着时间的推移，乘员保护装置、车辆设计的进步、道路设计的改进、安全运动、酒后驾驶法的实施以及许多其他预防措施，都将促使高速公路车辆伤亡人数逐步下降。

二、美国公路货运技术

随着经济社会的发展，人们对提升物流效率的需求也越来越迫切，由此带来了产业升级和技术创新。美国作为物流业发展较早也较为先进的国家，物流技术的研发创新能力处于世界前列。近年，美国物流技术发展日新月异，在工业制造技术和互联网技术日益成熟的基础上，公路货运领域的技术创新研究也层出不穷。其中，比较突出的为自动驾驶技术、"超级卡车计划"技术和无车承运人技术。

（一）自动驾驶技术

自动车辆（Auto Vehicle，AV），也称为自动驾驶或无人驾驶。其中，车辆控制的某些方面由汽车自动化（AV 等级 1~5）。0 级表示车辆没有自动化，由驾驶员执行所有功能。在 AV 级别 5，可以实现最高级别的自动化，在各种交通和天气条件下在所有类型的道路上实现 AV 的无人驾驶。开发自动驾驶汽车作为提高机动性和安全性的手段的研究和测试正在快速进行。

2018 年，美国交通部发布了"为运输的未来做准备：自动驾驶汽车 3.0（AV 3.0）"。AV 3.0 提供了一种战略，以解决现有的安全创新障碍，体现了交通部对自动驾驶汽车的关注，并概述了交通部与联邦、州，地方和政府以及自动驾驶汽车私营部门互动的过程。

全球数百家公司，从知名汽车制造商和电子公司到初创公司，正致力于自动驾驶技术开发的某些方面，包括传感器、车载计算机、控制器、软件，甚至是全新的车辆平台。2018 年，几乎所有正在开发完整自动车辆的公司都在进行或计划在现实条件下进行公路测试。加利福尼亚州的旧金山湾区是大多数自动车辆测试站点的所在地，其次是凤凰城区域。其他美国城市地区也对自动车辆进行了重大的现场测试，包括亚特兰大、得克萨斯州奥斯汀、麻省波士顿、密歇根州底特律、得克萨斯州弗里斯科、内华达州拉斯维加斯等地区。

随着自动车辆在路测试变得越来越普遍，许多州已经考虑制定法规来解决这些车辆在其运行过程中的潜在影响，特别是当自动驾驶在与非装备车辆混合的交通中运行时。2018 年 8 月，哥伦比亚特区和 26 个州已经颁布了自动驾驶立法，8 个州的州长已经发布了行政命令，共有 38 个司法管辖区已经采取行动。

（二）"超级卡车计划"技术

据美国能源部的估计，第 8 类重型牵引车（最大总质量超过 15 吨）每年消耗 28 亿加仑燃油，占总运输能耗的 22%，重型卡车油耗的控制对于美国节约物流成本和石油资源至关重要。为此，美国能源部于 2010 年牵头组织开展了旨在提高运输效率、提高发动机热效率、降低发动机油耗的技术研究计划，即"超级卡车"计划，参与成员包括康明斯和彼得比尔特（Cummins & Peterbilt）、戴姆勒和底特律柴油机（Daimler trucks North Amercia & Detroit Diesel Corporation）、纳威司达（Navister）、沃尔沃（Volvo Technology of America）。至 2016 年，4 个项目团队均达到了车辆货运效率提高 50%、发动机热效率达到 50%、展示发动机热效率达到 55% 技术途径的研究目标。同时，各项目团队开发出诸多先进的、前瞻性的技术，并有超过 20 项节能成果已得到商业应用，其他成果也存在商业化和军事应用前景。该项研究计划在车辆节能领域，对美国和世界各国产生了巨大和深远的影响。

由于第一阶段成效显著，2016 年 3 月，美国能源部宣布启动"超级卡车"二期计划，出资 8000 万美元。"超级卡车"二期的目标是以 2009 年生产的一流重卡为基准，将长途货运效率提高 100%，并着重强调技术应用的成本效益以及车辆性能。"超级卡车"二期计划将进一步利用多种卡车和挂车技术集成，包括发动机效率、传动系统效率的提高，空气阻力、轮胎阻力和车辆质量的降低。

在二期计划中，康明斯和彼得比尔特团队的主要研究方向是在空气动力学优化和发动机技术取得更大突破，在所有风向上将空气动力学水平提高15%，研究在时速104公里/小时的条件下，发动机热效率达到55%或更高的技术。戴姆勒卡车北美公司的主要研究方向是牵引车整车的空气动力学优化、混合动力研究以及发动机配件的电气化。纳威司达公司的主要研究方向是设计并制造更高效率的、电气化的发动机，以及空气动力学水准更高的驾驶室。沃尔沃集团北美公司的主要研究任务是利用新的发动机技术和集成控制技术，制造一款轻量化的牵引车，每吨每英里每加仑的货运效率提高要超过100%。

（三）无车承运人技术

"无车承运人"是由美国Truck broker（货车经纪人）这一词汇演变而来，是无船承运人在陆地的延伸，一直处于物流行业与互联网等新技术结合的前沿领域。美国纳斯达克上市公司罗宾逊全球物流（以下简称"罗宾逊"）被认为是"无车承运人"的典型代表。该公司成立于1905年，主要从事整车陆运、多式联运等道路运输业务。1997年，罗宾逊借鉴"无船承运人"思想，向"无车承运人"转型。随后，罗宾逊抛弃自有运输车辆，建立整合社会运输商的信息系统，抢先集聚大量需求信息。罗宾逊公司现有110000家遍布全球的客户和107000家契约运输伙伴，掌控着100万辆卡车的运力。据最新财务数据显示，该公司2017年实现营业收入148.69亿美元，净收入5.05亿美元。

罗宾逊在物流信息平台上建设了两条互联互通的"信息高速路"，给承运商和货主带来最大化的商业价值。第一条高速路是TMS信息平台（运输管理系统），罗宾逊用以联通运输企业；第二条高速路是Navisphere信息平台，罗宾逊用以联通货主企业。只要货主企业在Navisphere信息平台的导航球上注册账号，填写货运信息及目的地等，导航球就能把信息传递给TMS信息平台，TMS根据客户对服务价格、时间等需要，提出各种可供选择的优化物流解决方案。公路运输市场常见的"货找车、车找货"等信息不对称问题被一键解决。

Navisphere信息平台作为罗宾逊全球统一操作平台，提供全球范围所有运输模式的门到门可视化追踪，满足客户实时追踪和查询货物状况的需求。面向客户的可视化平台不局限于地区，即客户在任何一个地方都可以看到其在全球范围内的货物运输情况。现代物流的生命线在信息化，传统物流的信息屏障被打破，物流更加高效快捷。

在 Navisphere 基础上，2017 年 9 月罗宾逊全球物流新推出一项供应链技术 Navisphere Vision，可在一个平台中实现所有运输模式和区域的全球实时可视化。Navisphere Vision 进一步增强了 Navisphere 专有技术平台强大而成熟的功能。通过利用 API（应用程序编程接口）技术将所有其他供应链和信息源汇总到一处，除了提供细到 SKU 级别的实时可视性以外，借助 Navisphere Vision 还可了解天气、交通或时事等因素对业务持续性的潜在影响并提供预测分析，以帮助托运商更快地做出更好的决策。这种实时供应链使托运商能够通过管理动态库存、主动状态更新、减少业务中断和降低风险来改善客户服务和成本控制。让托运商拥有更佳的敏捷性、准确性和实时决策能力，从而在竞争中保持领先。

除了罗宾逊，还有 TransfiX、JB Hunt、Trucker Path、Uber 等几家公司致力于打造互联网交易平台，使用人工智能、深度学习、负载匹配算法等匹配供需。

三、美国公路货运细分市场参与者分析

物流行业按货物运输批量的不同可简单分为整车运输、零担运输和快递三大类。美国物流行业三大运输形式中各有巨头企业占领了大部分市场份额，相互竞争又差异化共处。

（一）快递市场

美国快递行业巨头垄断市场现象非常明显，USPS（美国邮政）、UPS、FedEx 三大快递企业占领美国本土快递市场份额达90%以上，行业高度集中化。三大快递企业之间业务差异化较为明显，USPS 重商务快递，UPS 重公路运输，而 FedEx 走高端路线以空运为主。USPS 在 2017 年收入下降，且持续处于持续亏损状态，UPS 与 FedEx 收入持续上升，且 FedEx 收入增长幅度最大，年增长近 100 亿美元，逼近 UPS 年收入规模（见表 5 - 2 - 1、图 5 - 2 - 3）。

表 5 – 2 – 1 **2017 年美国快递企业 10 强**

排名	企业名称	年收入（亿美元）
1	USPS	696
2	UPS	659
3	FedEx	603
4	Deutsche Post AG	37
5	TransForce Inc	12
6	Untrack Inc	3
7	Lasership	3
8	BeavEX Inc	3
9	Spee Dee Delivery Service	1
10	Golden State Overnight	1

资料来源：2018—2019 年美国物流运输研究报告。

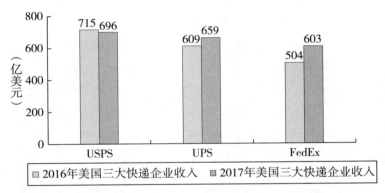

图 5 – 2 – 3 **2016—2017 年美国三大快递企业收入情况**

资料来源：2018—2019 年美国物流运输研究报告。

（二）零担市场

美国物流行业企业扩张最为常见的方式为并购，零担领域也不例外，且竞争也非常激烈，在三大快递巨头的渗透下，仍有部分大公司占据了一部分市场份额，美国前 10 零担企业占据了 77.6% 的市场份额。除 FedEx 外，其他大零担企业（YRC、ABF、Saia、XPO）近几年收入处于持续增长阶段，市场规模逐步扩大，自身实力不断加强（见表5-2-2、图5-2-4）。

表5-2-2　　　　　　　2017年美国零担企业10强

排名	企业名称	年收入（亿美元）
1	FedEx Freight	63.4
2	XPO Logistics	36.4
3	ODFL	33
4	YRC Freight	30.3
5	UPS Freight	26
6	Estes EXpress Lines	24.6
7	ABF Freight System	19.5
8	R + L Carriers	15.8
9	Saia LTL Freight	14.1
10	Holland	11.3

资料来源：2018—2019年美国物流运输研究报告。

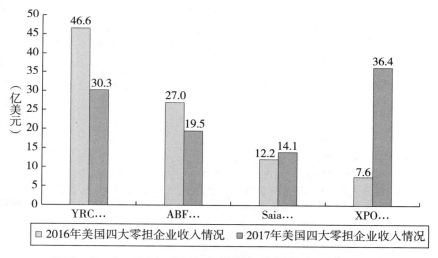

图5-2-4　2016—2017年美国四大零担企业收入情况

资料来源：2018—2019年美国物流运输研究报告。

（三）整车市场

美国物流整车领域受益于近年美国经济的平稳形势，企业收入一直处于小幅平稳增长趋势。在行业巨头渗透下，美国四大整车企业行业优势依然明显，市场空间没有下降，收入反而小幅度上升，利润保持相对较高的水平。整车10强公司2017年表现依然强劲，公司整体收入持续攀升，市场竞争愈加激烈（见表5-2-3）。

表5-2-3　　　　　　　　　2017年美国整车企业10强

排名	企业名称	年收入（亿美元）
1	Swift Transportation	33.4
2	Schneider National	24.6
3	J. B. Hunt Transport	21
4	Landstar System	18.3
5	Prime	16.4
6	Werner Enterprises	16.1
7	CRST International	14.5
8	U. S. Xpress Enterprises	13.8
9	Crete Carrier	10.1
10	Knight Transportation	9.1

资料来源：2018—2019年美国物流运输研究报告。

从美国经济发展趋势和物流行业的规模来看，美国的物流行业逐渐呈现出饱和状态，行业盛行纵向以及横向并购，细分行业各个巨头占据较大市场份额。美国零担、整车和快递行业部分优秀企业简介如表5-2-4所示。

表5-2-4　　　　美国零担、整车、快递相关优秀企业简介

序号	企业名称	成立时间	市场定位	简介
1	YRC	1924	北美及国际间的零担、整车、跨境货运供应商	全美最大零担道路货运公司，美国500强，员工32000人，主营北美及国际间的零担、整车、跨境货运，子公司包括YRC Freight、YRC Reimer、New Penn、Holland和Reddaway

序号	企业名称	成立时间	市场定位	简介
2	XPO Logistics	1924	全球运输和物流解决方案提供商	XPO 在全球 33 个国家有 1440 个部门，主营两大业务：供应链和运输。供应链业务提供系列合同物流服务，包括高度设计和定制的解决方案，电商物流和逆向物流，以及高附加值的仓储和分销解决方案。包括工厂支持、售后支持、集成制造、包装和标签等；运输业务提供货运经纪、最后一公里、航空快递、多式联运、零担、整车和全球货运服务等
3	ABF Freight	1923	主要针对美国国内和区域零担市场	总部位于美国阿肯色州史密斯堡的一家重资产零担运输企业。成立初期，专注区域性运输业务，现在业务已扩展至全国。提供当日达、次日达、隔日达等产品
4	Saia Inc.	1924	覆盖全美区域、跨区域运输，轻资产整车和第三方物流服务	Saia Inc. 在美国 34 个州提供零担运输服务
5	Schneider National	1935	北美大型制造业的整车运输	北美排名靠前的整车运输企业，大多数运力自营，拥有 1.4 万辆拖车，6 万辆挂车，同时还签约了超过一万家运输企业来进行一些零散的运输。世能达（Schneider）有两大优势：①高效率的甩挂运输，美国一般的甩挂运输拖挂比为 2~3，世能达的可以做到 3~4 甚至更多，高效率的甩挂为其集成化的大规模运输提供了盈利空间；②超强的信息系统，公司非常重视信息技术投入，年均投入在 2% 以上，在美国公路货运市场排名第一

序号	企业名称	成立时间	市场定位	简介
6	J. B. Hunt Transport	1961	为美国、加拿大、墨西哥大型客户提供物流解决方案和运输服务	北美最大的物流运输公司之一，提供集成的、多式联运方式运输服务，并提供专业的客户解决方案。旗下有4大业务：JBI（多式联运）、DCS（合同物流）、ICS（冷链和零担等）、JBT（整车）。其中，多式联运业务最多，占比60%以上。采用公司自有的车辆进行专线货运
7	Landstar System	1986	美国大型制造业和军事器材运输	实际上是一个卡车经纪公司，规模仅次于罗宾逊，1993年公司完成IPO，1998年把自有的大部分拖车出售给世能达
8	Werner Enterprises	1956	美国国内制造业运输	Werner Enterprises 是北美5大卡车运营商之一，主要提供中至长途、区域等距离的多元化运输组合，提供海运、空运、货代等运输服务；同时还提供货运经纪、联运和国际业务，在美国、加拿大、墨西哥、中国和澳洲都设有办事处；还有部分的资产抵押业务
9	UPS International, Inc.	1907	全球快递物流服务承运商	UPS快递（United Parcel Service）在1907年作为一家信使公司成立于美国华盛顿州西雅图，是一家全球性的公司。是世界上最大的快递承运商与包裹递送公司，同时也是运输、物流、资本与电子商务服务的领导性的提供者
10	FedEx Corp.	1971	国际性速递服务	联邦快递（FedEx）是一家国际性速递集团，提供隔夜快递、地面快递、重型货物运送、文件复印及物流服务，总部设于美国田纳西州

序号	企业名称	成立时间	市场定位	简介
11	USPS	1775	美国本土客户及全网需求客户的商业快递服务	USPS 即美国邮政，业务范围：信件递送、期刊报纸递送、军事相关递送及商业快递包裹

资料来源：2018—2019 年美国物流运输研究报告。

四、美国公路货运企业（ODFL）分析

（一）ODFL 简介

1. ODFL 发展史

Old Dominion Freight Line Inc. （ODFL）成立于 1934 年，专注于零担货运，主要为企业客户提供优质全国及区域零担服务。

起初专注于弗吉尼亚州的短途区域货运，收购了一些竞争性的货运专线，随着 20 世纪 80 年代美国货运业放松管制，ODFL 将服务扩展到全国主要市场。公司于 1991 年在纳斯达克上市，连续多年被评为福布斯杂志美国最值得信赖的 100 家公司之一，2017 年连续第 8 次被美国 Mastio and Company 咨询公司评为美国最佳零担承运商。

2. ODFL 整体概况

ODFL 是一家主要向 B 端客户提供区域和全国范围内零担运输服务的企业，2017 年在美国零担运输排行榜中排名第 4，仅次于 FedEx Freight、YRC 和 XPO。同时，作为一家高端品质的零担货运企业，在美国零担货运行业内的索赔率和准时率都名列前茅。

除零担业务外，其广泛的物流服务还包括地面和空中快速运输、供应链咨询、运输管理、整车经纪、集装箱运输和仓储等。2017 年营收规模达到 33.04 亿美元，较 2016 年同期增长 12.3%。2018 年第一季度继续表现强劲，营收同比增长 22.7%，连续第 4 个季度实现了两位数的收入增长，在历史上季度收入首次超过了 9 亿美元。

3. ODFL 网络分布

ODFL 在 20 世纪 70 年代开始通过并购方式扩张业务范围，逐步加强其

网络分布，80 年代网络逐渐覆盖佛罗里达、田纳西州、加利福尼亚州、达拉斯和芝加哥等地。2001—2005 年进一步向西扩大覆盖范围，并开始全球业务，进军加拿大。当前，在美国经营 228 个服务中心。其中，194 个为自建，34 个为租赁，保持着稳健的扩张速度。截至 2017 年，分别在过去的 5 年和 10 年内开设了 10 个和 22 个新的服务中心。

（二）业务概况

1. 业务范围

ODFL 主营业务是向 B 端客户提供零担运输和供应链咨询、整车经纪、运输管理等物流服务。面对 C 端客户，ODFL 提供专业的搬家业务——OD 家庭服务。国际业务方面，通过战略合作伙伴关系，在全球范围内提供国际货运代理服务。按照产品类型和覆盖范围可具体细分为 OD 国内运输、OD 全球运输、OD 加急运输、OD 家庭和技术服务 5 个产品组。

ODFL 的核心业务部分是国内零担承运商运输服务。全球产品包括加勒比海、欧洲、远东、中美洲和南美洲的全集装箱装载（FCL）和小于集装箱装载（LCL）的服务。此外，ODFL 还提供家庭搬运服务和贸易展会航运，作为其加急部门的一部分，以满足所有后勤需求。

2. 零担运营模式

ODFL 的零担运营模式与普通零担企业存在一定区别，其在美国建立 228 个服务中心，服务中心既是转运中心，又是其网络的末端网点。

服务中心负责在当地服务区域内的提货和派送，白天收货，晚上统一在服务中心配载运输，并建立集中式客户服务部门和完善的信息系统进行客户服务。

3. 市场份额

根据美国卡车运输协会发布的数据，货运业占 2016 年运输收入总额 8476 亿美元的 79.8%。其中，零担业务收入为 547 亿美元，占美国运输总收入的 6.5%。Transport Topics 报告指出，按 2016 年收入计算，最大的 10 家和 25 家零担运输公司分别占整个美国零担市场份额的 51% 和 62%。

根据美国分析机构公布数据显示，2018 年第一季度零担细分市场份额中，ODFL 在美国零担市场占有率为 3.25%，第一季度的收入同比增长 22.67%，大大超过美国运输业市场的整体增长率（见表 5 - 2 - 5）。

表 5 - 2 - 5　　　　　2018 年第一季度美国部分零担企业市场份额

排名	企业名称	市场份额（%）
1	J. B. Hunt Transport Services Inc	6.84
2	Con—way Inc.	4.82
3	Knight—swift Transportation Holdings Inc.	4.46
4	YRC Worldwide Inc	4.27
5	Hub Ground，Inc	3.85
6	Swift Transportation Co.，Inc	3.57
7	Old Dominion Freight Line Inc.	3.25
8	Arcbest Corp	2.46
9	Echo Global Logistics Inc.	2.03
10	Werner Enterprises Inc.	1.98

资料来源：2018—2019 年美国物流运输研究报告。

4. 运力分析

2017 年，ODFL 自有运力 8316 辆牵引车，23100 辆挂车，拖挂比达 1∶2.78。货物运输通过综合货运系统来调配，并使用负载规划系统来优化运营效率，采用定时班车，满足公布时效，在货量增加情况下会增加运力，避免压货。

在实际运营中，ODFL 非常注重车辆的使用情况，一般干线运输车辆使用 3~5 年就轮换到 P&D 业务作业中。牵引车在白天执行 P&D 业务，在夜间会执行分班功能，以最大限度地提高牵引车的利用率（见表 5 - 2 - 6）。

表 5 - 2 - 6　　　　　　　　ODFL 自有运力情况

车辆类型	数量（辆）	平均使用年限
牵引车	8316	4
挂车	23100	6.5
P&D 牵引车	9790	8.1

资料来源：2018—2019 年美国物流运输研究报告。

（三）经营分析

1. 收入分析

ODFL 主营美国本土零担业务，在过去 3 年内，其 95% 以上的收入来源于美国境内的服务，国际业务收入占总收入的不足 5%。从近 5 年的收入情况看，ODFL 处于稳步增长状态。其中，2014 年后处于增速持续下降状态，2016 年增长不足 1%，但 2017 年重新回到年增长 2 位数。2018 年继之前的高增长后，第一季度营收表现更为强劲，同比增长高达 22.7%，主要是由于零担业务量增加，货物吨数增加 15.4%，零担货物单位收入增长 5.9%。ODFL 执行长期定价的理念，一般情况下，每批货物的重量增加，挂车长度下降会增加成本，但 ODFL 仍关注公司的盈利能力，确保有较高的收益来抵消成本通胀，保证收入的增长（见图 5 - 2 - 5）。

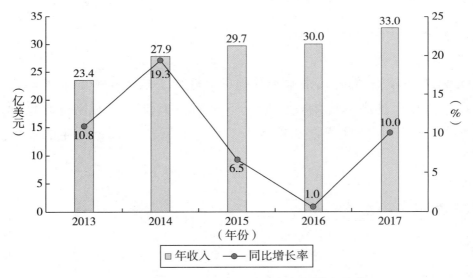

图 5 - 2 - 5　ODFL 2013—2017 年收入变化

资料来源：2018—2019 年美国物流运输研究报告。

2. 成本分析

根据 ODFL 披露数据显示，2017 年各项成本费用 27.82 亿美元，共包含 10 类。其中，工资福利和运营费用占据总费用的 78.5%，ODFL 共雇佣 19000 名员工，其工资福利占总费用的 50% 以上，人力成本较高，公司运营管理规范，其他种类费用占比较小（见图 5 - 2 - 6）。

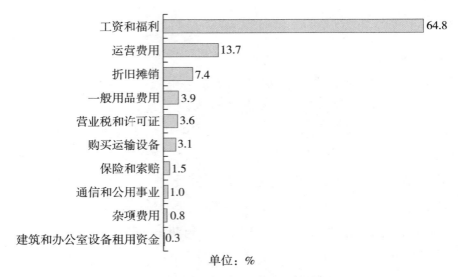

单位：%

图 5 - 2 - 6　ODFL2017 年各类成本费用占比

资料来源：2018—2019 年美国物流运输研究报告。

3. 财务与运营分析

（1）收入结构分析

ODFL 97% 以上的收入来源于零担货运客户。从近 4 年的业务收入构成看，在总营收保持高速度增长的情况下，其零担业务的占比持续增加，其他业务占比逐年下降且营收规模减小，零担业务仍是其近几年的业务重点（见图 5 - 2 - 7）。

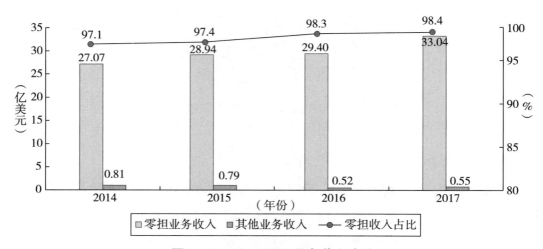

图 5 - 2 - 7　ODFL 业务收入占比

资料来源：2018—2019 年美国物流运输研究报告。

（2）客户集中度

ODFL 的客户主要面对 B 端，企业业务作为其服务的重点项目。同时，走大客户战略。第 1 大客户年发货费用占其总营收的 3.7%，前 10 大客户年发货费用占其总营收的 17%，与 XPO、罗宾逊等企业相比其大客户集中度略低（见图 5 - 2 - 8）。

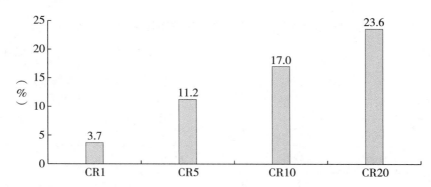

图 5 - 2 - 8　ODFL 营业收入集中度分布

资料来源：2018—2019 年美国物流运输研究报告。

第三节　日本公路货运发展分析

一、日本公路货运总体发展现状

2018 年日本公路货运量达 43.3 亿吨，比上年减少 1.16%，货物运输周转量达 2104.67 亿吨公里，比上年减少 0.17%（见表 5 - 3 - 1）。与 2017 年相比，其货运量与周转量均有所下降。

表 5 - 3 - 1　　　　2017 年、2018 年公路货运量和周转量

	2018 年	2017 年	同比增长率
货运量（百万吨）	4330	4381	- 1.16%
周转量（百万吨公里）	210467	210829	- 0.17%

资料来源：日本国土交通省《2018 年汽车运输统计年度报告》。

2018 年，总货运量达 43.3 亿吨。其中，"商业用途"的货运量达 30.19 亿吨，占总运输量比重为 69.7%；"个人用途"的货运量达 13.11 亿吨，占比 30.3%。货物周转量中，用于"商业用途"的达 182490 百万吨公里，占比 86.7%；"个人用途"为 27977 百万吨公里，占比 13.3%。在 4 种车辆类型中，"普通车辆"的总货运量最大，达 33.87 亿吨，周转量为 1695.71 亿吨公里，其次为小型车辆、特种用途车辆，轻自动车的运输量最小，占比 0.5%（见表 5-3-2）。

表 5-3-2　　按业务类型和车辆类型划分的货物运输及周转量

		合计		商业用途		个人用途	
		运输/周转量	占比（%）	运输/周转量	占比（%）	运输/周转量	占比（%）
运输量（百万吨）	合计	4330	100	3019	69.7	1311	30.3
	普通车	3387	78.2	2490	57.5	898	20.7
	小型车	183	4.2	21	0.5	163	3.8
	特种用途车	739	17.1	489	11.3	250	5.8
	轻自动车	20	0.5	20	0.5	—	—
货物周转量（百万吨公里）	合计	210467	100	182490	86.7	27977	13.3
	普通车	169571	80.6	149101	70.8	20470	9.7
	小型车	3566	1.7	536	0.3	3030	1.4
	特种用途车	36925	17.5	32449	15.4	4476	2.1
	轻自动车	404	0.2	404	0.2	—	—

资料来源：日本国土交通省《2018 年汽车运输统计年度报告》。因四舍五入，合计项与各分项之和略有差异。

按品类细分运输货物，主要分为农业和渔业产品、矿产品、工业产品、废弃物和其他 5 大品类。其中，金属、机械和食品等工业产品的运输量最大，达 22.91 亿吨，占比 52.9%。其次运输量中 15.3% 的为垃圾与废弃物，运输量达 6.61 亿吨。再次是占运输量 13.2% 的砾石、沙子和石头为主的矿产品。在商业用途中，金属、机械和食品等工业产品的货运量超 50%，占 60.9%，其次为其他品类的货物、垃圾与废弃物。而在个人用途的运输货物中，工业产品占比最大，达 34.5%，其次为废弃物占 31%，以砾石、沙子和石头为主的矿产品占 26.1%。由此发现，商业用途与个人用途的货物运输类别具有各自特点（见表 5-3-3）。

表 5 - 3 - 3　　　　　　　　　　按品类细分运输的货物量

	合计（百万吨）		商业用途（百万吨）		个人用途（百万吨）	
	数量	按品类组成比率（%）	数量	按品类组成比率（%）	数量	按品类组成比率（%）
合计	4330	100	3019	100	1311	100
农业和渔业产品	353	8.2	249	8.2	104	8
矿产品	571	13.2	229	7.6	342	26.1
工业产品	2291	52.9	1839	60.9	453	34.5
废弃物	662	15.3	255	8.4	407	31
其他	453	10.5	447	14.8	5	0.4

资料来源：日本国土交通省《2018 年汽车运输统计年度报告》。

商业用途的运输量占卡车运输总量的 69.7%，与私人用途的差距逐渐扩大。货物总周转量中，86.7% 的为商业用途卡车。以实际每车每日运输千米作为运转效率的指标，商业用途的卡车的运输效率为个人用途卡车的 9 倍。从提高卡车装载率的环保观点，运输卡车正从个人运输车辆向企业经营用车转变，逐步实现社会化共享。

2018 年 12 月，根据运输界的要求，通过议员立法草案，修订货物汽车运输事业法。优先改善卡车司机的劳动条件，改变其工作方式。

卡车运输业务是典型的劳动密集型企业。一方面，道路货物运输业的工资水平与全产业平均水平相比呈较低水平；另一方面，卡车司机的年间劳动时间长于全产业平均时间。2018 年，从事卡车运输业务的就业人数总计 193 万人。其中，司机、操作机械的人员维持在 86 万人，40 岁以下的年轻就业者数占 27%，50 岁以上占 42%，整体的从业人员呈现出老龄化的趋势。

二、日本公路货运重要领域发展情况

（一）快递配送

2008—2017 年，日本快递业务量逐年增加（见表 5 - 3 - 4）。2012 年，快递服务数量超 35 亿件，2017 年超 42 亿件。除了收费标准明确和方便实用之外，配送时刻的细节规定和温度管理等便利性高的服务也得到了消费者的支持。同时，购买电视和互联网等商品时提供的货到付款服务，有利于确保消费者交易的安全性与准确性。

此外，再配送正成为研究的新课题，与配送员不足这一业界传统问题共同存在着。如何通过再配送以消除浪费，国土交通省对此设立了讨论会，以获取多样化的想法。

表 5 - 3 - 4　　　　　　2008—2017 年快递业务量的变化　　　　单位：万件

项目 \ 年份		2008	2009	2010	2011	2012	2013	2014	2015	2016	2017
宅急便	快递服务	321166	313697	321983	340096	352600	363668	361379	374493	401861	425133
	邮件服务	500906	513278	524264	533892	547135	563772	546425	526394	528960	527599
总计		822072	826975	846247	873988	899735	927440	907804	900887	930821	952732

资料来源：日本国土交通省网站。

自 1976 年雅玛多集团开展"黑猫宅急便"业务以来，日本快递业经历了 1980—2000 年的快速成长阶段。进入 21 世纪后，日本快递业进入成熟期，业务量增速放缓。目前，日本国内前 3 大快递企业业务量市场占有率达 92.5%，形成寡头竞争格局。对比我国，业务量排名前 3 的快递企业市场占有率仅 38%，市场集中度仍处于较低水平，未来行业的整合将是趋势，将由目前的多头竞争向寡头竞争过渡。

日本快递业兴起于 20 世纪 70 年代，在快递业运营之前，日本的小行李包裹等货物运送一直属于邮电局的业务范围。由于小包裹属于轻型货物，量少且分散，收集货物效率低、利润较低等原因，民间汽运业很少参与。但由于邮电局和国铁运送货物速度慢、业务效率低，大和运输（雅玛多集团）在货物配送速度与服务质量上找到了竞争的缝隙。大和运输公司于 1976 年以"黑猫宅急便"为公司名称，针对 30 千克以下的个人和家庭之间的小行李货物开展运送业务，拉开日本快递业的序幕。

日本快递业务主要集中在大和运输公司（雅玛多集团）、佐川急便、日本邮政集团 3 大快递公司，形成寡头垄断的竞争格局（见表 5－3－5）。2015 年日本快递业务总量为 36.87 亿件，这 3 家公司的市场占有率达到了 92.5%。排在第一位的是大和运输公司，占 45.4% 的市场份额；佐川急便位列第二，市场份额为 33.5%；日本邮政的邮包业务合并了日本运通的"鹈鹕便"业务后排在第三，市场份额为 13.6%。从市场占有率角度，日本快递市场具有典型的寡头垄断市场特征。在此竞争格局下，日本各快递公司除了提供标准的快递服务之外，会根据客户需求提供高质量的、差异化的服务产品，以寻求扩大市场份额。

表 5－3－5   **主要快递企业简介**

公司	快递品牌	开始时间	主要业务
雅玛多	黑猫宅急便	1976	企业和个人的小包裹宅配，包括日常百货、书信和生鲜等业务
佐川急便	飞脚便	1998	飞脚航空，冷链、书信等宅配业务
日本邮政	鹈鹕便	1977	以家庭投递为主的宅配便，与日本邮政合并后提供书信配送

（二）绿色运输

日本卡车协会在 2014 年策划制定了《新环境基本行动计划》，为了普及推广该计划还参与策划了日本经济团体联合会发表的《低碳社会实行计划》。2020 年，商用卡车二氧化碳排放量相比 2005 年均值将降低 22%。

1. 环境政策条例及基本方针

（1）环保驾驶的倡导：主要针对认识环保驾驶的重要性、贯彻执行环保驾驶及确立燃料管理办法、降低所有车辆的燃料费用 3 个方面。

（2）贯彻执行怠速熄火方式：贯彻执行并鼓励怠速熄火的使用。

（3）促进先进环保车辆的使用：促进先进环保车辆的使用，对车龄较久的柴油车辆的更替。

（4）推动效率化运输：为了更进一步提高运输效率，在努力降低空驶率的同时提高车辆装载率，积极促进合作运输、车辆大型化与信息化的实施。

（5）降低噪声：出于对环境的考虑，努力通过推行低噪声驾驶等降低噪声。

（6）废弃物处理及回收利用：推进废弃物的适当处理及回收再利用，促进使用过的车辆耗材及车辆检查时产生的废弃物等的回收。

（7）推进举办环境启发运动。

（8）对国家协助请求：为提高《新环境基本行动计划》普及速度及时效性，积极推进旨在降低环境压力的政策建议及对各有关部门的请愿活动。

（9）碳补偿措施：活用碳补偿措施，促进碳补偿制度有效化。

（10）与有关部门及团体的协调：积极参与有关部门及团体对各种环境政策的框架的制定。

2. 多样化环境政策

全日本卡车协会自2009年起，致力于将环保驾驶的普及促进活动添加进环境政策的众多条例当中。此前也在促进启发资料的派发与EMS（发动机管理系统）车载机器的使用。

除了配合国家活动，将每年11月定为"环保驾驶推广月"外，还辅助交通环保灵活财团举办的环保驾驶竞赛，向大多数的事业者发送参赛邀请。此外，全日本卡车协会还在积极促进作为清洁环保运营的低环境压力事业的普及，这是经过推行环保驾驶及先进环保车辆的使用等的交通环保灵活财团的审查后，认证发表的制度。根据同财团在2019年公布的调查结果，可得知经营者的总重量8吨及以上的卡车的平均油耗比2017年降低。

一方面，全国漂浮颗粒物的环境基准达成率为99.8%（"一般局"）与100%（"机排局"），皆为依高水准推移得出；另一方面，关于各地机动车氮氧化物、颗粒物数据，两局所得出达成率皆为100%，大气污染得到了完全改善。可以说，卡车运输业从业者即便处于严峻经营环境，也积极推进符合最新规定车辆的更替及先进环保车辆的使用。

由于多数卡车的燃料为石油，所以从大规模灾害时的储备、稳定卡车运送体制的确保及能源安全几方面来看，普及天然气机动车（NGV）的政策是很重要的。普及NGV时与车辆有关的主要问题是高昂的车辆价格、修理维护费用、燃料、公共基础设施等，需要降低天然气价格，增加加气站、公共基础设施整备。

3. 推进"卡车之森"事业

全日本卡车协会自2003年以来一直推进"卡车之森"事业，旨在通过植树来防止全球变暖，将国有森林等中一公顷设定为"卡车之森"，在地方志愿者等的协力下保护森林的社会贡献事业。此外，都道府县卡车协会各自推行"卡车之森"的事业正在全国范围内扩大。京都议定书中规定的减少6%的二氧化碳排放量目标中，3.8%为森林吸收的部分，并倡导健全森林及全民参加植树。此外，全日本卡车协会还参加到"制造美丽森林全国推进会议"当中。

（三）货运技术

1. 运用 ICT 提高运输效率和安全对策

以互联网为代表的ICT（信息通信技术）的飞跃普及与发展，给物流带来了巨大的变化。特别是在大型制造商中，在商品的生产和销售过程中，实施供应链管理，运用ICT技术构筑先进的物流系统。

根据ICT的利用，以提高运输效率为开端，推进安全对策，降低对环境的负荷等发展被赋予了期待。特别是，最近利用移动通信系统提供各种车辆管理信息的"电信"正在普及。利用GPS（全球定位系统）仪器来获取车辆的位置信息、燃油费、驾驶员操作信息等管理运行信息的车辆动态管理系统也是其中之一。在落实可视化安全驾驶和节能驾驶的同时，对车辆的运行动态管理，有利于运输效率化。

另外，IT检测是通过由TV电话、照相机等IT设备和酒精检测器等构成的设备，由运行管理者和司机面对面进行的检测，即使在深夜、清晨，营业场所和车库分开的情况下也能实施检测，不仅可以缩短司机和检测者的劳动时间，还可以把检测委托给特定的营业场所的检测者等，提高检测业务的效率。在工作方式改革中，灵活运用IT，有助于缩短劳动时间和提高生产率。

2. ETC2.0 的应用

国土交通省等相关省厅推进的ITS（高度信息交通系统）的卡车的安全对策和物流效率化被寄予了期待。在与卡车有关领域的中心是"ETC2.0服务"，能够进行大容量双向通信，设置在高速公路的通信站点和行驶车辆进行双向通信，除了能够提供广域性的道路交通信息之外，从 2016 年 1 月开始，还可简化特殊车辆通行许可服务。与此同时，2016 年 2 月开始试点车辆运行管理支撑服务，通过对行车记录和路径信息等数据进行分析，计划于 2018 年 8 月正式推行。

三、日本公路货运企业分析

（一）日本邮政

日本邮政公社是一个自负盈亏的国有公共公司，目标是提供全面的、迅捷的函件和包裹寄递业务，简单、安全的储蓄业务和汇兑业务以及简易保险业务等，同时保留普遍服务。

日本早在 1871 年便开始出现现代邮政业务，2007 年成立邮政集团公司。日本邮政为日本邮政集团子公司，又下辖 3 家子公司，分别为日本邮政股份公司、日本邮政储蓄银行股份公司、日本邮政简保生命保险股份公司。

日本邮政股份公司 2018 财年营收 4 万亿日元，其致力于提升邮政和物流业务水平、拓宽邮件使用范围、改善业务结构以适应消费者新需求。

日本邮政稳居世界邮政企业榜首。2019 年《财富》杂志推出新一期 500 强排行榜，其中，6 家邮政企业上榜，排名最高的是日本邮政股份公司（以下简称"日本邮政"），为第 52 位，也是唯一进入前 100 名的邮政企业。

2019 年 1—3 月，得益于日本电子商务的发展，日本邮政集团的国内包裹业务实现了强劲增长。日本邮政集团的邮政和物流部门收入同比增加了 2%，达到 3.96 万亿日元（1 日元合 0.06 元人民币），营业利润增加了一倍多，达到 1820 亿日元。其中，核心包裹服务，即 Yu—Pack，销量增加 7.6% 至 9.4 亿件；收入增长 4.6% 至 2.12 万亿日元。销量增长和运营成本降低有效提升了该业务的营业利润，达到 1210 亿日元，同比增长了两倍。

从日本各快递公司市场份额变化可以看出，日本快递业务主要集中于大和运输（雅玛多集团）、佐川急便、日本邮政 3 大快递公司（见图 5 - 3 - 1）。

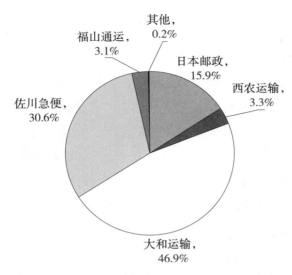

图 5 - 3 - 1　2017 年日本快递业竞争格局

资料来源：日本国土交通省网站、各公司官网。

（二）日本通运

日本通运是日本最大的综合物流企业，也是日本物流企业中唯一一家能提供海陆空运输方式的公司。日本通运在 37 个国家和地区的 200 个城市开展业务，被誉为"世界日通"。

2018 年 5 月，日本通运利用中欧班列提供日本和欧洲之间的联运服务。今后，从日本经由中国铁路到欧洲的潜在需求为 1 年 4000 个集装箱。同时，日本通运与中国相关企业签署合作备忘录，将在中亚和非洲等第三方市场进行物流领域合作。

日本通运开始提供连接中国内陆和泰国的卡车运输服务。通过利用从中国经由老挝通往泰国的"昆曼公路"，大幅缩短运输时间，仅为海上运输的 33%。日本通运现已开始提供连接中国昆明和泰国曼谷的卡车整车运输服务。在中国和老挝的边境，每个集装箱都要转运到其他卡车上，而从老挝到泰国可直接运输。此前，要想从昆明向泰国运输货物，需要先运往中国沿海地区然后再通过海上运输运往泰国，合计需要 2 周以上的时间。

（三）雅玛多（日本大和运输公司）

黑猫宅急便年配送包裹超过 16 亿个，拥有员工 19 万人，车辆 5 万台，宅急便服务网点 30 万家。其中，直营的营业所 4000 家，业务规模市场占有率 45%，排名第一。不同于中国快递企业的直营或加盟模式，黑猫宅急便采取的是"直营网络 + 便利店合作"的运营模式。

黑猫宅急便主要为个人和企业提供宅急便服务，即小包裹的收取寄送和配套服务。宅急便服务主要有"次日达"宅急便和"冷链"宅急便。从寄送商品看，主要包括百货商品、地方特产、企业文件、零部件、生鲜食品等；从使用对象来看，40% 的使用者是个人，60% 的使用者是企业；从送达对象来看，20% 是寄向个人，80% 是寄向企业。

借由各种交通工具的小区域经营及转运系统，经营户对户小包裹的收取与配送，称之为黑猫宅急便。黑猫宅急便还提供低温宅急便、委托配送等高品质服务。配送事业是公司主要经营业务，2016 财年公司实现配送收入 1.11 万亿日元，营收占比为 78.5%。

致力于企业间的 B2B 物流服务事业，通过提供创造性的物流服务，降低总成本，对客户的供应链管理做出贡献，以提供最佳物流系统方案为目标。2016 财年公司实现 B2B 物流收入 1070 亿日元，营收占比为 7.5%。该事业以搬家业务、生活支援业务、流通服务业务 3 大业务为中心，致力于地域密集型生活服务事业。特别是提供了电气化产品的安装和配送服务，在全国率先展开带有高附加价值技术的家庭服务。2016 财年公司实现家庭便利服务收入 490 亿日元，营收占比为 3.5%。

面向电子商务企业提供 ASP（动态服务器）服务和信息系统开发等信息服务事业。灵活利用集团的资源，实现信息追踪、包裹配送等服务。2016 财年公司实现电商事业收入 430 亿日元，营收占比为 3.1%。

面向以通信销售事业为主的企业和一般消费者，提供结算等金融服务。伴随着近年网上购物的普及，创建完善客户能够放心交易的环境，提供代收货款等服务。2016 年，公司实现金融服务收入 720 亿日元，营收占比为 5.1%。

面向运输行业的自动化业务。进行配送车辆维修、设备自动化设计。2016 年，公司实现车辆维修及其他收入 320 亿日元，营收占比为 2.3%。

对比雅玛多的 7 大事业群，国内顺丰的架构与其较为相似。2015 年，顺丰开始将原有的业务系统制升级为事业群制，把现有的业务板块重新划分为速运、仓配物流、供应链、商业及金融服务 5 大事业群，以子公司形式独立运行。5 大事业群既独立运作，深耕细分领域，又相互协作，进而提升集团运转效率。

对于我国"通达系"快递企业，由于目前主业单一（快递业务收入占比 95% 以上），企业组织架构多以业务系统制为主，未来随着快递企业产品链的延伸以及多元业务的拓展，"通达系"快递企业组织架构也有可能向适应于产品多元化的事业群制转型。

第六章 2018 年中国公路货运实践案例

为发现 2018 年我国公路货运行业年度最佳实践案例，引导创新驱动，树立行业标杆，推进行业高质量发展，中国物流与采购联合会公路货运分会，开展了 2018 年中国公路货运行业"金运奖——最佳实践奖"评选活动。经专家评审，评选出"年度特别推荐奖"1 个、"年度最佳实践奖"10 个（TOP10）和"年度优秀实践奖"24 个，共 35 个年度最佳实践案例。

年度特别推荐奖：统仓共配（SEC）创新模式

——联想（北京）有限公司

联想集团作为一家依靠强大的分销模式发展起来的品牌厂商，随着 IT 行业竞争越来越激烈，利润越来越薄，且因整个销售链条不透明，库存积压严重，库存周转天数居高不下，如何实施库存一盘棋管理，提升整个链条健康良性发展，是联想面临的难题。同时，支撑联想强大销售的分销体系，分销的压力越来越大，管理成本逐年增加。特别体现在物流管控上，由于分销商拥有自有物流，缺乏规模效应，缺乏物流专业人才，成本、效率和服务水平都偏低，物流安全问题更为突出。小专线物流公司跑路现象时有发生，面对重大交通事故，小专线物流公司的赔付能力堪忧，损失无法预估。如何解决这些供应链内外交困的问题，联想物流部门经过和业务部门的认真探讨、研究和分析，认为物流直达是品牌厂商的必经之路。因此，在这种背景下，联想于 2013 年启动了统仓共配（SEC）模式试点，2014 年在全国推广，取得了较好的企业效果和社会效果。依托共享经济和共同配送思想理念，实现商流和物流分离，将企业下游销售体系物流职能进行合并整合，通过专业的仓配一体物流平台为客户和客户的客户提供综合性价比更高的优质物流服务体验，提升整个销售链条的效率并建立共赢的生态体系，为提升社会物流效率和降低社会物流成本做了有益的尝试和探索。

一、统仓共配（SEC）模式是什么

SEC（Shipping to End Customers），是为支持联想中国区直供客户专门搭建的一套物流仓配一体运作体系。体系主要涵盖：客户订单管理（分销/经销下单）、仓储单品管理（SN 出入库扫描管理/先进先出管理等）、配送计划管理、物流全程可视化管理、退货管理、费用结算管理、出入库和运作指标、报表管理等。

在运作 SEC 模式之前，联想销售物流体系是先从联想中央仓（CDC）送货到省会仓（RDC），RDC 再落地分拨到分销商仓。分销商接到经销的订单需求后再自行安排物流公司送到经销库房或门店。实施 SEC 模式后，其物流体系是从联想中央仓（CDC）送货到省会仓（RDC），分销商收货（分销商授权 RDC 代表收货），取消了分销的库房。分销的经销商或最终客户有销售需求，分销商会发出货指令到 RDC，RDC 物流配送到经销库房或最终的收货客户和门店。该模式把所有分销的货物集中起来，再由联想指定的物流公司统一进行仓储管理和配送管理，实现统仓共配。

二、为什么采用统仓共配（SEC）模式

（一）物流直达是品牌厂商的必经之路

2012 年，SCM 做了一个直供模式的市场调查。其中，56% 的品牌厂商致力于驱动直供模式。特别是在高科技及零售行业，支持和反对直供的比例高达 6∶1。电商渠道占比 23%，传统的渠道模式仅占 21%。可见直供模式是品牌厂商的必然发展趋势。

（二）物流直达能提升品牌厂商竞争力

罗兰贝格咨询公司对于直供模式带来的好处也做了深入的分析，认为直供模式可以为商品零售价格带来 3.4% 的下降。其中，物流成本可降低2.5%，营销机会成本降低 0.9%。

（三）销售渠道中商流和物流分离是社会分工发展的必然体现

在保持商流不变的情况下，物流是可以分离的，特别是在移动互联和新零售时代，传统的分销模式很难适应社会的变化，销售从传统的渠道模式变成线上线下一体的全渠道模式，去中间化越来越明显。商流和物流分离，分销专注市场销售和资金运营，而将物流交给更加专业的物流公司来操作，提升规模效应，降本增效，这也是社会分工的必然发展体现。

（四）直供模式可以推动业务模式进行优化

传统的分销模式，品牌厂商与最终客户是分离的，被中间的分销隔离，无法真正地掌握市场销售情况，从而导致预测出现偏差，要么无货卖，要么货物积压严重。直供可以让品牌厂商了解端到端的市场销售情况，从而做出正确的快速反应。

总而言之，推进统仓共配（SEC）模式，可以让链条更短，提升端到端效率，降低端到端物流成本。同时，减少搬运次数，降低货损比例。分销商利用专业的物流平台，可以充分享受规模效应带来的益处。

三、统仓共配（SEC）模式如何做

（一）匹配销售业务战略

要推进统仓共配（SEC）模式，物流部门单方面的推进是没法成功的，需要与公司高层和业务销售部门一起推动，确保统仓共配（SEC）模式能与公司的销售战略规划相匹配，这是确保推进 SEC 模式成功的关键前提。

（二）匹配分销体系的物流能力

要确保物流体系有能力承接，物流体系更具有竞争力，无论是在网络、成本、时效、服务质量等方面。

（三）匹配强大的系统能力

统仓共配需要有一套强大的物流系统，可以实现 OMS/TMS/WMS（订单管理系统/运输管理系统/仓储管理系统）功能。因分销商以前有自己的物流系统或 ERP 系统（版本不一、风格不一、功能不一等），如何确保统仓共配能顺利推进，强大的物流系统很关键。需要让分销商通过该系统下销售订单或做 EDI（电子数据交换）对接，实时了解其库存和货物的配送状态。这都需要提前设计出一套适合的强大的物流系统。

（四）先试点后推广

具体实施的时候需要稳步推进，逐步实施，可以先找 1 到 2 个区域进行试点，再进行全国推广。

四、统仓共配（SEC）模式实施效果

统仓共配（SEC）模式实施后的效果主要体现在端到端的物流成本下降 33%，同时时效提升了 56%，搬运次数减少 2 次，货损下降了 33%。

对联想来说，最重要的效果是拉通了库存，使得整体库存降低和预测准确性提高。对分销商来说，该模式解放了生产力，让其更专注于销售特长。对物流商来说，该模式提升了规模效应（货量翻倍），盈利能力得到提升，跟品牌厂商合作也更紧密。该模式对所有的参与方都能带来极大的好处，可实现多方共赢，资源共享，形成良性的生态运作体系。

年度最佳实践奖 1：招商物流移动端平台（招商物流 App）

——招商局物流集团北京有限公司

招商局物流集团北京有限公司（以下简称"招商物流"）属招商局物流集团全资子公司，2001 年成立，自有仓库 56000 平方米，租用仓库 45000 平方米，管理自有和社会车辆达 9000 台，拥有员工 300 人。与好丽友、卡夫、中粮、ABB 等世界 500 百强客户合作，依托物流集团全国网络，以北京为中心主要辐射华北、东北、西北，业务能力覆盖全国，模式包括陆运、海运、空运、铁路矩阵式多方位服务；通过 SAP 及招商物流 App 进行系统信息化控制；运用托盘化运输、甩挂运输管理提质增效。

"招商物流移动端平台"是招商物流优化运输作业流程，升级改造 SAP

运输管理系统和流程监控系统，监控物流各个环节节点的移动应用客户端。针对供应链第三方物流服务商信息化水平弱，订单信息无法从始至终贯通整个链条，行业标准化服务体系有待完善等问题，"招商物流移动端平台"以物流服务交易为核心，整合上下游资源，以订单为驱动，为供应链各参与角色搭建畅通信息渠道，提升第三方物流服务水平。通过该客户端为物流实施人员和客户提供全天候信息共享平台，高效完成运输作业，快速响应前端市场需求；为有效协同社会资源，降低社会物流成本提供强有力的支撑保障。

一、项目背景

在当下"互联网 + 物流"的时代背景下，互联网技术应用与高速迭代的智能手机促进供应链信息化的迅速发展。但是 SaaS + App 系统模式的物流系统软件，却始终处在一个理念转化为成熟产品的过程当中。很多产品实现的前提大多是改变和规范物流行业运作模式从而适用于所谓的信息化大数据，所以如何在尊重传统的基础上逐步实现"互联网 + 物流"大数据化是招商物流云平台开发的前提。

基于"互联网 +"思维、移动互联，依托完善的支付体系、诚信机制等技术手段，为物流供应链中的参与者搭建信息沟通的渠道，打造产业联盟环境，提升第三方物流服务水平。将全链条的各方用系统和 App 连接起来，建立共同的平台是有深刻意义的。

二、项目内容

对于信息化快速响应前端市场需求，招商物流要求信息系统提供强有力支撑保障，应用部署的速度决定未来招商物流市场规模。招商物流决定技术上通过调整后台架构，实现 App 在 SAP 体系外循环实现功能，并支持快速迭代开发。根据招商物流需求，移动客户端设置调度、现场、司机、客户 4 个角色，面向智能手机 Android 和 iOS 用户使用。

以提供服务流服务交易为核心，功能架构以"平台 + 应用"的模式。其中，数据交换中心对外部数据进行接入规范及管理，订单交易中心对订单数据进行处理，服务监控中心对订单的物流服务进行管控，运力资源中心对平台的运力资源进行整合管理，在线支付中心实现资金的线上流转。业务应用层包括整个物流供应链环节，其中有订单管理子系统、运输管理子系统、结算管理子系统、终端应用 App，提供一站式的服务，实现对整个供应链过程的管控。

三、项目实施效果

（一）弥补同类产品和服务市场空白

招商物流北京公司作为行业领先的第三方物流领导企业，借助"互联网＋"技术，以品牌、资金、运力和仓储实体网络等资源为支撑，构建供应链物流服务平台。从技术上突破传统观念壁垒，实现线上订单中转，逐步构建成为招商物流信息化服务平台。

招商物流借助互联网技术开发物流新模式，与电信公司深度合作，开发基于 SaaS 系统的招商物流云平台以及 App 操作系统。通过多角色功能，管控全供应链环节上的各种角色操作以及需求。通过招商物流云平台 Web 端网站或招商物流 App，货主、招商（3PL）、专线承运商、司机以及收货人，都可通过注册相应账号，实现全供应链流程可视化监控。

（二）解决货物分包转运管控难点

①使用"招商物流移动端平台"App 可实现订单无纸化，订单信息一目了然。转运操作简易，方便司机实时反馈信息以及证据的留存。

②"招商物流移动端平台"App 整合移动应用，将货物运输全程可视化，实现了货物全方位的在途管理，提升了运输管理过程可控性，为后续追溯提供了参考。

③"招商物流移动端平台"结合应用物流码，绑定商品，杜绝串货、假货。

④可视化各节点数据，可联机上报异常数据、实时轨迹显示，全方面联动数据相互佐证。

通过以上多种途径进行在途管理，有效实现了业务分包的全程管控。

（三）响应客户订单需求

"招商物流移动端平台"通过移动应用实现订单的及时管理，根据订单日期、送达方目的地等，系统自动筛选出可集拼订单。同时，给予相同区域多个卸货点订单的集拼建议。相同的运输区域，系统建议按区域整合运输计划。根据大数据分析，提供多种运输计划安排方式，节约物流管理成本。

（四）全新客户体验

"招商物流移动端平台"项目实施后，提供客户评价实时反馈。App客户版终端可提供货物在途实时查询、回单签收即刻反馈、物流码追溯以及收货异常报警等服务，提高运输安全水平。

年度最佳实践奖2：全网络集中化甩挂运输模式

——德邦物流股份有限公司

德邦快递成立于1996年，致力于成为以客户为中心，覆盖快递、快运、整车、仓储与供应链、跨境等多元业务的综合性物流供应商。德邦快递凭借坚实的网络基础、强大的人才储备、深刻的市场洞悉能力，为跨行业的客户创造多元、灵活、高效的物流选择。德邦快递坚持自营门店与事业合伙人相结合的网络拓展模式，搭建优选线路，优化运力成本，为客户提供快速高效、便捷及时、安全可靠的服务。2018年9月，全球员工人数超14万名。全国转运中心总面积达149万平方米。网点近10000家，覆盖全国96%的区县、94%的乡镇，网络覆盖率行业领先。

2018年1月16日，德邦快递在上海证券交易所挂牌上市，正式登陆A股资本市场，简称"德邦股份"。同年7月2日，公司品牌名称正式由"德邦物流"更名为"德邦快递"。

一、项目背景

甩挂运输是提高道路货运和物流效率的重要手段。甩挂运输可按照生产要求，在一个场站甩下挂车并装卸货物，再装挂上另一部挂车后，继续运行到另一个甩挂运输场站作业，是世界公认的、广泛采用的先进运输组织方式，是提高运输和物流效率的有效手段，对节能减排，建设资源节约型、环境友好型社会意义重大。

1. 是减少燃料消耗，降低污染物排放，促进运输行业低碳发展的需要

甩挂运输作为一种先进的运输组织方式，有利于提高实载率和里程利用率，降低单位运输周转量能耗，实现节能减排。

2. 是提高运输效率，降低物流成本，加强市场竞争力的需要

传统的运输模式由于运输组织化程度低、运输周期长、里程利用率低，导致单位运输成本偏高。甩挂运输不仅可以提高牵引车的运行效率，节约牵引车购置成本，还可以通过短途集拼、集中装卸等提高实载率和里程利用率，降低单位运输成本，提高企业经济效益。

二、项目内容

甩挂业务的必要前提是中转场站货量充足且稳定，因此，德邦甩挂模式主要有两种：对点甩挂和大循环甩挂。

1. 对点甩挂

两个场站间互发甩挂，车辆到达场站卸柜挂柜发车，节约装车卸车等待时间。举例说明：顺德—重庆线，车辆配置为2车4挂，两个场站各停靠一个挂车用于装车，两个车头带挂分别往对方场站行驶，到达对方场站后，甩挂卸货。同时，带上已装好挂车返回，达到一个对点循环甩挂模式。该模式将1600公里的线路时效缩短至23小时，这种模式的前提是两场地货量、设施、高速直达等条件满足甩挂需求。假设该线路其他物流企业配置资源普遍为4车4挂或5车5挂，相应司机配置到达8~10人，德邦优化为2车4挂6名司机，较其他物流企业节约2个车头及该车头产生的运输成本和2名司机，该线路每月成本支出较其他企业节约40%。

2. 大循环甩挂

德邦拥有完善的线路网络，针对货量零散不对等的单条线路，采用大循环闭合甩挂模式。举例说明：武汉—贵阳—遵义—武汉循环线，车辆配置为2车4挂6名司机的最优模式，此循环起点为武汉，贵阳和遵义各有一个挂车用于装车，第一天早上 A 车带挂从武汉出发，到达贵阳后甩挂带挂发往遵义，到达遵义后甩挂带挂发往武汉，第二天晚上返回武汉，卸货装货第三天早上发车；第二天是由 B 车带挂从武汉出发，运营模式与 A 车一致，返回武汉后第四天早上发车。该循环甩挂模式将 3 条独立线路搭建为长 2200 公里的循环线路，节省人、车、挂的同时时效缩短至 39 小时，实现 2 天内循环，在成本下降的情况下，时效提升 1 天。

3. 招标合同车参与德邦甩挂业务

德邦结合自身甩挂业务发展规划及社会责任，开放招入社会优秀物流企业参与德邦甩挂业务。举例说明：苏州—顺德对发线，货量达到甩挂运输要求，将该线路纳入招标行列当中。中标后的物流企业借鉴德邦甩挂模式，该线路为德邦节约成本 12%。

三、项目实施效果

1. 降低物流成本

一是降低运营成本，甩挂运输要求"一拖"配"多挂"，有效减少牵引车和驾驶员的配置数量，节省牵引车购置费、人工费和管理费等运营成本。二是降低仓储成本，甩挂运输创造的时间效益使得材料随订随到成为可能，为实现零库存创造了条件，节省了货物仓储成本。

2. 提高运输效率

甩挂运输使牵引车和挂车能够自由分离，减少货物装卸的等待时间。相比传统单车运输，牵引车车辆出勤率由 80% 提高到 98%。同时，比单车年完成周转量高出 92.73%，提高接近一倍，由此可见采用甩挂模式可以大幅提高车辆运输效率。

3. 提高集约化程度

甩挂运输客观上需要建立一个较为完善的全国性或地区性运输网络，在不断满足市场运输服务需求的同时，对物流资源进行有效整合，推进道路货运业的集约化经营。

4. 实现节能减排

运输同等重量的货物，相比传统单车运输，甩挂模式下牵引车百吨公里油耗可降低 4%。传统单车运输模式下，车辆的核定载重质量为 30 吨，车辆平均里程利用率为 0.95，平均油耗为 43 升/百公里。甩挂运输模式车辆均为核定载重质量 30 吨的厢式车，车辆平均里程利用率为 0.95，平均油耗为 32 升/百公里。根据上述指标，对传统运输模式和甩挂运输模式的能源消耗进行对比分析。甩挂运输模式下的单车百公里可节油 11 升，节油率为 25.58%；柴油的比重为 0.86 公斤/升，柴油的碳排放因子为 2.72 公斤/升，柴油折算标煤的系数为 1.4571，由此计算甩挂模式下碳排放可降低 11.7%，二氧化硫排放可降低 13.2%。

年度最佳实践奖 3：运输装备租售智能电商平台

——东方驿站物流科技（武汉）有限公司

东方驿站致力于打造一个公共、独立、开放的甩挂运输装备资源服务平台，通过"互联网＋物流装备"的分时租赁，帮助客户实现物流装备资源的高效、绿色、安全运营。东方驿站业务服务包括 4 大块：装备租赁、场站服务、后市场服务、平台服务。东方驿站将通过全国网络化的布局，形成挂车池网络。其中，平台服务包括电商平台、智能挂车平台、大数据应用平台。

东方驿站将通过全国网络化的布局，形成挂车池网络，实现挂车和集装箱等甩挂运输装备的通借通还。2018 年，东方驿站已向市场投放甩挂运输装备 6000 套，装备运行线路 500 条，和顺丰、百世、京东、中外运、众卡、盛丰、德邦等知名企业达成了合作，是国内目前资产投放量最大、资源数最多、甩挂装备租赁市场占有率第一的平台。到 2020 年，东方驿站管理挂车数量将超过 20000 台，场站数量达到 100 个，真正形成挂车池网络。

东方驿站作为国内首家正式开展甩挂运输装备资源的服务平台，通过自有储备、社会吸纳等方式打造"公共挂车池"，全国网络化布局"专业化甩挂场站"的建立实现挂车、集装箱等甩挂运输装备任意时间、任意型号、任意节点通借通还的"分时租赁"便捷交易，并提供装备全生命周期的"后市场服务"，为我国甩挂运输的创新发展提供新思路、新方向。

一、项目背景

（一）国内外发展现状

发达国家和地区甩挂运输的货物周转量占总货物周转量的 70%~80%，甩挂运输的拖挂比普遍达到 1∶2.5 以上。相较国外成熟的甩挂运输模式，我国的甩挂运输目前还处于初步发展阶段，现阶段除了主要港口的集装箱集疏运、渤海湾滚装运输和少部分零担快运专线外，其他领域的甩挂运输基本没有发展起来。

（二）未来前景

通过数据分析，甩挂运输是提升资产利用率的最佳方式。传统运输模式平均月单车公里数为 1.8 万公里，而甩挂运输平均月单车公里数为 3.5 万公里。甩挂运输已经逐步为市场所认可，并具有成为主流组织形式的发展趋势。

目前，市场集装箱半挂车保有量为 100 万辆，几乎整个生命周期都为一头一挂的搭配。由于挂车类型单一，使得货车在目的地必须配载合适的货物才能进行下一行程，因此导致整体牵引车的利用率较低。目前，全社会牵引车的利用率为 60%。实施全社会的挂车租赁通借通还，能从根本上解决我国因为区域货源不对等造成的运力资源浪费，开启真正的大规模甩挂运输组织模式变革。

（三）主要考虑

东方驿站正是在这样的背景下应运而生的。基于自身丰富的甩挂经验和巨大的挂车租赁市场空缺，东方驿站创始团队于 2014 年提出建立公共挂车平台的设想。于 2016 年 3 月成立东方驿站物流科技（武汉）有限公司，致力于打造公共挂车池。目前，东方驿站的挂车以自有资产为主，通过自身标准引导行业标准化，已完成了超亿元的资产投放。

二、项目内容

东方驿站基于甩挂运输装备租赁提出了全新的商业模式：互联网＋公

共挂车池＋分时租赁＋专业化甩挂场站＋后市场服务。通过全国网络化的布局，形成挂车池网络，实现挂车和集装箱等甩挂运输装备的通借通还。

东方驿站与百世物流合作案例

百世物流在湖北区域均采取甩挂运输模式进行干线货物运输，区域间供应商较多，每个供应商均投入了不同数量的挂车集装箱资源。由于诚信体系、结算机制的问题，使供应商之间的挂车资源未实现互通互用，造成运力、装备的重复投入带来的资源浪费。对此，东方驿站向其制订以下4个层面的服务方案：由东方驿站公司向百世物流提供48尺轻量化挂车及集装箱、创新产品30尺甩挂替代传统9.6米整车装备，为其提供挂车租赁、轮胎供应、挂车维修保养等相关服务，百世物流在运力采购时不再对挂车、集装箱资源进行采购，只采购牵引车运力，以此实现百世运输资源利用、过程管理、风险防控等方面的最优表现。百世案例所显现出来的优势是东方驿站创新模式推广过程中的重要里程碑。如今，东方驿站的创新模式已经在全国范围内迅速地被复制和推广。

东方驿站以技术力量为支撑建设了3大平台：挂驿租电商平台、智能挂车平台、大数据平台。

（一）挂驿租电商平台

东方驿站通过选择SAP作为全渠道解决方案供应商，通过SAP－ERP项目将业务流程完全地整合，进行全国一体化管理，实现管理标准化、可视化，打造我国最大的甩挂运输B2B与B2C电子商务平台。

（二）智能挂车平台

东方驿站智能挂车项目是国内首创的甩挂运输装备智能管理系统平台，旨在应用物联网技术收集半挂车辆的大数据，在资产可视化管理、智能调度与配载、企业画像、运力分层、数据征信、需求供应预测等方面，实现装备管理透明化、高效智能化。

（三）大数据平台

东方驿站通过信息系统研发，高端设备投入，建立甩挂运输运力及装备资源大数据。利用用户画像、数据征信、供应链需求预测等大数据，基于数理统计与数据挖掘，为行业提供甩挂运输核心数据支持，为客户提供定制化甩挂运输解决方案。

三、项目实施效果

管理更便捷：通过东方驿站平台，实现业务流程线上进行，管理更智能。从客户下单、征信审核、库存确认、装备交接、租赁过程透明化，到交易结算归还全流程，实现业务的数据化。资产管理更安全：东方驿站设计了 5 个安全监管层级，能有效对租赁装备进行日常监测、分析统计、数据分析，在风险发生前实现有效预警。客户经济效益更高：东方驿站的客户运营数据综合显示，其整体营收增长翻倍，车辆利用率提升 20% 以上，利润率提升 10% 以上。物流更安全：东方驿站可提供优质、标准化的物流装备及其维修保养，在全国建立甩挂运输基地、建立司机甩挂运输基地，使长途干线节点化，驾驶时间单程小于 8 小时。同时，使用先进的甩挂运输组织模式，降低司机的劳动强度，提升其工作满意度及社会地位。客户资料显示，平均司机流失率下降了 28%。

年度最佳实践奖 4：东莞港湾区快线驳运系统与模式

——东莞市港湾创新供应链有限公司

东莞市港湾创新供应链有限公司隶属东莞港务集团，是东莞市港口物流行业的唯一市属重点国有企业，注册资金 15.17 亿元人民币，主要负责统筹开发东莞港核心资源，重点发展码头、保税及仓储、供应链、港口配套等业务。

公司兴建的湾区快线致力于打造东莞港到深圳、香港的海上集疏通道，实现莞货莞出，打造节能减排的绿色物流新通道。该项目的创新在于从东莞港辐射一定范围以内的货源产生地。通过电动卡车短途运输，将集装箱装货后送回东莞港，并由运营于东莞港与深圳港和香港码头之间的驳船装载并送抵主要枢纽港口，转驳至大型国际航运公司母船后完成集装箱的出口。

一、项目背景

深圳、香港等主要出口枢纽港面临严峻的土地资源问题。各地的港口在此情况下纷纷大力推广水路驳运系统，但是存在严重的进出货源不匹配问题。东莞是外向型经济的窗口城市，对进口原材料有海量的需求，而这类原材料往往通过母港的航运公司大型集装箱船转驳船到达东莞港，这就在东莞港区内产生了大量的空集装箱资源；对于出口而言，虽然东莞以及珠三角西区作为重要的制造基地每年出口的集装箱数以千万计，但是由于各个船公司不同的船期等多方面因素，与货主的交货期匹配难度很大。目前，众多货主采取的办法主要是通过集装箱陆路运输，在枢纽港区提空箱到工厂装货这一段运输中存在几百公里的空箱运输。

二、项目内容

粤港澳大湾区建设是广东改革开放的重大机遇，湾区快线在粤港澳大湾区开发的背景下建立并实施。通过布点内陆有水、无水港，把东莞港的服务送到企业门口；利用珠三角水网密集便利的优势，把服务延伸到珠江西岸，打通内联外通的网络。

该项目由宜家家居出口集拼仓库疏港运输业务发起，东莞市港湾创新供应链有限公司牵头，东莞港务集团系统内的多家公司，包括供应链公司、码头公司、驳运公司等共同提供资源，面向市场提供基础服务。自此项目开始，宜家家居已经通过此条湾区快线出口 15000 个 40 尺集装箱。之后，此项目得到了沃尔玛、伟易达等众多国际国内进出口巨头的大力支持和全力合作。

三、项目实施效果

2017 年 9 月 1 日，东莞市港湾创新供应链有限公司运营的"莞盐快线"驳船多式联运，是基于以上现状定制的解决方案。将项目实施之前的东莞附近工厂到盐田港的点到点集疏港拖车业务（传统柴油车），转换成多式联运驳船集疏港，即从东莞附近工厂短距离拖车送至东莞港（从 2017 年至今运行电动重卡集疏港），再由驳船送至盐田港接驳母船。短时间内，打通东港直接出口的通道，聚集了港口附近的出口货源，给广大出口商提供了低成本高效率的解决方案、减轻了大型船公司集装箱空箱堆积低周转的压力，并且通过水路驳运减轻了一线城市港口区域的负担。

通过和各个船公司以及码头的定制化服务，此项目解决了用箱问题；通过不同船型的天天班服务，此产品确保了运输时效性和服务表现；通过东莞港的协同作业，此项目解决了报关、查验、用箱修箱、EDI 对接等问题；通过合作车队在短途运输实施全甩挂运输，极大提升了拖车集疏港运营效率；通过多式联运集港，帮助缓解进出港区道路拥堵情况。

2018 年，通过此湾区快线驳运的 15000 个 40 尺集装箱，与陆路运输市场价格相比，每年为货主节省直接运费 500 万元（滞箱滞港、查验损失、交通堵塞等费用不计）。

年度最佳实践奖 5：全链路运输时效管控平台

——上海卡行天下供应链管理有限公司

卡行天下是一家为中小物流企业提供服务的交易网络平台。在线上用信息系统连接物流需求主体，使成员在系统内交易、结算、监督、评价；线下建立城市物流节点，利用社会运力，建设全国运输网络，以线下网络支持线上交易，并融合手机 App、金融扶持、保险理赔、培训支持等产品，推动中小微物流企业发展。

卡行天下现已在全国范围内建立超 400 个城市枢纽，26 个智能园区，聚集超 25000 个物流成员，直发线路 21000 条，平台发货人超 350 万，年交易量达 160 亿元。从货主发货、网点承接、枢纽集约、线路运输，再到枢纽配送，卡行天下通过制定运输链条中各个角色和各个环节的运输时效规则，更好地帮助物流企业进行货物的集约和预配载。

运输时效管控平台，实现了整个物流运输供应链的全程可视化管控。同时，能够集仓储、运输、配送、信息服务等多功能于一体，优化物流资源配置、降低货物损耗率、提高客户服务水平。同时，将物流各环节整合在一起，将过去分散在各处的物流资源进行集中处理，发挥了整体优势和规模优势，提升了整个物流行业的效率。

一、项目背景

随着物流公司业务量的不断增长，客户在追求货物运输价格和安全的同时，对货物运输时效性的要求也越来越高、除德邦、顺丰等大型第三方运输企业外，在广阔的专线市场，运输时效性存在不少问题：

1. 对客户而言，货物延迟，运输时效没有保障，满意度低

一票货从发货人发出到收货人签收，须经过集货、入库、干线运输、分拨配送、签收等多个环节。倘若某个环节出现延误，势必会影响整体运输时效。再者，中小微物流企业的客户服务意识不强，又没有时效管控工具，导致货物运输的在途和节点变化没有及时反馈给客户，造成客户服务体验不佳。

2. 对运输企业而言，运输过程随意性太强，契约精神欠缺

一直以来，传统公路零担运输企业出于成本的考虑，经常有需要等待凑满整车才能发车的情况，极大地影响了运输速度和服务效率。

3. 大部分的物流平台缺乏一套切实可行的时效管理工具

以卡行天下为例，作为优质高效的物流交易网络平台，连接货主、线路、枢纽、司机和收货方在平台上进行交易，还是会出现各方时效无法管控，经常出现运输超时、中转超时、配送超时等情况。枢纽是货物运输的主要节点，亟须为枢纽提供一套运输时效监控工具，方便枢纽对运单的分拨、转运、直配、自提、整段签收和成员的发车、分段签收、市配和自提进行实时预警和报警。

卡行天下作为物流行业的领导者，有责任和义务来推动整个物流行业制定标准。同时，卡行天下平台上聚集了大量的中小物流企业，有制定这个标准的基础。

二、项目内容

（一）互联网大数据技术的应用

基于规范化的业务数据体系和强大的数据分析平台，卡行天下不断在数据应用层面取得进展，当前的数据化产品包括但不限于以下内容。

（1）面向物流生态中各级组织的数据报表。

（2）为总部和大区提供场景化分析的 BI（商业智能）平台与分析师团队。

（3）为物流成员提供日常化数据服务的"老板手机报"。

（4）为金融贷款提供物流成员信用评级的"卡信分"。

（5）按业务场景定制的数据化产品。

其中，"按业务场景定制的数据化产品"是业务驱动的数据能力输出，即利用数据能力，为特定的业务场景提供数据分析和业务功能嵌入。本项目通过实时采集和跟踪整个运输流程的运单，为枢纽运营提供 9 大指标的实时数据分析，大大降低了工作难度和工作量。同时，提高了运输产品的时效品质。

（二）智能硬件技术的应用

平台的时效考核需要及时采集车辆位置数据和货物位置数据，并保证数据真实有效。卡行天下通过手机 App 定位和道闸系统相结合的方式进行车辆在途和车辆出入园区定位，无须车主安装设备，就能实时采集到车辆位置数据。

同时，利用 GPS、北斗卫星定位和物联网技术实时采集车辆位置，广泛应用二维条码相关技术跟踪货物信息。自主研发智能园区枢纽业务系统、移动操作平台、智能道闸系统、电子围栏技术，积极采用国际先进的地链输送系统，减少仓库作业人员工作负荷，提高工作效率。

（三）技术上的发明创新

1. 数据及云计算技术

利用数据及云计算技术，实现了数据总线、实时计算框架、爬虫引擎、分布式数据存储、分布式计算引擎等，以及实现数据化运营所需的业务规则梳理、数据产品开发与实施等。

2. 规则计算

规则计算核心技术 Drools 易于调整以及易于管理的开源业务规则引擎，符合业内标准，速度快、效率高。业内分析师或审核人员可以轻松查看业务规则，从而检验已编码的规则是否包含了所需的业务规则。

3. 规则通信

使用 Zookeeper 中特有 watcher 注册与异步通知机制，能够很好地实现分布式环境下不同系统之间的通知与协调，实现对数据变更的实时处理。使用方法通常是不同系统都对 ZK 上同一个 znode 进行注册，观察 znode 的变化（包括 znode 本身内容及子节点）。其中，一个系统更新 Z 节点（znode），那么另一个系统能够收到通知，并作出相应处理，做到业务系统所使用的规则及时更新。

4. 可视化

对接车辆位置提供商，利用 GPS、北斗卫星定位和物联网技术实时采集车辆位置，跟踪货物信息，在车辆和货物在途可视、保障运输时效方面发挥重要作用。

5. 货物追溯

广泛应用二维条码相关技术，在操作跟踪、货物跟踪、移动支付方面发挥重要作用。

6. 过程管理

通过改造前端显示页面，重构位置展示逻辑，将过程信息全面、友好地展示给成员，并且生成车辆、货物运行轨迹，为成员提供更友好的服务，降低客服跟单工作量。

（四）平台的应用和优势

通过终端智能设备连接线上线下，实现监控台对各指标维度的管控。指标维度包括：货损货差率、投诉率、贴码率、扫码签到率、枪扫描率、分拨及时率、回单返回及时率、干线准点率、市配准点率、下转移准点率、整段签收准点率、等待卸车合格率。

监控台目标包括以下内容。

（1）填补货运圈线上运营时效实时监控空白。

（2）减少枢纽运营和客服的工作量，提高工作效率。

（3）改善运营时效和质量。

（4）提高成员满意度，提升交易量。

三、项目实施效果

提升了物流企业管理效率。通过时效管控平台，物流企业由粗放式的运营管理转变为精细化的运营规范管理，货物从揽收、储存、装卸、加工，再到运输的各个节点都有固定的时效考核指标，合理规范了运输时效考核指标。通过实施标准化的运输时效管控平台，外部用户（网点、线路、司机）和内部岗位（调度、单证、客服、枢纽总负责人、片区总负责人等）人员都必须遵循标准化的时效考核指标。

年度最佳实践奖 6：单元化订单与带板运输模式

——上海益嘉物流有限公司（益海嘉里集团旗下物流公司）

益海嘉里集团在我国总投资超过 300 亿元人民币，现有员工 2.5 万人，在全国 25 个省、自治区、直辖市，建成和在建生产基地共计 70 个，生产型实体企业 110 家，拥有 20 个以上的综合加工车间，主要涉足油籽压榨、食用油精炼、专用油脂、油脂化工、玉米深加工、大豆精深加工、水稻循环经济、小麦深加工等产业。物流事业部管理范围有 130 家工厂储运、32 家物流公司。业务范围囊括集装箱、码头、船代、船运、仓储、公路、铁路、城配 8 大业务。

一、项目背景

近年，益海嘉里致力于打通与下游经销商、卖场等收货客户的托盘循环共用，开展带板运输，提高了装卸效率、提升了单元化物流运输比例，致力于推进带板运输工作。于 2017 年完成 42 万吨带板运输总量，在 2018 年持续推进此项工作，继续开发新客户共同开展带板运输。

带板运输的应用逐渐打破闭环格局，从企业内部走向企业外部，开始实现供应链上不同企业之间的协同合作。招商路凯、集保等托盘循环租赁公司日益壮大，提供充足的社会化托盘池。益海嘉里旗下产品主要以米、面、油为主，多是标品、重货，且周转率高。从社会环境的硬件提供、货物的周转情况、货物的重量性质来看，均为带板运输提供了前提。

二、项目内容

一是TIHI标准（堆码标准）的统一。二是保证单元化的订单模式。三是开通绿色通道。四是物流资源共享。

首先，与客户沟通保证以单元化的模式下单，可以根据不同产品和订单组板类型，采用叠板或加高方式提高车辆装载率。其次，统一TIHI标准。因为如果TIHI标准不统一，会造成翻板作业，增加额外的人工搬运成本。因此，益海嘉里与下游收货客户充分沟通，建立统一的TIHI标准，以避免翻板情况。再次，与收货客户沟通，为加快收货速度，提供绿色通道，对于带板运输货物优先安排收货。为带板运输货物提供叉车卸货与费用减免，以便进一步降低供应商卸货成本。最后，共享物流资源，与收货客户会同招商路凯签订三方协议。德州工厂、家家悦与招商路凯合作，招商路凯提供托盘，益海嘉里与客户共享社会化托盘。

目前，益海嘉里已经启动了以"1200毫米×1000毫米"标准托盘为中心的物流标准化运作体系，包括以托盘为中心的物流基础设施设备的配套（搬运车、货架、月台、货梯、运输车辆等）。针对标准化建设进行相应的信息系统开发（WMS系统），以及制定"带板运输"运作环节的操作规范与制度。以标准化、现代化、规范化为目标，利用托盘在装卸、收货、退货、运输、仓储、配送等各个物流环节的重要衔接作用，通过大规模采用标准化托盘，促进集装单元化、托盘一贯化作业运作。

三、项目实施效果

以益海嘉里与沃尔玛的合作为例。

（1）提高装卸效率。如果采用散装箱运方式，益海嘉里需要花费3~4小时装车，采用带板运输后，仅装车环节就节约了2~3小时。

（2）提高车辆使用率。因为大大缩短了装货和卸货时间，使得车辆从一天运一次货物增加到一天运两次。

（3）降低人工装卸成本。散装箱运时，装卸一车需要 3 个人工，而采用带板运输后，使用一台电叉车与一名司机即可完成装卸工作。

（4）降低货损率。带板运输的货物，由于减少了搬运次数，货物碰撞概率也降低了，从而大大减少了货损。

预计全面推广实施之后，通过提升车辆周转、减少人工及减少商品运输装卸损耗而获得的年总收益可达 340 万元以上。装卸货时间减少至原来的 25%，车辆利用率提升一倍。

年度最佳实践奖 7：基于物联网的智能运输追踪系统应用

——跨越速运集团有限公司

跨越速运集团（以下简称"跨越"）成立于 2007 年 8 月，注册资金 4 亿元，位于深圳市宝安区，是一家主营"国内限时"快递的大型现代化综合物流企业。公司实行直营模式，全网统一管理，网络遍布全国 32 个省级行政区的 500 个城市。如今，已有 11 架货运包机，1.5 万台运输车辆，5 万名员工和遍布全国的 3000 家服务网点，日均货运处理能力达 10 万票。跨越速运在行业中首度对客户作出"限时未达，全额退款"的承诺，并率先推出 3 大时效产品：当天达、次日达、隔日达，同时为客户推出独具特色的贴心服务：24 小时取派件。

在当今物流时代，信息技术成为现代物流提升效率的重要手段，大数据、人工智能和线上线下协同，物流科技落地已成大势所趋。从传统物流到"互联网 + 物流"再到"智慧物流"，物流行业正在发生变革。

在 IT 中心强大技术团队支撑下，跨越速运很早就顺利实现 3 大系统对接：物流系统、机场航空系统、GPS 全球定位系统，精准掌握每一票货物的即时方位。如今，跨越速运在物流速度、安全防护、业务流程、客户服务等各个环节应用智能研发科技成果，打造了自己开发的综合现代化高端物流网络信息系统，建立了"智能 + 定制"的智能物流体系。

跨越速运主要在产品时效、服务体验和科技提升 3 大板块发力，由此奠定了跨越速运的核心竞争力——精细化经营下直营模式带来的限时优质服务，以及信息化投入下紧跟智慧物流趋势的先进科技。

一、项目背景

在产品的供销过程中，出产商和经销商均面临货物的辨认、确认、运输、跟踪和交付问题。在货物的实际递送过程中，也面临货物的交接、物品信息的确认、交接人员的确认等问题，由于时间、空间、人员及相关记录设备不在一处，使得物流管理非常复杂，常常遇到货物发错或遗失的问题。

"跨越"自成立以来，始终把货物运输安全作为重中之重，保障货物安全。因此，在 GIS（地理信息系统）和 GPS 系统技术基础上，"跨越"加入无线传感器网络技术，建立智能物流追踪系统平台，把货物运输安全水平提升到一个新的高度。调度人员可以方便地调度进入园区车辆，并在系统中统计物流车辆的进出记录。由于车厢开关门有拍照记录，在发生货物的丢失以及数量不符时做到了有据可查。由于开厢门时有报警提醒与车上蜂鸣，系统监控人员发现一些车辆在非卸货区域开厢，管理人员根据报表，采取问责制，并且依据系统制订了考核标准，大大减少了车辆的事故发生概率。

二、项目内容

跨越速运在 GIS 和 GPS 系统技术基础上，利用北斗＋GPS 双模定位技术、4G 视频技术、ADAS（高级驾驶辅助系统）技术、互联网技术、物联网技术、无线通信网络、GIS 地理信息系统、大数据应用技术以及先进的物流管理理念和方法，基于云计算及微服务架构，通过对数据信息的深层次分析，实现一个全面集成监控、预警、运营服务等主要业务的智能运输追踪云服务平台，把货物运输安全水平提升到一个新的高度。调度人员可以方便地调度进入园区车辆，并在系统中统计物流车辆的进出记录。司机开关车厢门有拍照记录，开厢门时有蜂鸣提醒，车厢在非卸货区域打开会及时通知司机。同时，智能运输追踪系统借助精准的驾驶行为分析技术，可实时监控和量化司机的驾驶行为。实时监测急加速、急减速、急变道、急转弯、开车抽烟、打电话等不良驾驶行为，将不良驾驶行为数据同步上传至服务平台，对司机的驾驶行为进行评分，管理人员依据评分对司机进行考核，进而规范司机的驾驶行为，有效督促并纠正司机的不良驾驶行为。具体来说，企业实践内容集中于以下几方面。

1. 智能收集时间与地理数据

无线传感器网络技术通过实时整理"跨越"运输车辆上GPS和GIS在某一节点形成的完整信息数据，包括经纬度数据、时间数据以及GPS、GIS节点编码数据，然后利用DIP数据分析技术把这些信息数据传输到监控中心指定的区域，让各区域中心把接收到的信息数据记录下来，并对特殊地点进行标注，形成一个完整的GPS、GIS线路图。

监控中心对多个线路图中的数据进行复盘，主动避开或者加强防范那些对物流运输影响大的路线，形成一个最优的运输线路，提升运输安全性。

2. 智能化分析货物行为

在运输之前，"跨越"车辆上每一票货物的包装内会安装一个传感器设备，并紧贴在货物表面。假设传感器与货物连在一起时的数据是0，那么货物与传感器分离时，这个数值就变成0以外的数字，这就说明货物产生了异常。

但是基于物流追踪系统的智能化检测功能，当货物发生异常时，无线传感器网络不会立即报警，而是进行第二次数据检查，以此来确定货物与传感器是否分离，并选择是否报警。

3. 智能检测货物完整性

无线传感器网络能够记住货物的原始画像，并设定成一个初始数据。在运输过程中，无线传感器网络对货物进行一个全方位的扫描，形成一个三维数据信息反馈给智能物流追踪系统，智能物流追踪系统根据反馈的三维数据信息进行智能检测。

三、项目实施效果

系统应用以来，管理人员也可根据系统的数据报表，随时掌握车辆的安全状况和上下车人员情况，大大减少了车辆的事故发生率和货品的偷盗率。据初步测算，应用本系统后，车辆燃料消耗降低5%~15%，事故发生率降低25%~40%；车辆维护费用节省10%~15%，尾气排放量减少10%~15%。系统上线3个月，为公司节省了车辆维护费用达数十万元。深圳福水专线的司机温师傅表示，追踪系统平台给司机师傅提供了很多便利，有效减少抽烟、打瞌睡等行为，事故率也降低了不少。

（1）互联网技术的发展需要，践行了我国"互联网＋物流"行动计划，推进智能化物流，破解了降本增效的难题，服务于广大企业，带动了电商及其相关行业的快速发展。

（2）采用极具优势的自营模式，具有管理严格、控制力强、信息化程度高、服务统一且水平高等优势，也保障了客户利益的最大化。

（3）对于塑造企业品牌形象、提升行业影响力和竞争力、促进企业自身的良好发展、增创增收起了极大推进作用。

（4）降低自身经营成本的同时，有效缩短了客户贸易周期，增强了企业市场竞争力，协助其更好地赢得市场，促进了各类行业良性健康发展。

年度最佳实践奖 8：基于车联网大数据的保险风控 AI 云平台

——北京中交兴路信息科技有限公司

北京中交兴路信息科技有限公司（简称"中交兴路"）是一家以数据为核心，为公路货运行业提供多元化产品与服务的科技企业，致力于打造我国领先的公路货运综合服务平台。公司发展至今积累了丰富的商用车车联网运营管理及服务经验，在北京、重庆两地建有国家级车联网产业基地，拥有省级分支机构超过 30 家。

一、项目背景

1. 政策引导与技术创新下的商业车险费率改革必然要求

2015 年 6 月，保监会发布《中国保监会关于深化商业车险条款费率管理制度改革的意见》（保监发〔2015〕18 号），骤然打开了我国商业车险费率改革的大门，施行多年的全国商业车险费率全行业统一的模式终于开始松动。自此之后，保险公司自主定价的空间逐步放宽。目前，有些省份已经不设费率调整上下限，完全由保险公司根据对车辆风险成本的预测自主定价。这就对保险公司的风险成本预测能力与核保定价管理水平提出了更高的要求。

一方面，以往保险公司只能通过车型、车系、品牌、吨位、使用年限等因素，粗略地区分车辆风险成本。随着车联网技术的普及，外界获取车辆的行驶里程、驾驶习惯、道路环境等数据成为可能。因此，基于车联网大数据，可以获取车辆的驾驶、运营、业务类型、路况与天气等多维度数据。

另一方面，交通行业管理的深化以及车联网技术的普及为车险行业的大变革提供了基础数据保障。2014 年，交通部、公安部、国家安全生产监督管理总局联合发布了《道路运输车辆动态监督管理办法》（2014 年第 5 号，简称 5 号部令），在部令中要求全部重型载货汽车和半挂牵车在 2015 年 12 月 31 日要安装卫星定位装置并接入全国道路货运车辆公共监管与服务平台，并对不符合规定的运输企业和个人制定了相应的惩罚措施。

截至 2018 年 9 月底，入网车辆突破 560 万辆，平台每日新增车辆 8000 ~ 10000 辆，轨迹上报频率 5 ~ 30 秒，日增轨迹数据 50 亿条，日增数据量 1TB，是全球最大的商用车车联网服务平台，基本实现了全国重载普货车辆与半挂牵引车辆的全覆盖。

2. 保险市场主体对一个涵盖全国范围车辆的风险管理云平台的迫切需要

一方面，重大事故频发，重载货车车险经营亏损。而对于车险行业经营情况的整体改善需要一个覆盖全量市场的车联网平台，作为数据来源和管控基础，建立统一的风险识别与量化标准，使各家保险主体依照同一个标准识别与量化风险，避免信息不对称造成的保费价格竞争，因此保险公司希望通过技术手段的引入和业务模式的创新，扭转车险长期亏损的局面。

另一方面，货车行业骗赔、诈赔以及人为扩大损失等欺诈行为频频发生，利用伪造交通事故等手段骗取保险赔偿的情况层出不穷。

3. 防灾减损、提高道路安全管理水平的多赢选择

在承保端通过更精确的风险评测降低业务品质风险，在理赔端通过获取车辆行驶轨迹、司机驾驶行为，破解欺诈、骗赔风险，对于单个保险公司来说，的确可以有效地降低赔付成本，提高经营效益。但对于整个保险行业来说，仍然是零和博弈。因为整个行业的风险水平并没有改善，全社会道路交通安全管理水平也没有提高，只是将风险在不同保险市场主体之间进行转移。

二、项目内容

本项目将基于全国货运平台和以其为基础构建的车联网大数据平台，依托高级统计学习技术、神经网络深度学习技术以及大数据存储及分析技术建立商用车风险管理 AI 云平台，构建从承保端到理赔端的全流程风控闭环，向国内外的保险公司提供全方位的风险管理服务，包括车辆风险评测、运营安全管理、事故时预判及理赔调查支持等多种服务，有效帮助保险公司在保前识别和量化风险、保中监控和防范风险、保后及时核查风险，从而降低全行业重载货车保险的出险频率和赔付率，有效提高保险公司的经营效益，进一步改善全社会商用车安全生产管理水平。

三、项目实施效果

中交兴路作为全国货运平台的建设和运营方，积极拓展平台功能，为驾驶员和车主提供相关服务，确保货运车辆公共平台长期、安全、稳定运行。平台结合大数据技术、智能分析、实时计算技术，对车辆运营情况、司机驾驶行为进行分析，并实时提醒，可有效纠正驾驶者的不良驾驶习惯，提高驾驶安全水平。与此同时，也开发出重大交通事故实时侦测预警功能，对于重大交通事故第一时间通知保险公司、救援机构，迅速采取救援措施，从而最大限度降低财产损失和减少人员伤亡。

1. 保前风险评测模型有效降低了保险公司的承保风险，改善了业务品质

参与试点的保险公司在试点期间内有效降低了所承保重载货车的保险风险，改善了业务品质。平安财险青岛分公司在试点 6 个月内，重载货车业务结构不断优化，优质车辆（A 类车辆）占比明显提升，劣质车辆（E 类车辆）占比明显下降。更进一步地，该公司在试点期间所承保的 A、B 类优质车辆的实际出险频率只有 7.5%，远低于当地 25% 的平均出险频率。

2. 保中风险管控有效降低了车辆的行驶风险，实现了司机、车队、保险主体多方共赢的局面

本平台结合大数据技术、智能分析、实时计算技术，对车辆行驶行为、驾驶员行为进行分析，并实时提醒，可有效纠正驾驶者的不良驾驶习惯，提高驾驶安全系数。

根据占全国货车保险市场份额 40% 以上的人保财险的数据分析报告显示，货运车辆出险率自 2013 年本平台提供危险驾驶行为实时提醒服务后持续降低，载重 10 吨以上的货车降幅显著。2016 年，货运车辆总体出险率为 24.9%，较 2013 年下降 1.1 个百分点。载重吨位 10 吨以上货车出险率为 33.4%，较 2013 年下降 6.1 个百分点；10 吨以下出险率为 16.8%，较 2013 年下降 0.9 个百分点。可见，随着本平台保中提醒功能的完善和覆盖车辆范围的不断扩大，其出险率有了显著的改善。

3. 智能理赔评估体系，有效协助保险公司进行赔案反欺诈排查

以国内某知名险企为例。2018 年 4—8 月末，5 个月内有效查询次数 2339 次，直接减损金额 515.74 万元，次均查询反欺诈减损 0.22 万元，案均赔付成本降低 5%~10%。结合实际使用情况发现，对车辆套牌、小案大作、虚假拼凑、换驾逃逸等典型事故能做到快速识别和排查指引，得到业内使用单位的一致认可。

同时，在助力保险行业缩短赔付时效和提升客户服务感受方面成绩斐然。项目开发以来不足 1 个月的时间内，已帮助完成赔案回溯 1400 笔，发现问题案件 20 笔，反欺诈减损 170 万元。

4. 实时发现重大交通事故

目前，日均发现并通过验证确认的事故数为 30 笔。事故实时发现的初衷是用最短的时间准确发现事故，为人员抢救、车辆施救、恢复交通尽可能地争取时间。验证过程中，很大一部分是早于车主知悉事故，该功能得到当事人的普遍认可。

年度最佳实践奖 9："企业 + 物流"跨领域结合实践模式

——深国际北明全程物流有限公司

深国际北明全程物流有限公司（以下简称"北明全程"）成立于 2002 年，公司由深圳国际控股有限公司、烟台北明运业有限公司和烟台渤亚物流有限责任公司三方合资而成。其中，深圳国际控股有限公司为控股方。公司坐落于烟台，注册资金 9000 万元，是一家提供集物流、商流、信息流、资金流为一体的集成式供应链管理服务商，主要业务板块有物流管理咨询、物流服务业务、综合物流园区经营、电商产业园经营、写字楼租赁等，是烟台市物流行业龙头企业。2017 年公司与恒大农牧集团签订物流总包战略合作协议，成为恒大农牧集团物流管理平台，此次外包不仅是物流实体运营（仓储、运输、配送）的外包，更是企业核心管理（团队管理、物流规划）的外包，标志着公司在"企业 + 物流"的创新合作模式上跨出了坚实的一步。2017 年公司实现营业收入 2.8 亿元。

一、项目背景

1. 跨领域结合　优势互补

恒大农牧是一个典型的农业制造型企业，核心优势在于商品的研发、生产与销售；而北明全程属于典型的"流通型"企业，核心优势在于流通领域的资源建设与管理。二者有效结合，可以强力打造制造 + 流通的全链优势共享，增加竞争中取得成功的概率。

2. 活力体制　混合所有制实践

恒大农牧属于民营企业，特点是机制灵活、市场适应能力强、转型快、拥有行业专项技术优势，但同时在融资、资源领域进入、经营稳健与持续性方面还有机会点可提升。作为混合所有制工作推进的落实，可以大大加强合作双方在完全竞争领域的资金和管理优势。同时，也可以为传统资源领域引入更加具有活力和强适应性的手段与方法。

3. 产融结合　挖掘多层供应链服务潜力

通过恒大农牧与北明全程制造 + 流通的结合，基本可覆盖从原材料至消费终端全链服务的参与机会，包括原料采购与融资、包材的技术与管理、农业科技与农资分销、工厂物流服务、工厂设备融资租赁、生产与计划、全链运输与仓储、经销商物流管理咨询服务、经销商代理采购与物流管理等。核心优势部分可集团自主经营，非核心部分可以引入战略伙伴或通过招投标经营。夯实强势链主地位，有助于企业长远发展。

4. 拥抱改变　紧追行业步伐

从原有国营企业成本中心的储运部到第三方物流的普遍化，再到企业物流部的市场化。通过合资合作在资本方向上取得一致，在细节操作上采取专业化的分工。在给用户带来良好消费体验的同时，行业升级并发展与壮大。

5. 基本运作量

2018 年 1—9 月：

一级运输，26850900 箱；370265 吨。

二级出仓，16552235 箱；237717 吨。

快递发运，3922734 件；1319000 票。

截至 2018 年 9 月 30 日，全国管理中转仓仓库 28 个，面积合计 81366 平方米；在库存货 23546 吨，饱和度 59%；2018 年 10 月出仓金额 2.05 亿元，在库金额 2.59 亿元，周转天数 38 天（大客户 38 天，粮油 21 天，冰泉 14 天，乳业 176 天）。

二、项目内容

1. 改善运作 KPI（关键业绩指标）/服务水平

通过创新物流战略总包合作模式，加深管理与协调，突破企业物流部效率优化边界，有效迭代物流各环节 KPI。

2. 从多方面节省物流费用

（1）运输方式改进。

（2）对线路进行重新招投标。

（3）在不提高成本的情况下，提高了仓储使用面积。

（4）重新沟通并设计了货损赔偿规则。

（5）整体一级运输海运、汽运招投标。

3. 改进综合管理类工作流程

（1）提升管理效率与专业化分工。

（2）完善业务流程与制度。

（3）完善全国仓库规划与执行（流通规划）。

（4）强化电子回单、信息化建设。

（5）降低结算与法律风险。

4. 开展增值服务，优化供应链资金流通效率

依托控股股东北明全程物流有限公司资金优势，开展多类供应链金融服务，扶持优质供应商成长，巩固供应链稳定性。

三、项目实施效果

1. 改善运作 KPI/服务水平

通过创新物流战略总包合作模式，拓宽企业物流部视野，加深管理与协调，有效迭代物流各环节 KPI。据 2018 年 1 月到 9 月数据统计，响应及时率 95.7%，配送及时率 91.2%，及时付款率 100%。2017 年，原承运商无车源时可以拒绝运输，2016 年和 2017 年承运商均出现以没有及时结算运费为理由，扣货不予发运情况。同时，KPI 考核无数据。2018 年按照订单/定量规范执行 KPI 考核，无拒绝运输现象。

2. 从多方面节省物流费用

（1）运输方式改进。

冰泉：2017 年，华中、西北、中部的第一运输方式为铁路。2018 年招投标，实现了汽运报价低于铁路，更改运输方式为汽运，且运输时效缩短；2017 年海、铁、汽占比分别为 23%、39%、38%；2018 年海、铁、汽占比分别为 30%、16%、53%；粮油：2017 年海、铁、汽占比分别为 1%、19%、80%；2018 年海、铁、汽占比分别为 17%、20%、63%。

（2）对线路进行重新招投标。

将部分原汽运的第一优先运输方式更改为铁路、海运，比率接近100%，常规成本进一步降低。

（3）在不提高成本的情况下，提高了仓储面积使用率。

仓储方面，将冰泉、粮油、大客户、专供仓，在一个区域内的进行合并，降低总体仓储面积，节约成本。同时，仓租价格下降 10%，并取消所有仓库托盘收费。

3. 改进综合管理类工作流程

（1）提升管理效率与专业化分工（原是按照产业分工）。

2018 年恒大农牧与北明全程共同商议并进行了专业化的分工后，运营中心（一级、二级、快递、流程与计划）、结算中心、行政人事、信息等实行专业化运作，较大幅度提升物流管理服务输出效率。

（2）完善业务流程与制度。

建立健全物流工作业务流程与制度，通过精细化管理提升效益。实施工厂装运工作流程、KPI 计算细则方法、台风预案、规范订单管理办法（减少挂账）、WMS 系统操作手册、滞港管理细则、权责发生制物流费用计提方法、仓库管理办法、回单与对账管理规则、供应商 KPI/员工岗位 KPI、绩效与岗位说明书、招投标管理办法、不良品处理流程等，对物流关键节点进行严格管控。

（3）完善全国仓库规划与执行（流通规划）。

虽然增加直发可以立竿见影减少物流成本，北明全程仍在产业充分沟通的基础上，提出全国仓库规划并落地执行，以支持产业，提升客户服务水平，增加客户满意度，提高生意份额，并在过程中根据业务变化需要进行调整。

年度最佳实践奖 10："互联网＋同城货运"解决方案

——深圳依时货拉拉科技有限公司

货拉拉成立于 2015 年 2 月，总部位于深圳福田，是一家从事 O2O（线上线下）同城、即时、整车货运业务的"互联网＋物流"公司。经营范围包括广告业务，汽车租赁，计算机软件的技术开发、技术咨询服务，物流代理服务等。

自进入大陆市场以来，货拉拉以轻资产运营，采用后台统一算法、众包模式，快速在全国扩张，业务覆盖 126 座城市，公司员工超 3000 名。其中，深圳总部员工 1500 人，并持续增加。目前，已成为国内同城货运平台的领军性企业。

货拉拉 O2O 同城货运平台"共享模式"的出现，解决了传统同城即时运输的痛点。通过互联网信息化手段，一方面提高信息化管理水平，缩短中间环节，提升物流行业整体经济效益，同时也满足了货主端与司机端对于效率和收入的不同需求。另一方面将碎片化的资源和需求进行有效整合，推动同城货运市场走向标准化和专业化。

目前，货拉拉的业务范围已覆盖超过 126 座城市，上至一线城市，下至城镇农村，该项目自实施以来，在各地都得到了非常好的市场反馈。目前，在平台注册货主用户 3000 万个，整合货车超过 350 万辆，日均交易量超 20 万个订单，基本占领并确立了在国内 O2O 同城货运板块的市场地位，成为该领域的领军企业。

2018年5月，货拉拉与大朗合作的货运市场整改项目更是为整个货运行业提供了可推广、可复制的发展方向。通过该项目的实施，在减少交通事故、规范货物运输、提升市场监管水平等方面都达到了预期的效果。经过近半年的业务开展，已有1000名司机加入。同时，毛织商圈的三轮车数量也减少了50%以上，整个大朗镇毛织商圈的货运形势有了明显的好转。

一、项目背景

大朗镇位于东莞市中南部，是首批"中国羊毛衫名镇"。毛织业是大朗富民强镇的特色产业，2018年全镇毛织企业已超过10000家，拥有3个毛织专业市场、6个毛织配套片区和12条毛织专业街。全镇毛织品市场年交易额达600亿元，占广东省销售总额的70%以上。

电动三轮车购置和使用成本低，操作简单，因此成为大朗镇毛织商圈内小店主一直以来的主要运输工具，但伴随而来的是大量的电动三轮车上路，给道路秩序、交通安全、社会治安等带来了较大的隐患。

2018年5月，大朗毛织管委会牵手同城货运领跑者货拉拉，携手搭建规范、高效的片区配送平台。货拉拉通过信息化、网络化和制度化的手段，把散乱的运力和货源有机整合起来，成为一个有效的运作体系。凭借本项目的开展重点解决当前大朗毛织商圈存在的突出问题：

（1）解决大朗毛织商圈的市场监管问题。将长期以来分散在运输市场中的司机整合到平台上来，并进行专业的在岗职业培训，提升司机的整体素质。同时，货拉拉平台提供多种类型的货车替代传统的三轮车，可明显减少三轮车的数量，为政府加强行业监管提供了便利。

（2）解决传统市场运营效率低下的问题，显著提升行业发展水平。利用互联网等新技术，解决传统货运市场货源不稳定、车辆实际利用率低下的问题。目前，大朗镇现有的货拉拉平台车辆的运力利用率较原来提升了1倍以上。

二、项目内容

货拉拉通过建立信息共享平台，加强物联网、云计算、LBS（基于位置

的服务）定位技术、大数据、移动互联等先进信息技术在同城货运领域的
应用，改造传统业务模式和管理系统，优化资源配置，实现车货高效匹配，
提升同城货运的整体运行水平。

结合大朗毛织商圈的市场现状，货拉拉在大朗镇搭建了一个同城、即
时、整车货运的平台，对接货主与货车司机，从多方面综合提升同城货运
的运行水平。

1. 提供线上叫车服务

对于货主来说，通过货拉拉 App 或者微信服务号 10 秒极速下单，依托
全镇 100 名经过严格培训和考核的认证司机，可以在 20 秒内匹配附近的货
车资源、30 秒内回复客户确认、10 分钟内到达用车地点，并以低于传统物
流 30%、低于个体司机 40%、低于自有车队 70% 的价格，获得高效和优质
的同城货运服务。

2. 大朗用车补贴和运力调配

货拉拉还专门在大朗镇开通了线上拼单功能，货主下载货拉拉 App 或
者扫码即可获得金额不等的用车优惠券或打折券。同时，大朗镇的订单推
送范围也扩大到了附近 5 公里，并通过加大平台补贴力度吸引更多司机来这
个区域接单。

3. 整合司机

货拉拉吸引市场内的散货司机，为司机提供从服务用语到货物安全等
多方面的专业培训，并利用严格的标准作业程序（SOP）进行管理，以确保
每个司机都能严格遵守交通法规和平台管理条例。另外，货拉拉平台还有
"以租代购"的新能源车，可向司机和商户推荐，以提高货车质量和减少三
轮车数量。

三、项目实施效果

货拉拉通过信息化、网络化和制度化的手段，把散乱的运力和货源有
机整合起来，成为一个有效的运作体系。

1. 为政府提供监管手段

多年来，大朗毛织商圈的市场运力主要由三轮车组成，这些"小、散、
乱、差"的个体车辆给政府带来了巨大的监管难度，而随着货拉拉同城货

运平台的出现，将社会上零散的人员整合到平台上来，为政府加强行业监管提供了强有力的监管手段。通过近半年的工作开展，已完成1000名司机的整合。

2. 减少传统货运车辆总量

因大朗镇总体的货运需求是比较恒定的，但由于传统的货运市场效率低下，导致存在大量多余的闲置运力。通过货拉拉平台的整合提升，大朗镇三轮车这种个体车辆的数量占比已经从60%降低到20%，而且通过市场淘汰机制，剩下的三轮车存量仍在降低，很大程度上减少了大朗货运市场上的传统货运车辆数量，使得目前市场上的货车更有利于政府监管，并减少社会资源的占用。

3. 改善司机生存环境

通过订单归集并持续推送给平台司机，使其相比原来拥有更多更稳定的业务来源，提高了收入水平。同时，司机通过加入货拉拉，获得了归属感，货拉拉也会适当给予当地平台司机一些人文关怀。

4. 为社会提供高效便利可靠的同城运力

通过提升运营效率可实现成本的降低，进而实现服务价格的降低，因此在大朗镇上通过货拉拉平台叫车的价格低于传统市场价格的40%，并可获得高效优质的同城货运服务。

第七章 2018 年公路货运行业调研报告

报告一：2018 年中国公路货运星级车队报告

一、星级车队评选情况

（一）评选对象

星级车队评选主要针对投入和使用一定数量货运车辆，从事实际承运业务，实行独立核算、独立承担民事责任的道路货运经营组织。

（二）评选目标

提升公路货运组织化、集约化水平，树立行业标杆，培育优质运力，为市场选择车队，车队开拓市场提供资质证明。

（三）评选标准

在满足评选条件的前提下，通过 6 个维度评选审核。

评选条件方面，须拥有道路运输车辆数 10 辆及以上（要求是总质量为 12 吨及以上的普通货运车辆），2017 年运输收入 600 万元及以上的车队。

评选维度方面，须通过车队规模、效率、安全、诚信、绿色和信息化 6 个维度的审核。

（四）评选方式

星级车队评选采取大数据分析方式，车队提供基本信息和车辆信息，全国道路货运车辆公共监管与服务平台提供数据支持，专家组进行综合评分。

（五）报名情况

2018年8月，第二批"公路货运星级车队"评选活动启动后，行业企业对此高度关注，积极提交申请材料，共收到90家车队申请。中国物流与采购联合会公路货运分会对相关材料进行了数据处理和资格审核。

（六）评选结果

经车队自愿申报、专家组评审、社会公示，共评选出第二批中国公路货运星级车队64家。其中，5星级车队5家，4星级车队16家，3星级车队27家，2星级车队8家，1星级车队8家（见图7-1-1）。

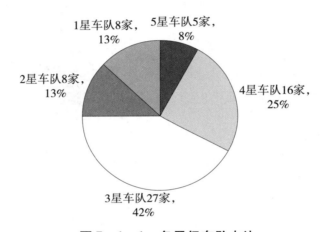

图7-1-1 各星级车队占比

与首批中国公路货运星级车队名单相比，第二批公路货运星级车队数量增加了8家。第二批星级车队的评选结果扩大了评选范围，评选名单中增加了二星级车队以及一星级车队（见表7-1-1）。

表7-1-1　　　　　　第二批中国公路货运星级车队名单

车队星级	序号	车队名称
5星级车队（5家）	1	上海托普旺物流有限公司
	2	上海则一供应链管理有限公司
	3	广州鑫志鸿物流有限公司
	4	圆通速递有限公司
	5	跨越速运集团有限公司

续 表

车队星级	序号	车队名称
4 星级车队（16 家）	1	上海泓晶供应链管理有限公司
	2	上海洪垦物流有限公司
	3	上海锐兔运输有限公司
	4	北京博华物流有限公司
	5	北京鲲鹏运通运输有限公司
	6	宁波港集装箱运输有限公司
	7	苏州永泰货运有限公司
	8	河南宇鑫物流集团有限公司
	9	河南胜利物流有限公司
	10	临沂市曙光物流有限公司
	11	南宁云鸥物流股份有限公司
	12	唐山市双赢物流有限公司
	13	浙江汤氏供应链管理有限公司
	14	盛丰物流集团有限公司
	15	深圳优一物流有限公司
	16	潍坊辰安物流有限公司
3 星级车队（27 家）	1	上海宇骏货物运输代理有限公司
	2	上海钧发物流有限公司
	3	山东茌平新世纪物流有限公司
	4	山东郓城县鲁达物流运输有限公司
	5	山西渊远物流有限公司
	6	广东恒晨物流有限公司
	7	长春市悦祥物流有限公司
	8	石家庄市龙威运输有限公司
	9	卡力互联科技（上海）有限公司
	10	北京丰和园货物运输有限公司

车队星级	序号	车队名称
3 星级车队（27 家）	11	北京中方物流有限公司
	12	北京吉顺隆货运有限公司
	13	北京冠捷国际物流有限公司
	14	北京紫金鹏货运有限公司
	15	台州东福汽车运输有限公司
	16	江苏政成物流股份有限公司
	17	安徽南北快运有限责任公司
	18	杭州鹏达物流有限公司
	19	郑州飞腾货运有限公司
	20	赵县楚源运输有限公司
	21	振华东疆（天津）有限公司
	22	高安市隆景汽车运输有限公司
	23	高安市福林物流有限公司
	24	高安运力供应链有限公司
	25	浙江尊龙物流有限公司
	26	深圳市友信通供应链管理有限公司
	27	温州市飞翔航空货运代理有限公司
2 星级车队（8 家）	1	山西顺天行物流有限公司
	2	云南广大铁路集装箱汽车物流配送有限公司
	3	北京安捷顺通物流有限公司
	4	北京捷奥通物流有限公司
	5	吴忠市茂鑫通冷藏运输有限公司
	6	重庆祥茂物流有限公司
	7	高安市享其物流有限公司
	8	鄂尔多斯市贺泰汽车运输有限责任公司

续　表

车队星级	序号	车队名称
1 星级车队（8 家）	1	吉林省龙先物流有限公司
	2	江西泗丰物流有限公司
	3	贵州省鹏程物流有限公司
	4	重庆协通货运代理有限公司
	5	重庆诚通物流有限公司
	6	重庆新犇牛物流有限公司
	7	韩城大唐盛龙科技实业有限公司
	8	厦门波山食品有限公司

注：共 64 家，按单位首字笔画排序。

二、星级车队运营情况

（一）规模

1. 运输收入

运输收入作为车队盈利能力的重要指标，其高低在一定程度上反映了车队盈利程度和市场地位。2017 年，第二批星级车队平均运输收入为 18048 万元。其中，5 星级车队平均运输收入为 108055 万元，4 星级车队为 32693 万元，分别是星级车队平均运输收入的 5.99 倍和 1.81 倍；3 星级车队为 7195 万元，2 星级车队为 4279 万元，1 星级车队为 2881 万元（见图 7 - 1 - 2）。

第二批星级车队 2017 年平均运输收入普遍比首批星级车队 2016 年平均运输收入高，尤其是 5 星级车队，第二批比首批高 34155 万元。一方面，表明星级车队运营收入情况较上年有所提升。另一方面，反映出星级车队评估越来越严格，标准有所提高。

2. 入网车辆数

货运车辆是车队重要资产，也是车队规模和运输能力的重要指标。从整体上看，第二批星级车队平均拥有货运车辆（包括牵引车和货车）164辆。其中，5 星级车队平均拥有数达到 1009 辆，是星级车队平均拥有货运

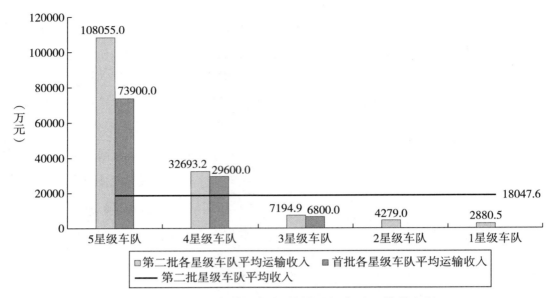

图 7 – 1 – 2　2017 年第二批与首批星级车队运输收入情况

车辆的 6.15 倍，在数量上遥遥领先；4 星级车队平均拥有货运车辆 313 辆，是 5 星级车队的 31%；3 星级车队平均拥有 66 辆，2 星级车队平均拥有 38 辆，1 星级车队平均拥有 14 辆。不同层级星级车队拥有车辆数相差较大，这也符合我国货运行业以大型车队为代表、小微车队为主体的基本格局（见图 7 – 1 – 3）。

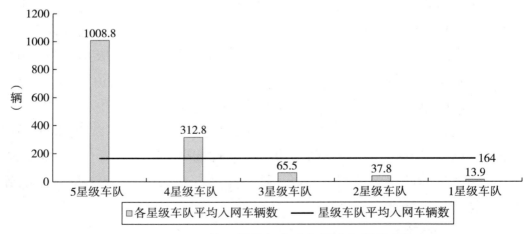

图 7 – 1 – 3　第二批星级车队入网车辆数情况

从货运车辆类型方面来看，第二批星级车队平均拥有牵引车数量普遍高于拥有的货车数量。其中，星级车队平均拥有牵引车 94 辆，平均拥有货车70辆。与入网车辆数分析结果相同，只有5星级车队和4星级车队超过星级车队的平均水平，并且5星级车队拥有牵引车和货车在数量上远远高于其他星级车队（见图7-1-4）。

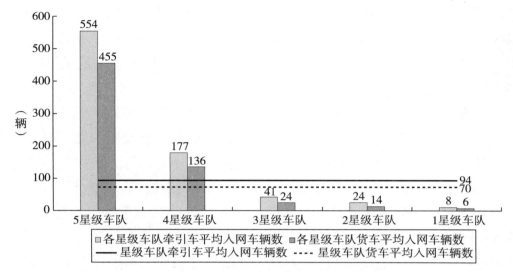

图7-1-4　第二批星级车队牵引车与货车的入网车辆数情况

星级车队车辆的单元化、厢式化、标准化水平较高，有利于干线运输中甩挂运输、甩箱运输等运输组织模式的全面开展。

第二批星级车队共有4家拥有的车辆数超过1000辆，7家超过800辆。排名第一的车队拥有1618辆货运车辆（包括牵引车和货车）。车队大型化正越来越成为行业发展的趋势（见图7-1-5）。

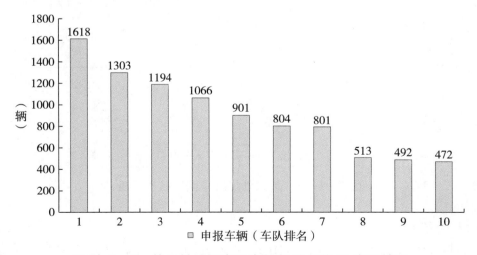

图7-1-5　第二批星级车队车辆数排名前10车队情况

3. 车挂比

车挂比（即车队申报挂车数与车队申报牵引车数之比）是反映甩挂运输效率的重要指标。在一定范围内车挂比越高，甩挂运输效率就越高。第二批星级车队平均车挂比为 1.40。其中，5 星级车队车挂比为 1.16，低于星级车队平均水平，与首批 5 星级车队的车挂比少了 0.64；4 星级、1 星级车队车挂比分别为 1.61、1.56，均高于星级车队平均水平，是星级车队车挂比中的较高值。

星级车队与目前美国的车挂比（3：1）相比还有很大差距。究其原因，一方面，美国车型标准化程度高，干线主要采用 53 英尺集装箱和厢式车，便于挂车互换利用。因此运输企业普遍采用甩挂运输模式，占公路货运周转量的 70%~80%。而我国货车车型超过 2 万个，干线运输有 17.5 米、16.5 米、14.6 米、13.75 米等不同车型，且存在超限运输问题。车辆可载容量不同，导致不同运输主体间的挂车互换性差，甩挂运输占比还不到 5%。另一方面，美国运输企业主要采用挂车租赁方式，通过挂车租赁公司根据业务需要投入挂车，降低了自身资产投入压力，扩大了运输组织优化空间，有效提高了车辆利用率，能够充分发挥甩挂运输的效率和效益优势（见图 7-1-6）。

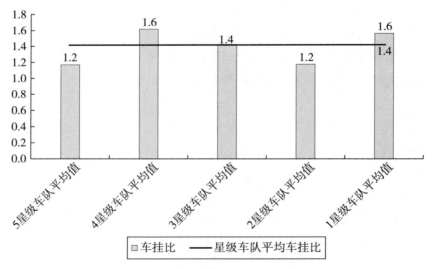

图 7-1-6　第二批星级车队车挂比情况

4. 承运货品

根据企业上报信息，第二批星级车队运输货品主要分为 8 大类，分别为大宗商品、机械设备、快消品、快递物品、百货品、电商物品、家电大件以及其他物品。

其中，快递物品和电商物品占比为 26.35%，超过整个货物运输品类的 25%。可以说，大型车队快速崛起的主要驱动源为电商快递。近年，电商快递保持高速增长态势，带来了足够稳定和高速增长的货源保障，对货运组织的规模化、集约化提出了要求，促进了大型车队的快速出现。电商对高时效、可靠性、低成本的要求，也对大型车队的管理能力和服务水平提出了挑战。

同时，也可以看到，百货品、快消品、家电大件等消费相关的货运需求旺盛，占比为 37.85%。其中也有大量货物属于电商物品。近年，社会消费品零售总额持续保持 10% 以上的增速，消费已经成为经济增长第一驱动力。内需市场的扩大为大型车队提供了充足和稳定的货源。随着消费需求的碎片化发展，也对运输的组织效率提出了要求。

此外，大宗商品、机械设备等工业制造业相关的货运需求较为稳定，占比 25%。工业制造业相关的货运需求仍然是公路货运的主要需求来源（见图 7 - 1 - 7）。

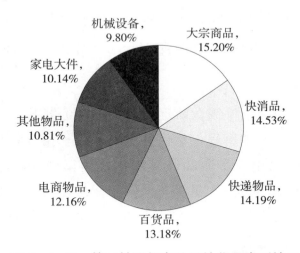

图 7 - 1 - 7　第二批星级车队运输货品类型情况

（二）效率

1. 全国货运车辆运营效率

中国物流与采购联合会公路货运分会，月度发布的中国公路货运效率指数能够反映我国货运车辆运力利用效率。对比 2017 年 11 月—2018 年 11 月的中国公路货运效率指数，整体水平呈下降趋势，表明公路运力利用率下滑。究其原因主要是受国民经济增速放缓，各地环保治理政策、"公转铁"政策、治超后新增运力过快、不合规运力淘汰不利等多重因素影响，货运市场需求增速持续下滑，货源难以维持高速增长态势，市场整体呈现"车多货少"的局面，部分车辆出现空驶停驶现象，竞争力较弱的个体运力逐步退出市场，拉低了整个行业的运力利用率（见图 7 - 1 - 8）。

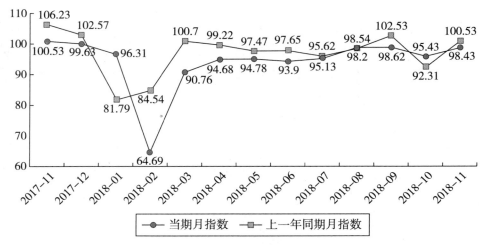

图 7 - 1 - 8　2017—2018 年我国货运效率指数情况（月指数）

2. 月均行驶里程

月均行驶里程是衡量星级车队运行效率的核心指标。与行业平均水平相比，星级车队月均行驶里程仍然保持较高水平。第二批星级车队车辆月均行驶里程为 8815 公里，高于 2017 年全国货运车辆月均行驶里程 1813 公里。其中，5 星级、4 星级、3 星级车队高于星级车队的平均水平，平均月均行驶里程为 9578 公里，表明 3 星级及以上车队公路货运效率以及公路运力有效利用率领先行业水平。

分车型分析，星级车队牵引车月均行驶里程均高于货车月均行驶里程，星级车队牵引车平均月均行驶里程为 11004 公里，远高于货车月均行驶里程的 6396 公里，表明牵引车利用率较货车高，车队运输组织能力强，甩挂运输模式正在加快推开，车队运输效率正在替代单车运输效率成为市场竞争焦点（见图 7 - 1 - 9）。

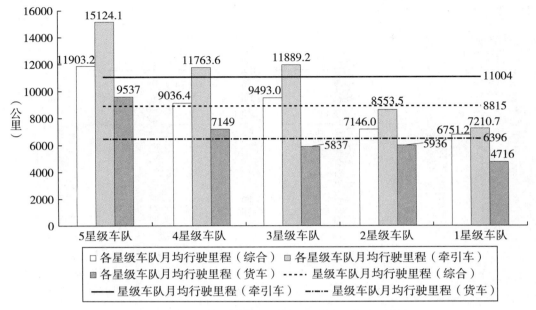

图7-1-9　第二批星级车队月均行驶里程情况

3. 月均行驶时长

第二批星级车队月均行驶时长为150小时，即日均行驶5小时。其中，5星级车队月均行驶时长最高，达到183小时，同比首批5星级车队增加了24小时。其中，5星级、4星级、3星级车队高于星级车队的平均水平，平均月均行驶时长为160小时，同比首批星级车队增加了4小时，表明星级车队的运营时间有所增加。分车型分析，与上述行驶里程分析结果相同，第二批星级车队牵引车行驶时长普遍高于货车行驶时长（见图7-1-10）。

4. 排名前10星级车队的月均行驶里程

第二批星级车队排名前10的车队车辆（综合包括牵引车和货车）月均行驶里程均超过14402公里。其中，排名第一的车队达到20728.5公里，同比首批星级车队增加了1570公里。车队的综合运输效率和运营管理能力正在成为竞争焦点（见图7-1-11）。

5. 排名前10星级车队的月均行驶时长

第二批星级车队排名前10的车队月均行驶时长最少为222小时，即日均行驶7.4小时。其中，排名第一的车队为297小时，即日均行驶9.9小

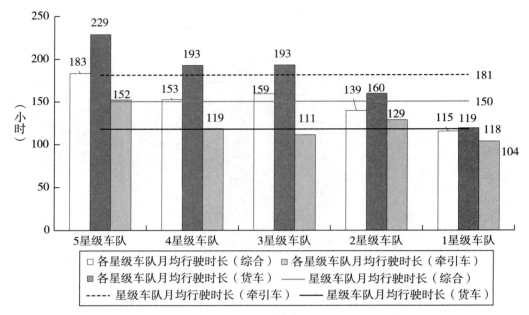

图 7 - 1 - 10　第二批星级车队月均行驶时长情况

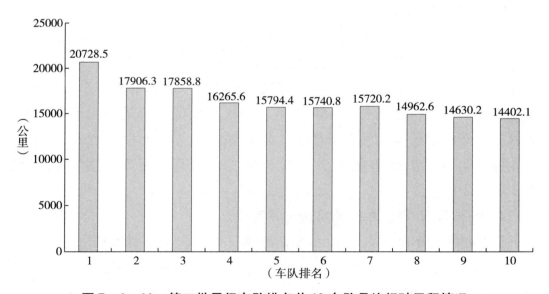

图 7 - 1 - 11　第二批星级车队排名前 10 车队月均行驶里程情况

时，同比首批星级车队多了 5.3 小时，体现出其较高的运力利用效率（见图 7 - 1 - 12）。

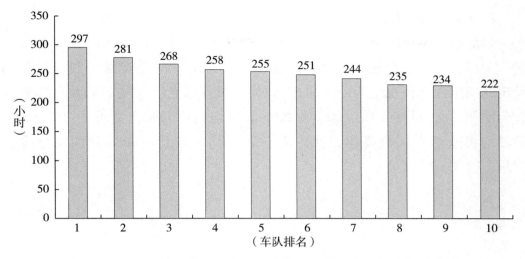

图7-1-12 第二批星级车队排名前10车队月均行驶时长情况

(三) 安全

1. 日均疲劳时长

第二批星级车队日均疲劳时长为0.57小时。其中，5星级车队的日均疲劳时长为1.07小时，根据上述指标可知，5星级车队是星级车队行驶里程和时长较高的，因此其日均疲劳时长也相对较高。从服务的货物品类来看，有25%以上的车队都从事快递和电商行业，由于追求时效、压缩时间，增加了车队司机疲劳驾驶的风险（见图7-1-13）。

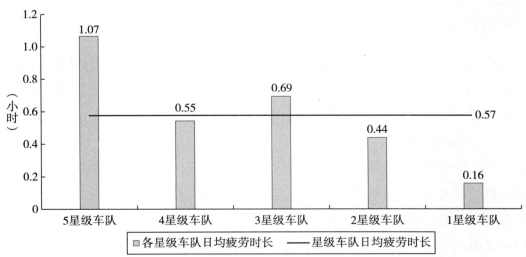

图7-1-13 第二批星级车队日均疲劳时长情况

2. 日均超速驾驶次数

日均超速驾驶次数是自有车辆单车日均出现超速驾驶的次数（超速驾驶：车辆行驶速度超过当前道路限速值 20% 就记为一次超速或者超过终端设定的固定速度值也记为一次超速）。第二批星级车队平均日均超速驾驶次数为 5.91 次，只有 4 星级和 1 星级车队日均超速驾驶次数低于平均水平，但日均超速驾驶次数高达 5 次左右，表明仍须加强车辆驾驶的安全管理（见图 7-1-14）。

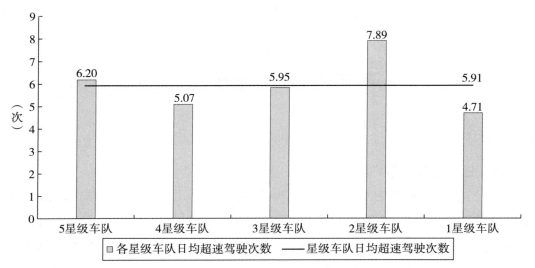

图 7-1-14　第二批星级车队日均超速驾驶次数情况

（四）诚信

随着市场的逐步规范发展，诚信日益成为企业参与市场竞争的重要考量指标和竞争必备条件，也是行业加强规范自律，实现健康发展的重要诉求。

1. 行政处罚数

"信用中国"平台对企业基本信用信息有所记录，在行政处罚记录中有对公路货运企业交通违法行为的记录。从星级车队的交通违法行为处罚数量看，第二批星级车队的行政处罚数普遍比首批星级车队高，星级车队平均处罚数为 14.3 件。其中，5 星级车队的行政处罚数为 7.4 件，较首批星级车队增加了 7.4 件；4 星级车队的行政处罚数为 47.5 件，增长了 8 倍。

究其原因，主要是因为4星级车队中有2家车队行政处罚数达到了433件和226件，拉高了4星级车队的整体平均水平；3星级车队的行政处罚数为7.7件，较首批星级车队增加了6.4件，同样也是由于有2家车队的处罚数达到了80件和55件，拉高了3星级车队的整体平均水平（见图7-1-15）。

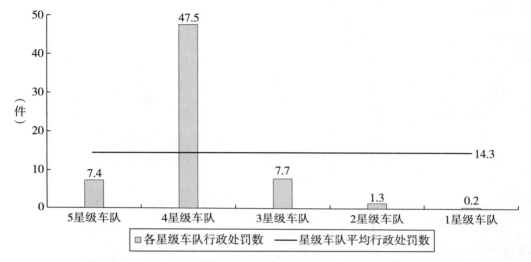

图7-1-15 第二批星级车队交通违法行为平均处罚数情况

2. "信用中国守信红名单"上榜数

为建立健全守信联合激励机制，"信用中国"平台针对诚信企业与个人设立了"守信红名单"。目前，星级车队中进入"守信红名单"的记录主要是作为A级纳税人在税收领域的守信记录。从守信红名单数量上看，5星级车队守信红名单上榜数3家，占整个5星级车队的比例高达60.0%；4星级车队上榜数7家，占比为43.8%；3星级车队的上榜数为14家，占比为51.9%（见图7-1-16）。

由上述行政处罚数和"信用中国守信红名单"上榜数两个指标可知星级车队整体的诚信水平均有待加强。一方面，可以看出随着车队规模、效益的扩大，并没有同时推进诚信水平的建设。另一方面，也可以看出车队运营者对诚信的重视程度仍然不够，亟须进一步提高。

（五）绿色

车辆"绿色率"指营运车队自有车辆中国四及以上车辆占所有自有车辆的比率。2018年6月生态环境部发布了《中国机动车环境管理年报

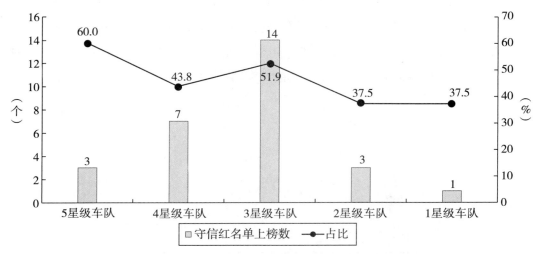

图 7 - 1 - 16　第二批星级车队守信红名单上榜数情况

（2018）》，显示我国柴油车排放国四及以上标准的车辆占 46.4%。

通过对星级车队的车辆排放量指标分析，发现星级车队车辆的排放标准几乎全部在国三以上，国四及以上排放车辆（包括牵引车和货车）占比高达 90.37%，远高于社会平均水平。其中，5 星级、2 星级、3 星级以及 1 星级车队均在 90% 以上，4 星级车队国四及以上排放车辆占比较小，主要原因是有一家车队国四及以上排放车辆占比为 38.51%，拉低了 4 星级整个车队的绿色率（见图 7 - 1 - 17）。

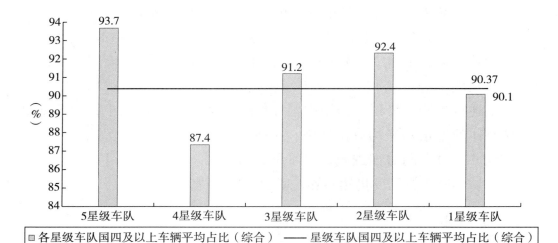

图 7 - 1 - 17　第二批星级车队国四及以上排放车辆占比情况

　　分车辆类型看，星级车队牵引车国四及以上排放车辆平均占比高于货车，第二批星级车队只有 5 星级车队牵引车和货车国四及以上排放车辆占比均高于星级车队的平均水平，其他星级车队车辆绿色化发展情况还不均衡，但好于社会平均水平（见图 7 - 1 - 18、图 7 - 1 - 19）。

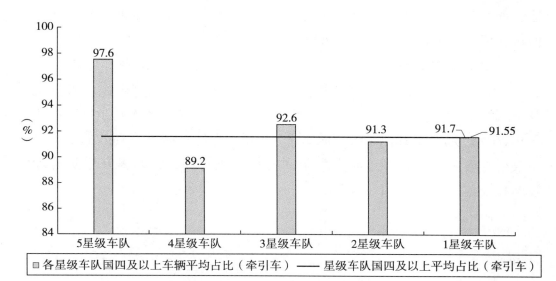

图 7 - 1 - 18　第二批星级车队牵引车国四及以上排放车辆占比情况

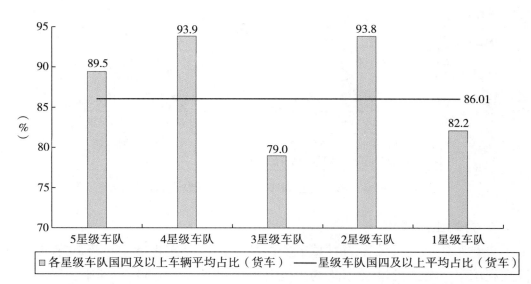

图 7 - 1 - 19　第二批星级车队货车国四及以上排放车辆占比情况

（六）信息化

根据企业申报材料进行大数据分析，主要从入网车辆占比、月均上线率、月均轨迹完整率3个指标来分析星级车队的信息化水平。近年，随着货运管理和监管要求的提高，车队信息化水平稳步提升，为车队信息化、数据化、精细化运营管理奠定了重要基础。

1. 入网车辆占比

从入网车辆（包括牵引车和货车）占申请车辆的比例来看，第二批星级车队的平均入网车辆占比为82.6%。其中，5星级车队入网车辆数占比高达91.6%，远高于其他星级车队水平。5星级车队一般具有高效的信息平台和数据管理能力，能够全面实现车辆的数据化管理，大幅提升车队管理的效率和效益（见图7-1-20）。

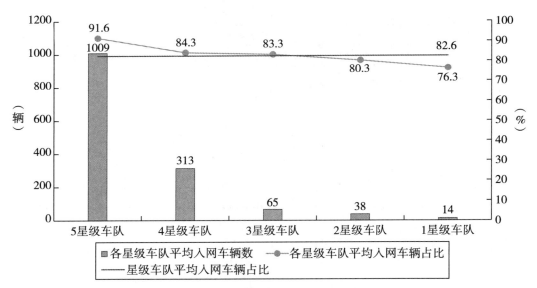

图7-1-20　第二批星级车队入网车辆数及其占比情况

2. 月均上线率

自有车辆上线天数占当月总天数的比率，在一定程度上可反映车队车辆投入利用率。第二批星级车队的平均月均上线率为76.3%。其中，5星级车队的月均上线率为82.2%，表明5星级车队车辆投入利用率较高；4星级、3星级、2星级车队的月均上线率差别较小，均在星级车队的平均水平上下；1星级车队月均上线率较低，有超过1/4的时间处于不在线状态（见图7-1-21）。

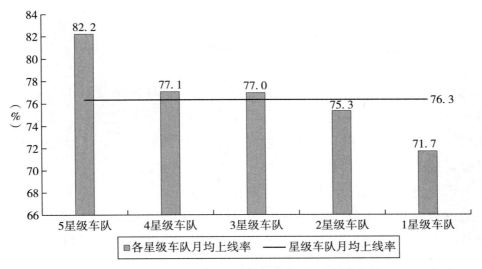

图 7 - 1 - 21　第二批星级车队车辆月均上线率情况

3. 月均轨迹完整率

月均轨迹完整率指自有车辆月均完整轨迹占上线车辆轨迹的比率。提升车辆轨迹完整率，可有效提升车辆管理质量。第二批星级车队的平均月均轨迹完整率为 79.1%。其中，5 星级车队的月均轨迹完整率最低，为 65.6%；4 星级车队的月均轨迹完整率为 77.6%，排名第 3；3 星级、2 星级车队的月均轨迹完整率较高，均在星级车队平均水平之上。但各星级车队的月均轨迹完整率均低于 90%，有待进一步提升（见图 7 - 1 - 22）。

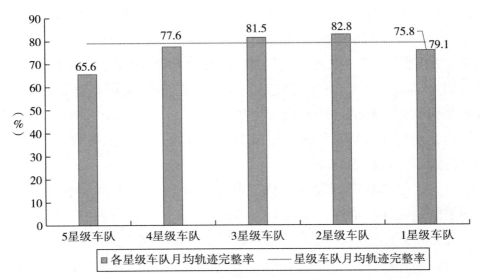

图 7 - 1 - 22　第二批星级车队车辆月均轨迹完整率情况

三、促进星级车队发展的思考

随着货运需求相对集中和服务要求提升，如对公路货运的规模化、时效性和可靠性提出了更高要求。星级车队评选正是顺应这个行业趋势，针对从事实际承运人业务的道路货运经营组织开展的行业评选认定工作。评选目标是提升公路货运组织化、集约化水平，树立行业标杆，培育优质运力，为市场选择车队、车队开拓市场提供资质证明。

通过打造星级车队品牌，希望在顺应车队规模化发展趋势的基础上，引导星级车队实现规范发展，提升服务品质，打造质量有保障、货主都认可、行业信得过的中国公路"品质运力"。

（一）从政府层面，营造星级车队健康发展的营商环境，奠定"品质运力"发育条件

第一，建议加强车型标准化推进工作，统一和规范车辆车型标准，明确不合规车辆治理预期，对于国家鼓励的车型给予通行费优惠，引导车辆大型化、厢式化和单元化发展；

第二，加强单元化运输推进工作，鼓励甩挂运输、甩箱运输、带板运输、驮背运输等运输组织方式，支持挂车租赁共享和托盘循环共用体系建设，破解制约挂车租赁的监管障碍，提高行业车挂比和车辆利用率；

第三，有序开展绿色货运推进工作，按照"宜铁则铁、宜公则公、宜水则水"的原则，有序推进"公转铁"，科学制定柴油货车污染治理方案，对于老旧车辆退出给予一定财政补贴支持，科学制定城市环保限行政策，降低对公路货运市场的冲击和城市生活的影响；

第四，切实实现货车年审、年检和尾气排放检验"三检合一"，对货运车辆推行跨省异地检验检测；

第五，尽快实现全国道路运政系统全国联网，开展网上审批、网上年审、网上注销等便民措施，实现全国异地审批；

第六，规范路面综合执法流程和规则，明确处罚事项并向社会公布；

第七，强化运输安全管理，制定适合行业特点的司机工作休息制度和社会保障制度，放宽货车驾照资质考证年限的规定，推动"司机之家"试

点建设并向全国推广；

第八，加大诚信管理力度，完善守信激励和失信惩戒制度，对严重失信主体加大失信惩戒，对守信主体予以正向激励。

（二）从行业层面，做好星级车队健康发展的基础工作，奠定"品质运力"成长基础

第一，建议在开展星级车队评选认定的基础上，出台星级车队评估指标行业标准，提升星级车队认定的规范性；

第二，开展星级车队调查，通过大数据分析，反映星级车队基本情况，发现星级车队典型标杆；

第三，搭建星级车队服务平台，为星级车队提供行业发展所需的信息、征信、招聘、采购、咨询等公共服务；

第四，建设星级车队合作平台，支持挂车租赁共享联盟，打造挂车共用机制，搭建公共挂车池，实现企业间挂车互换、场地互租、信息互联、车队共建；

第五，提供星级车队技术应用平台，制定货运车辆创新技术目录，开展行业最佳实践展示，推广先进车辆装备和技术应用；

第六，搭建星级车队推荐服务渠道，携手大型货主单位和物流企业，推荐采购星级车队优质运力；

第七，反映星级车队政策诉求，凝聚车队力量，代表星级车队参与政府部门车辆治理、行业规范等工作，维护车队利益。

（三）从企业层面，提升星级车队的运营水平，提升"品质运力"核心能力

第一，建议开展星级车队对标管理，提高星级车队整体运营管理和绩效水平；

第二，推动星级车队运输组织化发展，推广运用甩挂运输、甩箱运输、驮背运输等运输组织模式，提升运输组织效率；

第三，提升星级车队信息化管理水平，推广社会化信息管理模式，提升运输可视化和管理精细化水平；

第四，强化星级车队安全管理，推广智能辅助驾驶，降低员工疲劳驾

驶和超速驾驶风险；

第五，推进星级车队节能减排和技术应用，加强燃油经济性管理，减少单车排放水平。

报告二：2018 年货车司机从业状况调查报告

一、调查概况

（一）调查背景和目的

货车司机是道路货运业的从业主体。2017 年，我国道路货运业从业人员达 2089 万人。其中，货车司机占 87.7%，是服务业的就业主力军，如果加上关联业态从业人员，考虑背后支撑的家庭群体，供养人口超过一亿。目前，货车司机从业状况存在诸多问题，行业吸引力不强，职业认同感不高，社会稳定性差。为进一步改善货车司机从业环境，减轻司机负担，关爱货车司机，促进道路货运行业健康稳定发展，为有关部门下一步出台针对性政策提供决策参考，受交通运输部委托，中国物流与采购联合会公路货运分会组织本次问卷调查。

（二）调查过程

此次调查主要采取网上问卷调查的方式，调查对象为货车司机，共获取有效反馈问卷 5128 份。问卷采用单选题及多选题形式，对调查对象的从业情况、面临的主要问题和政策诉求等进行调研了解。本次调查活动得到了卡车之家的大力支持。

二、调查对象从业情况

总体来看，货车司机对当前从业环境普遍不太满意。其中有 94.28% 的货车司机表示对当前的公路货运行业从业环境不满意。其中，68.21% 的司机非常不满意。社会亟须关注货车司机的从业情况，着手采取具体措施，改善货车司机从业环境，确保道路货运行业健康稳定发展（见图 7 - 2 - 1）。

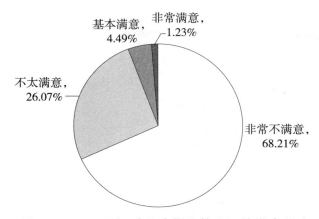

图 7 - 2 - 1 司机对公路货运从业环境满意程度

（一）从业年龄、从业时间和受教育情况

具体分析参考本报告第四章第七节"2018 年中国公路货运人才培养分析"。

（二）从业类型情况

从从业类型来看，车辆自有、自主经营的个体司机是司机从业主体。其中，以自己购买、通过挂靠方式开展自主经营的司机占 44.37%，占比最大。由自己购买、个人所有开展自主经营的司机占 24.45%。完全由公司购买、受雇驾驶、公司经营的司机占比为 24.18%。目前，货车司机挂靠现象的大量存在，扭曲了正常的运输经营关系，成为道路货运行业政府监管、市场规范中的一个重要难题（见图 7 - 2 - 2）。

从运输中驾驶员数量看，两名及以下货车司机完成运输任务的占比高达 98.51%。其中，一人驾驶的占到 67.21%，这逐渐成为道路货运行业的普遍现象（见图 7 - 2 - 3）。

在"家人是否跟车"的问题中，81.14% 的司机表示不会跟车，以中长途运输为主的货车司机与家人聚少离多是生活常态。仍有 18.86% 的司机选择家人跟车。一方面，由家人跟车，可以减轻工作负担。另一方面，也增加了驾驶风险（见图 7 - 2 - 4）。

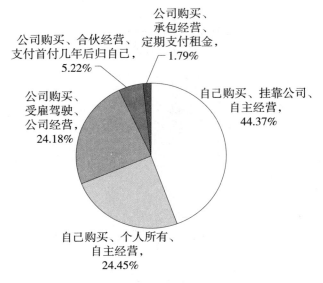

图7-2-2　从业类型

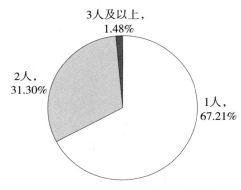

图7-2-3　运输中驾驶员数量

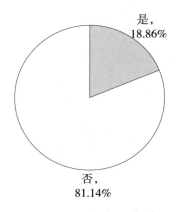

图7-2-4　家人跟车情况

（三）驾驶线路情况

从运行线路来看，调查数据显示，从事 1000 公里以上长途运输的司机占比 36.62%，仍占较大比例。600~1000 公里中长途运输的司机占比为 19.82%。600 公里以上中长途运输司机占比合计为 56.44%，超过样本总数的 50%。从事 200~600 公里区域运输的司机，占比达 26.09%，200 公里以内的短途运输司机占比为 17.47%。可以看出，中长途运输仍是当前货运司机的主要运行线路，如何满足中长途运输货车司机长时间驾驶的需要，确保道路货运运输安全，成为行业面临的重要问题（见图 7-2-5）。

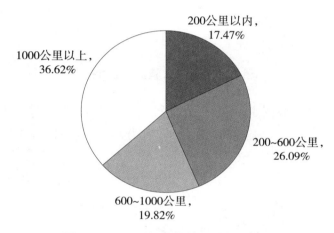

图 7-2-5　常运营的固定线路长度

（四）驾驶车辆情况

从驾驶车辆类型来看，车辆标准化、合规化水平不高。目前，货运市场主要以普通栏板车、仓栅车、平板车为主，占比 51.12%。其次是普通厢式车（厢式货车、厢式货车牵引车）、集装箱运输车，占比 28.25%。专用货车（危化品、冷链、汽车、大件轴线车）所占比例不高，为 10.59%。16.5 米厢式车或 17.5 米低平板车等非标车辆占据 10.04% 的比例，仍然没有被淘汰退出市场（见图 7-2-6）。

从驾驶车辆车龄来看，车辆整体车龄偏高，老旧车辆占比偏大。其中，车龄 9 年以上的老旧车辆所占比例最大，达 47.53%，车龄 6~8 年的占比 17.39%，6 年以上车龄合计占 64.92%。车龄 3~5 年的占比 18.26%。车龄

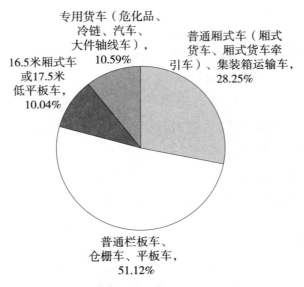

图 7 - 2 - 6　驾驶货车类型

在 2 年以内的新车占比较少。其中，车龄 1～2 年的占比 12.42%，1 年以内的仅有 4.41%。车龄 5 年以下的合计占 35.09%（见图 7 - 2 - 7）。

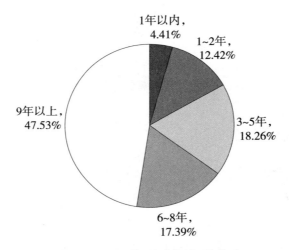

图 7 - 2 - 7　驾驶车辆年龄分布

（五）车辆排放情况

从驾驶车辆排放标准看，在用车辆排放标准总体偏低。随着环保要求的提高，我国大力推进油品和车辆升级，目前已进入国五时代。使用国三标准车辆的在用车辆占比 36.4%，高于国四和国五车辆占比，仍是市场的主流选择（见图 7 - 2 - 8）。

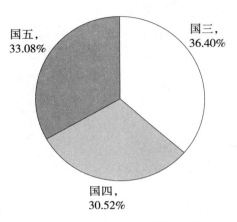

图 7 - 2 - 8　车辆排放标准

（六）工作和休息时间情况

从工作时间来看，货运司机工作强度总体较大。其中，每天驾驶时间 10 个小时以上的司机已达样本总数 67.53%，超过其他行业的日常工作时间。其中，行驶时间达到 12 小时以上的司机占比为 38.56%。货车司机长时间、高强度的工作特点，需要进一步加强对货运司机的日常休息、工作保障和生活的关爱（见图 7 - 2 - 9）。

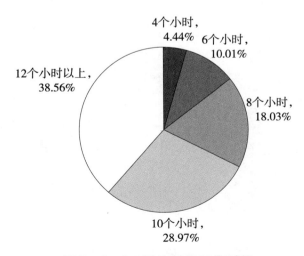

图 7 - 2 - 9　平均每日工作时间

从休息时间来看，货车司机休息时间难以保障。其中，货车司机驾驶过程中无固定休息时间的占比最大，为 42.32%，有 25.81% 的货车司机选择 4 个小时休息一次，还有 19% 的货车司机选择 6 个小时休息一次。对于以中长途运输为主的货车司机来说，防止疲劳驾驶、合理管控驾驶时间需要引起足够重视（见图 7 - 2 - 10）。

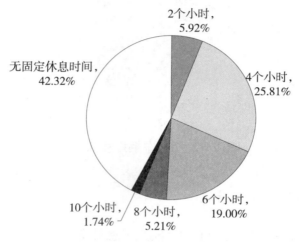

图 7 - 2 - 10　开车休息间隔占比

从休假时间来看，42.17% 的司机每月在家休息天数仅有 1 ~ 2 天，32% 的司机可以休息到 3 ~ 4 天，达到 9 天以上休息时间的司机群体仅占样本总数的 10.41%。如何平衡货运司机工作和休息时间，保障司机正常休假成为行业问题（见图 7 - 2 - 11）。

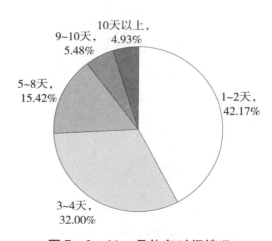

图 7 - 2 - 11　月休息时间情况

（七）经营收益情况

从收益情况来看，大部分货车司机反映2018年上半年收益与上年相比下滑的占绝大比例，达92.62%。其中，67.45%的司机表示收益大幅下滑。收益与往年持平或上涨的司机仅占样本总数的7.38%（见图7-2-12）。

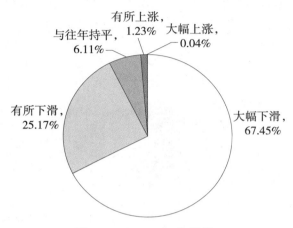

图 7-2-12　年收益情况

对于影响其收益的主要问题，排名前3项的因素依次是运价持续走低、油价上涨过快和压低运价的恶性竞争，占比分别为72.8%、67.6%、61.6%。此外，反映各地货车环保限行政策越来越多的占到48.2%，环保成本不断提高。反映货源不足，找货时间增加的占43.7%，反映车辆保有量增加过快的占41.8%，以上问题均超过了40%（见图7-2-13）。

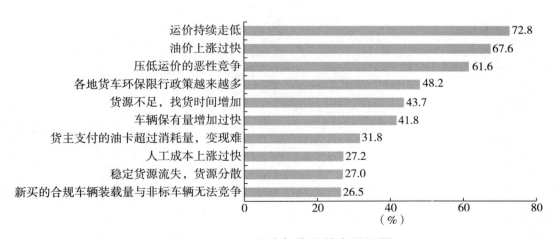

图 7-2-13　影响年收益的主要问题

从司机月收入来看，个体司机与受雇司机的月收入均集中在 5000 ~ 8000 元，分别占 30.07% 和 48.14%。其次，多集中在 8000 ~ 1 万元。在高收入区段中，个体司机和受雇司机收入呈分化现象，个体司机收入达 1.5 万元以上的司机占样本总体的 13.88%，而受雇司机收入 1.5 万元以上的仅占 1.35%，个体司机相对于受雇司机具有更大经营自主性和盈利积极性，是道路货运行业重要的基础力量。其中，68.13% 的司机表示自身家庭仅有运输收入来源（见图 7 - 2 - 14、图 7 - 2 - 15、图 7 - 2 - 16）。

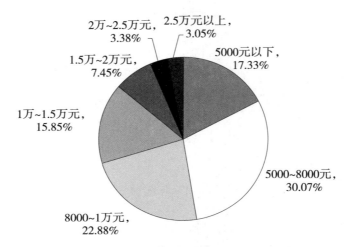

图 7 - 2 - 14　驾驶自有车辆司机月收入

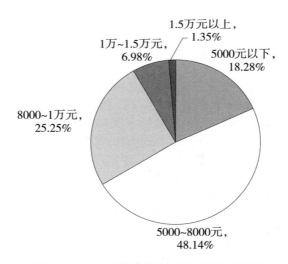

图 7 - 2 - 15　受雇驾驶车辆司机月收入

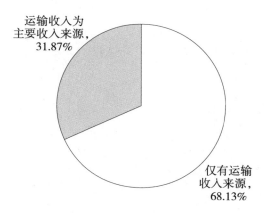

图 7 - 2 - 16　家庭收入来源

目前，货车司机的货源主要通过 4 个渠道获得：相熟配货站、货运互联网平台、固定货主企业或货运公司、黄牛经纪人。其中，通过固定货主企业或货运公司获取货源最为普遍，所占比例达 38.79%，随着互联网经济的兴起，通过货运互联网平台获取货源逐步增多，占比 29.55%。通过相熟的配货站或黄牛经纪人获取货源的方式所占比例有所下降，占 31.66%（见图7 - 2 - 17）。

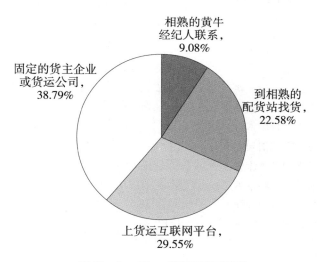

图 7 - 2 - 17　货源获取渠道

针对货运互联网平台的使用情况，使用过货运互联网平台的货车司机占比达 76.49%，互联网经济正在深刻影响行业。有 47.97% 的司机经常使用货运互联网平台。其中，28.62% 为主要货源来源，19.35% 则主要用来解决回程货源（见图 7 - 2 - 18）。

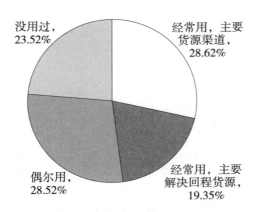

图 7 - 2 - 18　货运互联网平台使用情况

调查显示，货运互联网平台在使用中仍存在诸多问题。其中，反映货主随意压价，无序竞争的占据首位，占比达 66.9%。平台对交易情况缺乏控制力，导致货主压价现象时有发生。其次为平台审核不严，货源信息不真实，占比 41.7%，货源虚假对货车司机寻找合适货源造成了一定影响。此外，反映货主拖欠运费、克扣运费，出现问题后与平台协商困难，总体货源不多等问题的占比也均在 30% 以上（见图 7 - 2 - 19）。

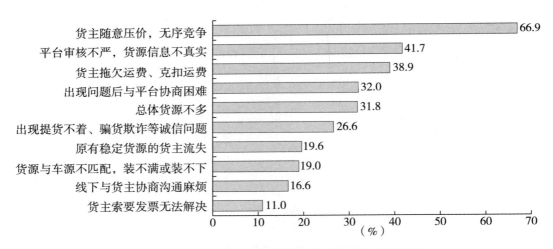

图 7 - 2 - 19　货运互联网平台使用的主要问题

对于货运司机，费用仍是决定司机是否使用货运互联网平台的关键因素。其中，若货运互联网平台向司机收费，有 40.71% 的司机明确表示将不再使用，41.07% 的表示收费合适才会使用，仅有 18.23% 的司机表示只要能找到货还会继续使用（见图 7 - 2 - 20）。

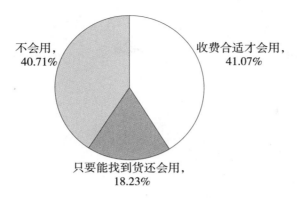

图7-2-20 货运互联网平台收费使用意愿

三、调查对象面临的难点问题

(一)个体运输业户资质取得难、审验难

一直以来,个体运输业户资质取得难、审验难是困扰货运司机的主要问题之一。其中,相关资质审验不方便,个体资质审验难通过;行业缺乏对个体资质的社会保障;政府部门对于个人申请相关资质设限;办理程序复杂,缺少合规的中介代理等问题均是货运司机在申请和审验资质中遇到的主要难点,占比均在40%以上(见图7-2-21)。

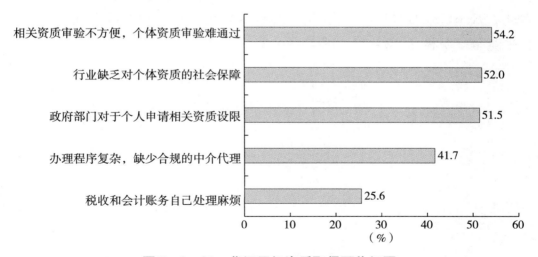

图7-2-21 货运司机资质取得面临问题

调查显示,93.87%的司机希望能尽快实现车辆营运证和驾驶员从业资

格证异地审验，以减轻货运司机的回乡审验的经济负担和降低时间成本（见图7-2-22）。

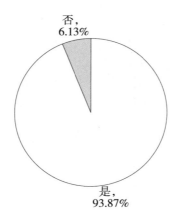

图7-2-22　车辆营运证和驾驶员从业资格证异地审验意愿

（二）车辆装载不规范，老旧车辆退出市场难

目前，有61.22%的货运司机表示其驾驶的货车装载尺寸不超过行驶证上车辆的外廓尺寸，符合国家规定。但是，仍有26.04%的司机会根据货主要求，选择是否超过，还有12.75%的司机目前仍驾驶的是超过行驶证车辆外廓尺寸的不合规车辆，这对于道路货运行业的公平竞争造成了严重影响。对此，91.61%的司机认为应当进一步统一规范车辆装载标准，促进市场的公平竞争（见图7-2-23、图7-2-24）。

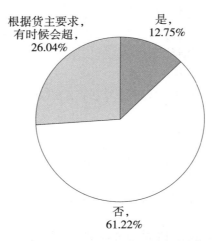

图7-2-23　货车装载尺寸超过行驶证车辆外廓尺寸情况

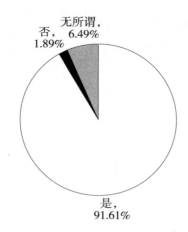

图 7 - 2 - 24　规范车辆装载标准意愿

对于下一步如何引导老旧车辆退出市场，调查数据显示，货车司机认为给予老旧车辆更新购置补贴是首要措施，占比 78.5%。其次，54.6% 的司机认为应严格清退套牌车辆，确保行业竞争公平。此外，给予标准车辆通行优惠、要求非标车辆装载量与标准车辆一致、限制非标车辆高速路通行也是货车司机认为较为有效的解决方式，占比均在 30% 以上（见图 7 - 2 - 25）。

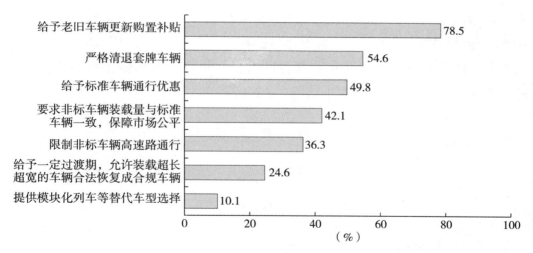

图 7 - 2 - 25　引导老旧车辆退出市场的关键措施

（三）通行费差异化收费有待深化

交通运输部等十四部门出台的《关于印发促进道路货运行业健康稳定发展行动计划（2017—2020 年）的通知》明确提出要在部分省份及路段，组织开展高速公路分时段差异化收费。目前，仍有57.75%的货车司机没有享受到高速公路差异化收费的政策，相关政策有待进一步落地（见图7-2-26）。

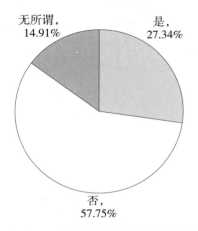

图 7 -2 -26　是否享受高速公路差异化收费

在分时段差异化收费中，货车司机希望在夜间通行时段、非高峰期通行时段开展分时段差异化收费，占比分别达到56.1%、39.9%，通过错峰出行方式解决道路拥堵问题。在通行差异化收费方面，司机希望对于车流量较低的高速公路，标准化厢式货车或集装箱运输车、中置轴列车，甩挂运输车辆和大车队自有车辆给予优惠，占比分别为 46.1%、39.9%、20.6%、15.9%。通过差异化收费正向引导，提高行业运输组织化水平，促进行业规模化、集约化发展（见图7-2-27）。

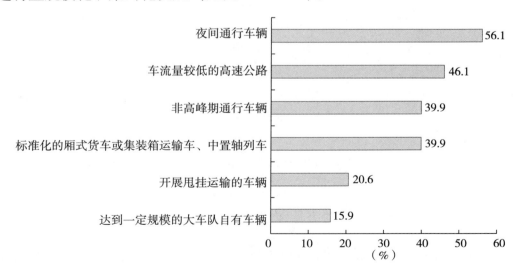

图 7 -2 -27　差异化收费建议情况

（四）公路规范执法有待继续改进

2017 年，交通运输部、公安部开展了为期 4 个月的规范公路治超执法专项整治行动，要求实现治超联合执法模式常态化、制度化，避免重复罚款。调查显示，22% 的司机表示公路"乱罚款"问题有所好转，但是仍有 75.84% 的司机表示"乱罚款"问题并未好转，公路规范执法还有待进一步改进（见图 7 - 2 - 28）。

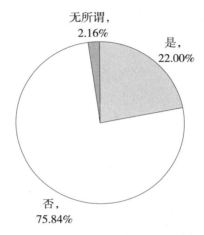

图 7 - 2 - 28 公路"乱罚款"问题的改善情况

对于现有的公路执法情况，货运司机表示还存在众多问题有待解决。其中，反映最多的是部门多头执法，处罚事项和标准不统一，占 76.7%，表明联合执法模式并没有得到有效实施，各地政策落实需要进一步加快。执法程序不规范、执法随意性大，执法自由裁量权大、处罚标准不清晰，只罚不纠、只罚不管、存在卸载后重新装载，联合执法流于形式、分头执法依然存在等问题也同样是货车司机反映的重点问题，占比均超过 60%。公路执法体制机制、制度标准等现实障碍，有待突破（见图 7 - 2 - 29）。

（五）司机关爱服务有待提升

受工作特点影响，95.39% 的样本货车司机因为长期开车，生活不规律导致患有胃病、颈椎病、高血压等职业病，对货车司机的健康影响较大（见图 7 - 2 - 30）。

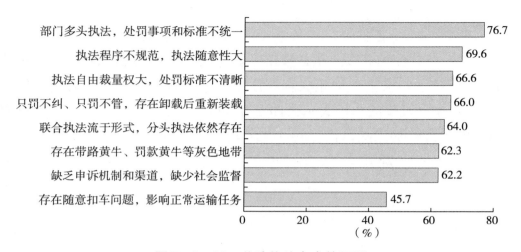

图 7 - 2 - 29　公路执法存在的问题

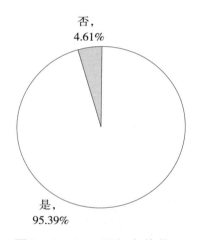

图 7 - 2 - 30　司机身体状况

　　休息期间，货车司机停车地点大多选择在路边停车场和高速公路服务区，占比分别为 88.7%、72.6%。其次，选择停在物流园区、货运场站、卸货工厂的占 26.4%（见图 7 - 2 - 31）。

　　据货车司机的驾驶经验来看，路边缺乏监控及其他监管设施，是油箱偷盗的多发地点，88.7% 的货车司机表示在路边停车易出现油箱盗取或车匪路霸事件。其次，服务区作为货车司机较常休息区域也成为油箱盗取、车匪路霸出现的多发地之一，占比达到 72.6%，体现出现有服务区监管不到位，货物安全保障不足等问题（见图 7 - 2 - 32）。

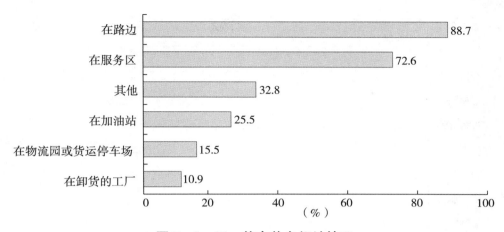

图 7 - 2 -31　停车休息场地情况

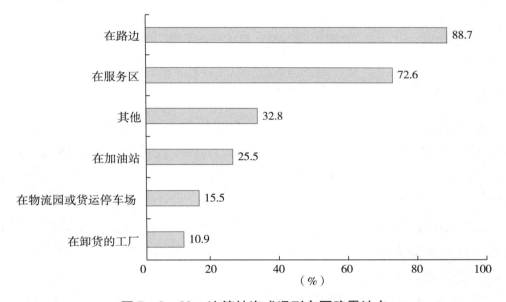

图 7 - 2 - 32　油箱被盗或遇到车匪路霸地点

对此，83.0% 的司机希望在加油站、物流园区、货运场站和公路服务区增加安全保卫服务，73.4% 的货运司机表示须加强视频监控服务，确保货物有一个放心、安全、可实时查看的停放环境。除车辆及货物安全保障外，司机在驾驶途中的生活服务依旧是老大难问题，经济快餐、洗浴、过夜休息、专门停车区均是货运司机希望在物流园区、货运场站、公路服务区等享受的生活服务，占比均在 60% 以上（见图 7 - 2 - 33）。

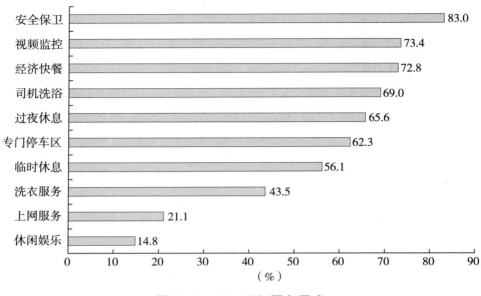

图 7 - 2 - 33　司机服务需求

（六）司机社会保障水平有待加强

从车辆和货物保险投保情况来看，交强险和商业三者险投保比例较高，分别占到 89.04%、87.54%，而货物运输险、责任险的覆盖率明显较低，仅占 49.15%，货运事故发生后，货运司机权益保障不够，货运风险难以转移。

从货车司机个人投保风险来看，货车司机以个体为主，保险投保意识较低，风险保障力度不足。72.6% 的司机已投保新农合保险，其次是交通意外险，投保比例在 43.4%，对于职工必备的医疗保险、养老保险、工伤保险、失业保险来说，保险覆盖率较低，司机个人的风险保障水平较差（见图 7 - 2 - 34）。

从社会公共服务需求来看，货运司机主要需求排名前 3 的依次为：法律咨询、应急救援、事故救济，占比分别为 75.19%、64.26%、53.65%，均围绕货运安全方面。其次，是司机个人的保障问题。其中，对工伤保险、公益体检的需求占比分别为 40.57%、39.66%。对于价格指导、安全教育和就业培训，货运司机的关注程度较低（见图 7 - 2 - 35）。

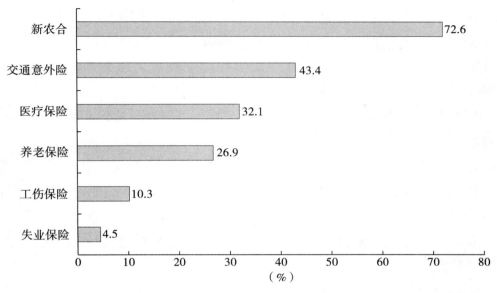

图 7 - 2 - 34 货运司机投保保险

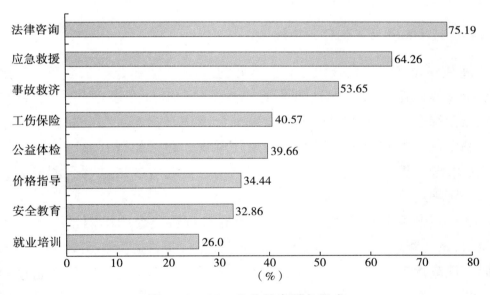

图 7 - 2 - 35 公共社会服务需求

四、相关政策建议

（一）简化行业行政许可审批

便利个体运输资质获取及审验。采取网上自助办理方式，便利个体货车司机取得和审验个体运输业户和车辆营运资质，实现"不跑腿""零上门"服务，取消各地对个体资质申请的各种限制。深化互联网货运平台企业代开增值税专用发票试点工作。鼓励社会中介机构为个体运输业户提供注册申请、会计核算、年检年审、税务申报等代理服务。

便利和取消相关资质证照。取消 4.5 吨及以下普通货运车辆道路运输经营许可证、道路运输证和驾驶员从业资格证。取消挂车车辆营运证要求或新购挂车 3 年免于年审。加快推进道路运输车辆、从业人员电子证照管理。

推进异地年审年检。落实货运车辆年检年审依法合并政策，真正实现"一次上线、一次检测、一次收费"。在全国范围内实现普通货运车辆行驶证、营运证和驾驶人从业资格证异地审验，取消办理委托检验手续，实现全国通检。

便利政务信息查询。加快实现道路货运经营业户、车辆和驾驶员基本信息、违法信息、信用信息、道路违章信息等全国联网查询。

（二）改善货运车辆通行环境

进一步规范公路联合执法。深入推进交通运输综合执法改革，制定道路货运车辆超限超载和非法改装处罚清单，明确处罚事项并向社会公布。规范路面综合执法流程和规则，全面推行治理车辆超限超载联合执法常态化、制度化，由公安交通管理部门单独对货车超限超载、非法改装实施处罚。持续开展规范公路治超执法专项行动，强化对执法过程全程监督，提高执法管理规范化水平。

开展不合规车辆专项治理工作。重点清理各类套牌车辆、17.5 米半挂车和 16.5 米厢式车等非标车辆，制定部署工作推进方案，明确下一步治理预期。规范货车超长超宽等不合规装载问题，对于车辆外廓尺寸超过限定标准的，在指定日期前恢复到限定标准，在指定日期后车辆外廓尺寸超过限定标准的由公安部门责令恢复原状并依法处罚，录入公安交通管理综合应用平台。加快淘汰不符合生产和环保标准的货运车辆，对非标准和高耗能的老旧柴油货车淘汰给予资金支持。

深化收费公路制度改革。对国家鼓励支持的标准厢式货车、集装箱运输车、甩挂运输车辆、中置轴列车、绿色环保车辆和非流量较低高速公路通行车辆以及在夜间通行车辆、非高峰时段通行车辆实行收费优惠。对于自有车辆超过100辆，从事实际承运业务，承担承运人责任，采用社会车辆的大车队所属车辆给予高速公路通行费优惠。

便利货车城市通行。建立完善运力需求管理和车辆通行管控的联动机制，建立公开、透明、公正的城市配送车辆通行管理制度，对符合标准要求的新能源城市配送车辆给予通行便利，与小客车享有同等的通行权利。

（三）加强货运互联网平台监管

完善货运互联网平台监管制度。创新政府监管方式，充分发挥互联网平台优势，保证注册信息的真实性。对于互联网平台管理的司机视同个体运输业户，实现"政府监管平台、平台管理企业"的两级监管模式。建立货运互联网平台客户投诉制度，建立申诉渠道，形成市场退出机制。建立客户和司机的诚信制度，并与交通运输部、公安部、国家市场监督管理总局相关诚信信息系统对接，强化协同监管和联合惩戒，形成市场和政务相结合的行业诚信机制。货运互联网平台实行先行赔付制度，对于经平台交易和撮合的业务出现的拖欠运费、提货不着等风险事件实行先行赔付。

（四）改善司机工作生活环境

制定货车司机休息制度。研究制定货车司机定时休息监督管理和动态抽查管理细则，科学确定司机按时休息时间要求，严格防止疲劳驾驶。严格路面执法，纠正司机疲劳驾驶行为，将疲劳驾驶纳入路面执法监督检查范围。充分利用货运车辆电子动态监控系统，实时监控司机连续驾驶时间，将违规记录作为司机和企业安全考核的重要依据。

优化货车司机工作环境。加快"司机之家"试点工作建设，予以一定财政补贴，推进建设一批功能实用、经济实惠、舒适便捷的"司机之家"，加强安保设施投入，切实解决司机停车休息、车货安全保障等问题。

强化货车司机社会保障。优先推行货运司机工伤保险制度，根据货车司机的职业特点和企业用工方式，制定工伤保险参保缴费政策。开展货车司机职业病专项保险，设立关爱基金开展货车司机医疗大病和重大事故专项扶贫项目。加强社会化救援机制建设，降低货车司机事故风险。

建立货运公共保险机制。推动承保运输责任险的保险公司实现信息联网。加快保险信息和运管信息、车辆信息联网，提高货运企业风险保障能力。

提升货车司机职业素质。放宽货车驾驶员驾照资质考证年限的规定，允许 C 照培训后直考 B 照，B 照驾驶 2 年后可考取 A 照，便利驾照资质获取。深入推进道路货运驾驶员免费网络继续教育试点工作，减轻货运驾驶员经营负担。